国民旅游休闲讲稿（八）

旅游 & 信心

戴斌 著

北京·旅游教育出版社

近年获得的部分奖项·荣誉

- 中瑞酒店管理学院、中国旅游研究院、文化和旅游部数据中心的主要创建者；
- 享受国务院特殊津贴；
- 全国优秀教师；
- 破格晋升副教授、教授；
- 两次获得联合国世界旅游组织尤利西斯奖；
- 东北财经大学、河南大学、华侨大学、日本东洋大学等高校的客座教授和博士生导师；
- 主持国家科技重大、哲学社会科学基金重大和重点项目、亚洲区域合作专项资金、中国—东盟合作基金和国家开发银行国际合作项目；
- 创建和推广旅游管理博士后工作站、全国游客满意度、国家旅游经济监测与预警、"欢迎中国（Welcome Chinese）"、国家旅游文献与情报中心。

在中国的大地上，现在没有，出境旅游者让中国旅游市场成为
我们需要更加广阔的全球视野和更为系
世界级旅游城
中国 世界级旅游
中国的意
也能够 验
我 当，也能 世界 各国各地区贡献
到，风雅多姿的中国 信
中国
共
步伐。
的梦想开始走向 造
将 会有任
要扎 中国的大地上，
好 二十年前，出境 上中国旅游市场成为 中
高质 发展，我们 阔的全球视野和更为系统的战验
世界级旅游 景区和度 世界级旅游 和休闲中心、世界级旅游集团等旅
空间规划和市场主体建设 显了中国 水平 建设世界旅游强国的意志和决心
全球旅游业的复苏进程中，我 各国各地区分享中国经验。在全球
可持续发展的创新和 中，我 也能够为世界各国各地区贡献中国智 一
从黄山到黄河，山河壮丽的中国；爱 从诗经到 风雅多姿的中国 信心。知一个从积贫
积弱到全面小康，自强不息的 国；爱一个从 场舞到说唱新世代，人民幸福的中国。知一个
从嫦娥到天眼，再从蛟龙到祝融，星辰大海 中国；爱一个从"一带一路"到人类命运共同体的中。
读万卷书，行万里路，领略文化之美，从未停止行走的步伐。慧。2021年，旅游业经受了最严峻的
挑战，经历了最漫长的复苏。我们听见 一种声音，也看到最坚定的信心。2021年，旅
游教育的梦想照亮人才培养的现实，智慧旅游的梦想开始走向内容创造和消费场景。
2021年，有一种声音愈发坚定：过去没有，现在没有，将来也不会有任何力量

序

向阳而生　向美而行

两周前，突然接到戴斌院长电话，邀请我为每年一本的新书作序，我倍感荣幸，欣然答应。我与戴院长相识有20年了，既有桑梓之谊，又兼师友之情。戴院长是中国文旅智库代言人、学界领袖，更是旅游业界导师，疫情前每年见面多次、电话若干，既有对国家政策的解读，更有对公司发展的建议，我受益良多。每一次对话都深刻体会到他的家国情怀、深邃思想、国际视野、敏锐嗅觉。作为中国旅游研究院的带头人，以"政府智库、业界智囊、理论高地"为使命，14年间，戴院长带领团队对我国"十二五"至"十四五"旅业政策制定、行业学术研究、市场发展指导、学术人才培养等建树颇大，护航中国旅业走上前所未有的快车道和高质量发展。

收到《旅游&信心》这本书的电子版，我就迫不及待阅读起来，心潮澎湃。全书由38篇戴院长最近的讲话、致辞或研究论文组成，大致可归类为五方面内容：世界格局、中国故事、责任担当、文旅梦想、行业声音，内容真的非常精彩！这本书，是政府和市场、社会的桥梁，是我们企业经营者的钥匙和明灯，是文旅研究者的参考书，是国际友人的一扇窗。

在过去两年多的时间里，新冠肺炎疫情对旅游业产生了前所未有的影响，作为政府智库，戴斌院长及团队为政策制定、救市、供给侧改革等鼓与呼，他在书中写道：国士和名士是不同的，名士可以清高，可以做清流，但国士要以面向光明的姿态构建发展理论，是一群拥有盖世才情的学者，不计得失、进退，甚至不计个人声誉，毕其一生将研究成果奉献给国家的一群人。我想他是以"国士"来要求自己的。

作为业界智囊，戴院长坚持"党的三大作风"，理论与实践相结合，深入调研、走访，每一篇讲话都充满着前瞻性和实践性。比如，在书中，戴院长倡导，科技与旅游的融合，将带来全新的革命。疫情后旅游业回不到过去，所有企业要拥抱改变，抓住机会。他公开主张："人山人海吃红利，圈山圈水收门票的时代已经过去。在大众旅游的旗帜下，在智慧旅游的道路上，文化、艺术、科技既是传统旅游业转型升级的赋能者，也是现代旅游创新发展的引领者。"但同时他又强调："科技正以前所未有的力度改变社会生活方式。当代旅游者要美丽风景，更要美好生活。当且仅当科技与旅游空间与消费场景相连接，才具有产业意义，才能推动经济增长和社会进步。对于绝大多数旅游企业而言，在未来到来之前，还是重点关注那些可以形成消费场景的科技为宜。如何理性地接触现代科技，既不要视而不见，也不要盲目跟风。"我反复研读、琢磨这一段，对我们企业经营者有巨大指导价值。

作为旅游研究和理论建设的国家队，这本书会告诉你，戴院长如何带领中国旅游研究院在重点实验室的平台上保持对科技前沿的关注，像预警飞机和相控阵雷达那样为旅游产业探索可能的商业机会，发现可能的市场风险，进而引领旅游业高质量发展的方向。他们会给决策机构和战略单元以具体的方位坐标，距离多远？多长时间会到来？成为现实的概率有多大？这才是真正的理论高地！

"文质彬彬，然后君子。"戴斌院长从教、科研20余年，每日笔耕不辍，其文采风流一直为业界公认。腹有诗书气自华，不仅表现于本书中，更是随处可见。我记忆最深刻的是2019年中国旅游科学年会上，我被授予"2019年度旅游思想者"殊荣，戴斌院长用600多字的文言文作为颁奖辞，令全场嘉宾惊叹，而我也东施效颦同样以文言文作为答谢辞，这次颁奖被很多文化界人士点赞。"文之大者、侠之大者、学之大者，为国为民"，他把对新事物、新业态、新模式、新技术的鼓励、欢呼、支持作为自己的责任。由景域驴妈妈集团主办了六届的中国文旅IP大会，每届邀请他致辞，欣然答应并每次带给大会惊喜和升华，比如2018年他说，"我们需要传承优秀传统文化的IP，如四书五经、三孔、兵马俑等；需要海量的非物质文化遗产，如凤阳花鼓灯、傣族孔雀舞等；需要引进和借鉴国际优秀文化的IP，如Hello Kitty、迪士尼等；我们更需要挖掘和创造当代优秀文化的大小旅游IP，如横店影视城、长隆等"，通过产业化思维推进新时代的旅游IP再造，更需要将旅游IP打造成为正能量的创造性推动旅游产业发展的原动力，让IP真正从网红概念走上可持续发展的有着优秀文化支撑的康庄大道。视野如此开阔，心胸如此宏大，给IP赋予更远大使命。

正在写序的时候，上海疫情防控严峻，实施全域静态管理、足不出户、人不流动，对旅游业影响前所未有。但旅游是人民的基本权利，是人类长存的生活方式，没有什么能够阻止人们对旅行的向往，包括这次全球性新冠肺炎疫情。恩格斯说："没有哪一次巨大的历史灾难，不是以历史的进步为补偿的。"向阳而生，向美而行，我们坚信中国文旅必将迎来璀璨、辉煌的明天。

洪清华

2022年4月3日于上海驴妈妈科技园区

目录

开篇 1

青年旅游学者的基层凝视与地方依恋 / 1

8 梦

我的小康旅游教育梦 / 10
我的小康旅游街区梦 / 20
以互联网场景化拓展智慧旅游新空间 / 28
迎接全面复苏，建设现代旅游业体系 / 36
没有什么能够阻止我们对旅行的向往 / 45

50 中国故事

讲好中国故事　创新传播体系　开创文化交流和旅游推广工作新格局 / 52
文化建设和旅游发展进程中的公共服务 / 63
培育精品旅游　构建新发展格局 / 71
新发展格局与都市旅游三大关系重构 / 80
论大众旅游的人民性与旅游业的现代化 / 88
论旅游发展的地方性与现代化 / 99
旅游融入文化　非遗重归生活 / 108
论城乡融合进程中的休闲共享 / 115
论旅游产业化的理论内涵与发展路径 / 124
冰雪旅游是现代产业，更是当代生活 / 143
书生意气的研学　家国天下的旅行 / 149
大湾区旅游的未来与学术共同体的责任 / 156
京杭大运河文化旅游带怎么建、如何融？ / 164

国内市场全面复苏，旅游经济景气回升 / 170

从美丽中国到真正的亚洲 / 178

世界格局 184

世界级旅游度假区的建设思想与实践进路 / 186

世界级旅游城市的数据审读、游客视角和进阶方略 / 192

世界旅游复苏需要更多亚洲智慧 / 211

为建设世界级旅游集团而奋斗 / 216

等着我吧，非洲 / 227

责任担当 230

在大众旅游的旗帜下，在智慧旅游的道路上 / 232

谁的旅游学术共同体？如何建设、为谁服务？ / 240

旅游是平等，是自由，更是无限的可能 / 252

旅游业正在疫情影响下韧性复苏
——将愿景转化为行动 / 256

旅游研究和数据中心合作网络建设大纲 / 258

268 媒体传播

以新发展理念凝聚高质量发展共识 / 270

重庆旅游爆红背后的秘密 / 273

提升横琴资源价值，与澳门形成互补 / 275

少一些指责，多一些相互理解，
旅游出行只是暂时受阻 / 279

从传统到活力创新　北京气质因环球影城更多元 / 284

回归日常生活场景　以民生视角思考旅游 / 288

293 结语

文化提升城市品质　科技形塑旅游未来 / 293

开篇

青年旅游学者的基层凝视与地方依恋

在每年一度的中国旅游研究院机构年会期间,除了各分院和研究基地的闭门工作研讨,还要召开一个旅游学术共同体服务地方旅游发展的开放式主题论坛。这个做法已经坚持十多年了,对于理论联系实践的学风建设、问题导向的行动研究范式和旅游学者的代际传承,起到了积极的促进作用。本届论坛由武汉分院和华中师范大学城市与环境科学院具体承办,主题是"国家战略与区域旅游高质量发展",希望各分院、研究基地和旅游学术共同体,特别是广大青年学者关注更小空间尺度的旅游发展问题,在服务当地政府和业界的过程中,建构彼此你中有我我中有你、相互促进、共同成长的旅游研究新格局。有些时间没有在公开的场合与青年学者互动了,请允许我掉掉书袋,借用凝视和依恋这两个学术期刊上的热词开个头,聊聊青年学者成长和旅游人才建设的话题吧。

一、谁的凝视,谁的依恋?

很多听上去很高深的学科都有自己的专业名词(professional terms)

及其构成的模型、公式和定理,在学术共同体的范围内,这些专业名词可以减少圈内人的交流成本并促进知识的累积和学术的演化。但是一旦出了圈,或者从其他学科转借而来,则很容易让人生出"每个字都认识,可是合在一起,却一句都看不懂"的沮丧感来。凝视(gaze)就是这样的例子,普通人看到这两个字,首先会理解为长时间盯着某一个人、某一件物品或者某一个空间看。可是进入学术的语境后,仅仅是对语义的理解就会变得复杂起来。比如,梅洛-庞蒂(Merleau-Ponty)和拉康(Jacques Lacan)将凝视内化为主体存在论;比如,福柯从精神病人、监狱、学校以及文学言辞领域,认为权力依赖于这些专门机构生产的高度对象化知识,并最终描述为一种无处不在的权力压制与体制驯服的社会运作方式,而凝视仅是其中一个典型的技术手段。需要说明的是,本文只是一个公开的专题演讲,而非面向博士生的学术报告,请允许我不再一一标注参考文献了。好在各位都是受过完整学术训练的,做文献综述是基本功,有兴趣的老师和同学可以据此做文献溯源和进一步的考据工作。当然,你也可以从《肖申克的救赎》中寻找灵感:监狱里的高墙实在很有趣。刚入狱的时候,你痛恨周围的高墙;慢慢地,你习惯了生活在其中;最终,你会发现自己不得不依靠它而生存。这就是体制化。

1990 年,英国社会学家约翰·厄里(John Urry)将福柯的"医学凝视"(medical gaze)引入旅游研究,提出了"旅游凝视(tourist gaze)",也有国内学者译为"游客凝视"。这一名词最初指向涂尔干意义上的社会组织化和系统化的"社会事实"(social facts)。经过长期的演化和积淀,2011 年旅游凝视则被明确为"社会模式化的和通过社会学习到的观看之道"。国内学者的旅游凝视主要研究社区和游客关系,重点探讨舞台前后的游客与社区居民的情感变化。

地方依恋(place attachment)最初由 Williams 和 Roggenbuck 于 1989

年提出，主要是从全球化环境问题出发讨论人地关系，认为游客对旅游地的地方依附是由地方依赖与地方认同所组成的。在过去的三十年里，国际学术界对地方依恋研究开始外溢到社会学、人类学、休闲学、旅游学等领域。从可以查到的文献来看，国内学者对地方依恋的早期研究可见于黄向等人于2006发表的论文，文中引入了相关理论并从游憩行为角度构建地方依恋的研究框架。

事实上，不仅凝视和依恋，那些从国外引进，或者从社会学、人类学、地理学、历史学、传播学、经济学、管理学等学科转借而来的专业名词、理论和模型还可以举出更多。由于我国的现代旅游业起步于上个世纪八十年代的入境旅游，教育和研究也是学习借鉴西方为主，加上过去二十年论文发表推动的C刊拜物教，我们依恋的是欧美学者为代表的西方旅游理论，凝视的是学者公开发表的文献。在这种日复一日、年复一年的凝视与依恋中，旅游研究开始表现出一定程度上的内卷化倾向，即研究是为了期刊发表，发表则是为了给同行引用以累积自己的学术声誉。这么表述并不意味着对四十多年旅游教育、学科建设和科学研究所取得的巨大成就之否定，而是作为学术共同体的一员对历史和当下的自省，并期以更好的未来。

二、凝视谁，又依恋谁？

从1999年国庆"黄金周"开始，国民休闲和旅游消费开始成为旅游经济运行最为坚实的市场基础，大众旅游进入不可逆转的发展进程。随着全面小康社会的建成，旅游开始进入老百姓的日常生活，游客开始进入目的地居民日常生活空间。2019年的国内旅游市场超过60亿人次，入出境旅游市场分别为1.45亿人次和1.55亿人次。这两年受疫情的影响，旅游业经历最严峻的挑战。可是我们想过没有，如果还是像上个世纪八十年代那样只有入境旅游而没有国内旅游，还可能有今天的产业规模吗？经此一疫，还会有几家旅行社、星级酒店和主题公园可以存在？大概率是全部而长期地退出市场了。从这个意义上讲，青年旅游学者要依恋的只能是，也必须是这块土地上的父老兄弟；要凝视的只能是，也必须是国民大众的旅游活动和他们日渐实现的休闲权利。

哪怕是在疫情期间，旅游消费升级和旅游市场下沉的趋势都从来没有停止，并成为大众旅游转向小康旅游的时代特征。我们看到北京、上海、广州、深圳等都市旅游者可以住数千元一晚的度假酒店或者特色民宿，吃米其林和黑珍珠餐厅，可以把海南国际旅游岛变成东北养老度假地。我们也看到99元客单价的"城市微旅游、建筑可阅读"产品；背着矿泉水爬长城的观光客；明知零负团费有陷阱还是要与旅行社斗智斗勇的大爷大妈；还有蚌埠市禾泉山庄"好大一个园子"那名乡下进城的孩子，连续坐了20次小火车还不愿意下来。广大城乡居民的旅游活动正在加速进入每个人的生活场景，成为美好生活的主要组成部分。消费升级是未来的方向，市场下沉更是我们需要关注，也是我们有能力观察和研究的现在，对此要有清醒的认知。从这个意义上讲，青年旅游学者要依恋的只能是，也必须是下沉的旅游市场，特别是县域和村镇旅游市场；凝视的只能是，也必须是国民大众普及性和基础性的旅游消费。

数十亿的游客在本地、跨省和出境旅游中，要乘坐交通工具，要吃饭、要住宿、要购物、要休闲娱乐，都需要不同类型、不同层次的旅游企业和成千上万的员工提供专业服务。虽说96%的游客并不是旅行社组织和接待的，但是他们不可能不需要订机票、订火车票、订酒店的，就是自驾车出行也是需要地图商、移动通信、加油站、保险和救援服务的。随着时代的发展和旅行方式的演化，更多的旅游需求会被创造出来，更多的旅游供给和新业态也会被创造出来，并倒逼我们对旅游业有全新的认识。不由感叹，原来这些也是旅游业的内容、旅游业的业态啊！如果旅游研究者和学习者不为他们服务，不在雨天为他们送伞，天晴了他们还会同行吗？一旦没有了业界的同行者，我们就只能坐在图书馆和书斋里研究文献，或者是做些行为实验，以便积累些数据发论文了。从这个意义上讲，青年旅游学者要依恋的只能是，也必须是广大旅游从业者，特别是导游、服务员、保洁员等一线员工；要凝视的只能是，也必须是旅游市场主体，特别是中小微企业。

这么大的市场，这么复杂的环境，要想保持旅游经济平稳有序地运行，就必须要有政府的产权保护、发展规划、市场推广、招商引资、宏观调控和微观监管。我们所说的政府是广义的政府，包括党的领导，还有人大、政协、法院、检察院、人民政府及其组成部门，如文化和旅游厅（局、委）等，也包括中央、省、市、县、乡等各级政府。政府行为包括国家层面的立法、规划等产业政策，更包括基层的统计、迎检、开会议、做报告、给领导写讲话稿，还有贯标、招商、疫情防控、乡村振兴、司法和人民调解等非常琐碎的工作。我去年在东北财经大学招收的博士生柴焰同学就是做过两年村支书的，只有能真正踩到河床和泥土的，才会真正知晓其中的艰辛与不易。没有这些基层公务员的工作和地方的努力，国家战略就容易落空。对地方旅游发展和基层工作没有感同身受的理解之同情，写出来的文章是不可能有实感的。从这个意义上讲，青年旅游学者要依恋的只能是，也必须是旅游客源地、旅游中转地和旅游目的地各级政府，特别是旅游行政主管部门；要凝视的只能是，也必须是旅游管理队伍，特别是那些最基层的旅游工作者。

三、如何凝视，又怎样依恋？

希望广大青年旅游学者对生活要有发自内心的热爱，以日常的而非外在的视角融入本地日常空间。2018年国家机构改革以来,"诗与远方在一起了"成为人们对文化和旅游融合发展最美好的想象。可是我们想过没有,身边的美丽风景和日常的美好生活都还没有体验,就算是去了远方又如何?不妨走出书斋,走出校园,以市民的身份,以游客的视角,用脚步丈量所在的城市和乡村的每一寸土地,用心去阅读这块土地的历史与人文,向遇见的每一个人问好。没有这种感性的积淀,只靠理性,是无法对这块土地长久凝视的,也是无法建立对地方真正的依恋的。上午边境旅游研究基地的王桀博士在发言中说到,自己沿着边境考察行走了2万多公里,这样用脚步丈量就会比只在图书馆查文献和数据、在课堂上作报告要有底气得多,也更容易出有分量的成果、有针对性可操作的政策建议。

希望广大青年旅游学者对人民有发自内心的信仰,在服务于同行中,与创业创新者、与一线员工建立血肉联系,像熟悉自己掌心的纹路那样熟悉他们的喜怒哀乐。在学术研究和理论建设的过程中,要学会并善于和企业家、艺术家、经理人、一线从业人员交朋友,随时听取他们的意见与建议。现在似乎有一种倾向,理论工作者和专业研究人员过于看重调查研究成果能否在核心期刊上发表,是否得到了高级领导的批示,而不是为了帮助企业家、艺术家和社区居民解决实际问题。结果就是身子下去了,但是心没有和人民在一起,只是把他们当作自己的研究对象。就像到基层采风的文艺工作者,只是为了从源头取些活水来,最终还是为了浇灌自己的舞台艺术之花,至于人民的文化生活和艺术需求,倒是可有可无的背景。这样的成果和作品,就是通过评审了,发表了,演出了,又能对地方旅游业高质量发展起到多大的作用呢?现在的学术研究太精致了,精致到小圈子的把玩,成为一种内卷化的生活方式了。如果讴歌的对象被遮蔽了,留在舞台上的只有讴歌者独自享受观众的掌声,这是我们真正想要的旅游研究吗?我们需要更多袁隆平这样的科学家、杜润生这样的社会科学工作者、乌兰牧骑这样的艺术团体。只要科学理论掌握了群众，切实推动了国家战略的落地和区域旅游的发展，我们的目标就实现了。至于个人能否因此获得什么功名利禄，我看倒是不必在意的事情。再说了，就是你在意了，就一定能实现吗？我看多数情况下实现不了，倒徒增挥之不去的烦恼。

希望广大青年旅游学者对历史要有高度自觉性，努力以知识之光照亮旅游业前行的方向，以逻辑之力建构旅游理论体系。时代是出题人，我们是答卷者，历史是评卷者。无论凝视多久，依恋多深，都不能忘记学术共同体的历史使命和责任担当。武汉分院副院长谢双玉教授的专题报告《脱贫攻坚与旅游扶贫——湖北恩施的实践》提出旅游扶贫和乡村振兴的村民获得感的话题，并得出了有理有据的个案观点，我看就很好！我们要凝视基层，依恋地方，也要努力把看见的、听见的、触摸到的地方旅游故事说出去，更要全力建构中国风格、中国气派的旅游学科体系、学术体系和话语体系。为此，方能不负时代不负旅，在建功立业中促进青年旅游人才的可持续成长。

2022中国旅游研究院机构年会
暨国家战略与区域旅游高质量发展论坛
2021年12月24日

札记·梦

2021年，旅游业经受了最严峻的挑战，经历了最漫长的复苏。我们听见每一种声音，也看到最坚定的信心。

2021年，小康社会的旅游梦想从未消散，在城市的街区、在郊野的公园、在乡村的田野坚韧地生长。

2021年，旅游教育的梦想照亮人才培养的现实，智慧旅游的梦想开始走向内容创造和消费场景。

2021年，有一种声音愈发坚定：过去没有，现在没有，将来也不会有任何力量能够阻止人民对自由的向往，对旅游休闲的渴望。

我的小康旅游教育梦

据网络消息和官方证实，江苏省某独立学院因为学生的强烈反对，最终无法转设本科层次的职业院校，哪怕有政府教育行政主管部门的"老人老办法、新人新办法"也不行。作为首批独立建制的酒店管理学院院长，我能够理解学生和家长的担心与诉求。在一个强分级、弱分类的教育环境中，有博士点的"双一流"高校、有硕士点的本科院校、"双非"本科院校、高职高专、中职中专，有着极其明显的阶差。当初就是不想上专科才上了三本的独立学院，现在上着上着怎么又成了职业院校了？哪怕是本科层次的也不成。与此同时，我还是有着诸多的困惑与不解：教育行政主管部门不是很重视职业教育，强调从分级转向分类，并在教育资源配置、教员晋升和学生就业等方面给予更多倾斜了吗？旅游业不是对职业教育人才求贤若渴、虚位以待吗？为什么职业教育还是不被主流人群认可，就是教育者和学习者自己也觉得底气不足呢？上周我在微博上做了个小调查："从学生的视角，什么是好的旅游教育？"很快就达到1.5万人次的阅读量和100多条转发和评论。这说明什么？说明这是大家普遍关心却还没有得到充分解决的问题，说明旅游教育，特别是努力与人民想在一起、干在一起、风雨同舟、同甘共苦的旅游职业教育，还有很大的努力空间，还有很漫长的道路要走。

一、办好新时代的旅游教育，要坚守面向大众、服务行业的初心使命

伴随改革开放而兴起的旅游业，一开始就面临行政管理、发展规划、经营管理、专业技术和导游、领队、计调、餐饮制作与服务等各方面的人才短缺。无论是上海旅专、浙江旅职、桂林旅专、山东旅职、南京旅职专科层次的"五星联盟"，还是南开大学、西北大学、杭州大学、北京第二外国语学院本科层次的"老四所"，无不是以培养行业所需要的人才为导向的。之所以如此，除了原国家旅游局直管或者共建的因素，更是因为张广瑞、肖潜辉、邹益民、庄玉海、余炳言等老一辈旅游教育家的面向市场、服务产业的办学理念。① 在我的心目中，对办学效果最好的检验就是毕业生的去向和终其一生的职业发展空间。这里所说的毕业生不是个别高官、教授和老板，而是有统计代表性的毕业生样本。瑞士洛桑酒店管理学院的国际旅游和酒店学科 QS 排名第一，国际酒店管理集团中高层管理人员名单几乎就是其杰出校友名单。② 自上个世纪八九十年代至本世纪初，上海旅游高等专科学校③的毕业生可以说构成了华东地区尤其是上海市高星级酒店的人力资源基本面。多说一句，我并不主张过于强调杰出校友，特别是校庆日和校友回家日，因为校园是每一位学生在此学习、生活和成

---

① 在学术界谈论人物，提及谁或者不提及谁，先说谁或者后说谁都是很有风险的事情。中国旅游研究院每年一度的"旅游思想者"之所以只从业界遴选，今年致敬的"旅游人物志"之所以截止到上个世纪八十年代，即有"偷懒"的原因。好在本文只是讲稿而非严谨的旅游教育史，若有遗漏或顺序不当之处，还请谅解为盼。

② 大学排名既有重视教师和研究团队发表高水平论文的软科排名，也有重视雇主声誉的 QS 排名，前者如康奈尔大学、萨里大学、香港理工大学、中山大学等，后者如洛桑酒店管理学院、纽约大学、澳门旅游学院等。

③ 现并入上海师范大学，名称得以保留一个时期，现在已经淡化。类似的案例还有并入浙江大学管理学院的原杭州大学旅游学院，培养学生的层次提高了，但是行业的色彩有意无意间淡化了。

长的共同空间。每次参加高校的典礼活动,都希望教授按年龄、学生按届别排座位,以体现有别于官场和商界的平等氛围。

进入新世纪以后,开办旅游管理、旅游规划、酒店管理、会展管理专业的高等院校进入高速增长期。根据2017年的统计调查①,全国共有旅游类本科院校608所、高职院校1086所、中职学校947所,专任教师和学生人数更是快速增长。从观察结果来看,数万名教师和数十万名学生所组成的教育规模,似乎并没有带来旅游教育的繁荣发展,特别是来自市场一线的认可。学生在本领域的就业率一直在低位徘徊,在读期间的专业转出率、在学期间课堂教学出勤率,甚至教师上课"抬头率"等网络吐槽指标都屡创新低。再看教师队伍,那么多的"青椒"(青年教师)、"青稞"(青年科研人员)不是跟着名师做助教,而是跟着名家申请基金和发论文。从效果上看,确是有的大学软科排名上去了,有的学者成名了,但是多数学校和绝大多数学者呢?还不是在这条马拉松赛道上无望地奔跑着。多次去学校开青年教师座谈会,从她们的眼中我看到了焦虑、迷茫和无奈,唯独看不见为理想而燃烧的光。说实话,每次我都心痛得夜不成寐。教员的心中没有了火,眼里没有了光,学生怎么办?总不能都成了暗夜里的灰烬吧。

是时候重归旅游教育的行业属性和职业导向的时候了。在《一个大学校长的梦想》里,我曾经花了很长时间和同事讨论"我们是谁,我们来干什么",其实就是意识形态和价值观的问题。党和国家放心、人民满意和行业认可,三者缺一不可。希望"以教学为中心""以本为本""要金课不要水课"这样的常识能真正回归校园并在实践中扎下根来。希望"怎样上好开学第一课""旅游行业需要什么样的人才""如何打造学生的终生学习

---

① 国家旅游局.中国旅游统计年鉴(2017)[M].北京:中国旅游出版社,2018.

能力"这样的话题能够成为各级各类教育协会的年会主题,而不是花太多的精力去讨论如何写本子、找关系、发论文、拿基金、开公司、跑项目。希望"为国民旅游福祉而奋斗""服务是平等、是自由,更是无限可能""平凡岗位、快乐生活"等观念能够成为学生知行合一的信念,而不是把教育变成知识的交易。在这个愈发强调文化、科技和旅游融合发展的时代,没有文化底蕴和审美能力,一味强调工具理性,旅游教育终会成为无锚之船。希望我们的学生在学习专业课程和数字技术之前,能够从传统文化中汲取人文营养。无论他们将来成为行业领袖还是平凡打工人,无论是处于尖峰时刻还是至暗时光,都会保持乐观向上的心态,自强不息、行稳致远。

二、办好新时代的旅游教育,得有一批讲政治、知旅游、爱教育的院校长

从专业的角度看,院校长都是职业教育的灵魂。我从事高等教育二十年,离开体制内的高校也有十三年了,越发感觉到院校长对于大学发展和学科建设的重要性。大学校长当然要培养,更要注意多岗位历练和多渠道遴选。机关干部培养还有挂职、任职、竞聘模式,为什么旅游院校的领导人就只能从专职教师队伍中选拔呢?如果书记、校长、教务处长、系主任、学生处长、就业指导中心负责人对行业没有理解之同情,只会照搬研究型或者教学研究型大学的模式,只能按照评估指标体系去搞"打靶工程""填表工程",是不会起到培根铸魂作用的。从国际教育的经验来看,葡萄酒、高尔夫、茶艺、烘焙等领域都可以设专业、学科甚至学院,所培养的学生都有很强的行业归属感和职业自豪感。对美好生活的向往,对生活方式的坚守,对文明演化的推进,需要教育家以历史自觉去做更多开创性的工作,这是忠诚党的教育事业的题中之义。值此大众旅游新时代、智

慧旅游新阶段，我们呼唤更多有理想，也有行动力，更能为旅游院校打上"这一个"烙印的教育家。

改革开放以来，旅游和教育领域都有一个从精英到大众的转变过程。1995年，我国正式实行工作五天、休息两天的作息制度，城乡居民才初步解决了旅游消费的时间约束。1999年，居民可支配收入才有了一定的节余，旅游消费的预算约束得到了大幅改进。那一年的国庆节连休七天，极大地刺激了旅游消费热情，正式拉开了大众旅游发展时代帷幕。2016年，国务院总理李克强在《政府工作报告》中正式提出"大众旅游新时代"的概念。2019年，国内旅游和出境旅游人次分别达到60.5亿人次和1.55亿人次。今年五一假日，国民出游人次已经超过了2019年同期水平3个百分点。国家文化和旅游"十四五"发展规划和国务院旅游业专项规划，仍然将大众旅游的市场下沉和消费升级作为各项工作的出发点。高等教育同样经历了一个"天之骄子"到"专业人士"的演化过程，两者叠加的结果就是绝大多数旅游院校要转向旅游业创新发展的主战场。这个新时代是国民消费为主体的大众旅游新时代，也是从封闭和安宁的象牙塔走向人间烟火气的大众教育新时代。在这个双重大众化的新时代，我们再也不可能再以所谓的高端、精英、国际化来自我定位了，重归社会、面向市场和融入产业，已经成为旅游教育不可逆转的现代化进程。旅游教育机构和教育群体不能做一名隔岸观火者，而要做"吻火者"，以自身之光，"遍地开满了春花"。① 这个观点务必要向广大旅游教育者和专业学者讲清楚，唯有如

---

① 散文家梁遇春先生为悼念诗人徐志摩写下了 Kissing the Fire，是自己极喜欢的文字，尤其是那句"人世的经验好比是一团火，许多人都是敬鬼神而远之，隔江观火，拿出冷酷的心境去估量一切，不敢投身到轰轰烈烈的火焰里去，因此过个暗淡的人生，结果上了个大当"。行文至此，也在想今天的论文，为什么引不起别人的阅读欲望，甚至连写作者也郁郁寡欢？有隔江观火的因素，也有写作者阅读面过窄的原因。也许，什么时候科学论文中可以引文学作品和美术名篇了，文章的大格局也就不远了。

此才能在纷繁复杂的时代大潮中看清方向、增进智慧并保持定力。

旅游院校的院校长要把绝大部分的精力、绝大多数的资源用在专业建设、课程建设、教材建设、师资队伍建设和实践教学建设上。这些看上去很琐碎的事情，正是旅游教育必不可少的底层器件和基础架构。现在从专业硕士、本科教育到职业教育，都有相应的行业指导委员会和教学指导委员会，从教学空间、实验室和图书文献，到培养目标、教育计划、必修课和选修课、师资学历结构，到校外实训基地、实习单位、移动课堂等涉及教育教学的方方面面都有具体的指导，甚至给出了相应的观测点和评价指标，这些工作对于旅游职业教育的规范化建设无疑有着积极的促进作用。我们还要清醒地认识到，大学不是工厂，教育教学不是标准模块的流水作业，校长应当也可以对所在学校的培养目标、教学过程和模型构件有自己的系统思考和主动作为。从专业设置、培养计划、课程设置、教材编写、课件准备，到课堂教学和实践教学，越往后学校和教师的主动性越强，作为空间越大。旅游教育要服务产业，与市场同行，但是千万不能忘记引领的责任，特别是发展理念、商业模式、平台与场景、工具与技术诸领域的创新。专业实习和实践教学，可以说旅游教育特别是旅游职业教育最薄弱，也最容易忽略的环节。现在对传统行业和传统岗位的顶岗实习做得比较好，也是产教融合的重点，但是对新业态、新模式和新岗位了解不够，引导不足。如果不能像重视课堂教学一样重视实践教学的目标设定、进度安排和专业指导，搞不好学生就成了酒店、景区、主题公园等旅游企业不签订劳动合同的短期服务员，学生实习期满后就再也不想在旅游行业中就业了。

旅游院校的院校长要多与行业主管部门，与企业家、管理者和一线从业人员打交道，把更多的行业需求引入高校治理过程中。这次新版专业目录明确要求高院要对接新技术岗位和新工作场景，并以此为导向抓好学科建设和专业建设。浙江旅游职业学院就是文化和旅游部、浙江省人民政府共建的院校，桂林旅游学院也已列入省部共建的计划中，这说明旅游行政主管部门清醒地认识到职业院校的价值，也有更高的期许。教育行政主管部门也在积极推进高校与企业合作建设一流专业和一流课程，大学领导者对此要有呼应，更要有实在的作为。任何合作都应当是共商、共建和共享的，社会关注教育、支持教育，高校也要为地方服务，为企业服务，特别是培养更多知中国、爱旅游的专业教师队伍和优秀毕业生，否则产教融合和产学合作很可能会流于形式。很多院校连基础的数据库还没有建好，就要搞数字化转型升级，不现实嘛！多数时候也只是挂个某某基地、某某实验室的牌子，却有名无实，也不可持续，这样劳民伤财的形式主义的东西还是少些好。与市场主体和管理机构的合作，既要重视星级酒店、A级景区、主题公园、旅行社等典型业态，也要关注旅行服务新业态和旅游消费新模式。在这个万物互联的时代，互联网深刻改变了旅游消费模式，数字化正在重构商业模式和产业生态。消费日益碎片化，从戏剧场到菜市场，人们重新发现旅行中的美好生活；供给更加分散化，民族复兴和人民幸福的中国梦正在成为旅游发展的新动能。从已经发布的"十四五"旅游发展规划及其配套的产业、科技、非遗等专项规划来看，对数字化生活和消费场景都做了明确研判和系统部署。旅游消费行为、产业格局和管理方式的变化，很快就会传导到教育体系，并倒逼旅游教育理念、教学内容和教学手段的变革，每一位同志都要为此做好思想上、理论上和教育变革上的准备。

2021年4月12日的全国职业教育大会发出了明确信号：稳步发展职业本科教育、建设一批高水平职业院校和专业，推动职普融合，增加职业教育的普适性，培养大国工匠和能工巧匠，培养高水平的职业人才队伍。在这样的时代背景下，上海交通大学、复旦大学等"双一流"高校纷纷成立产业学院,拉出了面向经济社会主战场的架势。未来的旅游教育该怎么办,确是需要我们每个人认真思考并身体力行。在现有的体制导向下,不少高职院校都有"专升本"的冲动。其中既有提升办学层次以获得更多办学资源的动机,也有扩大社会影响和留住高水平师资的原因。这是体制约束下的理性选择,对此应给予充分的理解和同情。目前,我们已经有了桂林旅游学院、四川旅游学院两所独立建制的本科层次的旅游院校,对于优化我国旅游高等教育布局是好事。但是我也有一个隐隐的担忧:专科要升本科、本科要办研究生、再申请博士授予权,最高目标是改成大学,进双一流成为旅游教育金字塔的塔尖,可是这样一来,还有谁愿意数十年如一日地安心做塔基呢?而离开了行业的土壤,离开了职业教育的初心使命,培养的那么多看上去很高级的研究人员,又能走多远呢?在这条路上,还有众多国内外一流的研究型大学已经具有了先发优势,很容易做成分母而不是分子。我看还是分类发展,因校制宜,坚持走自己道路的好。

三、办好新时代的旅游教育,得有一批知行业、爱教学、有尊严的师资队伍

希望每位专任教师能够有一个传道授业解惑的教员梦,终其一生都是为了学生的成长,而不是自己的成名。小时候看到一部苏联电影《乡村女教师》,至今难忘,以至于多年以后写下《语者·论者·学者》的随笔,纪念自己曾经的教员时光。在纪念建党百年的大会上,看到"七一勋章"获得者张桂梅校长步履蹒跚地走过红毯与领袖合影,相信每一位站过七尺讲台者都会潸然泪下。无论我们顶着多少校长、教授、博导、杰青这样那样的光环,都必须清醒地认识到教师身份是根本,所有荣誉都是对教师身份的加持。社会给予院校的所有资源和加诸自身的全部荣誉,都是为了我们把全部的精力用在学生身上,而不是为了让自己成名成家,更不是为了

让自己开公司发大财。没有这样的精神和长期的坚守，哪怕学校和教师拿到再多的牌子，也不可能感动社会，更不可能赢得行业的尊重。

希望每位专任教师能够把每一门课程都当作开新课，把每一节课都当作新开课。台上一分钟，台下十年功，老话永远不会过时啊！如果我们把每一个知识点、每一个案例、每一个数据都是反复揣摩，把每页PPT、每一行板书、每一次互动都做了精心准备，相信学生一定可以感受得到，行业和社会一定可以看得到。承蒙高等教育出版社的邀请，我和合作者主编的《旅行社管理》将出到第五版了。在修订的过程中，我对出版社要求教学要点、复习思考题和参考答案等附加工作，包括录制示范教学影像都是认可的，也会努力去做的；但是对教学用PPT这件事，说实话我是有些抵触的。对于大学教育而言，教材本就是传授知识的辅助材料，而教学过程就是高度个性化的，包括PPT、板书、讲课的语调和节奏，怎么可能由别人代劳呢？假以时日，课堂教学岂不成电视教学了？吃别人嚼过的馍不香啊，同志们！知识的累积和专业能力的提升，只有下笨功夫和苦功夫才行。拳不离手，曲不离口，无论数字化时代的行业资讯和教学资源多么容易获得，希望各位同仁不荒废做教师的基本功。当然，要实现这个目标，不能只靠理想激励和道德说教，还要有相应的评价制度和激励机制，让更多的教师专心教学、潜心教学、钻研教学，在教学中获得成长的空间和应有的尊重。中国职业教育技术学会每年都会组织旨在提升现场教学水平的"说课"项目，疫情期间还推出了"云说课"。对此我是高度认可的，希望更多的旅游教师能参与其中，也希望管理者能够给予一线教学人员更多的关怀和更高的荣誉。

近年来，本科层次的旅游院校尤其是职业院校陆续引进了一些行业背景和专业技能人才补充教师队伍。他们行业背景深，实践能力强，是专业师资队伍的有益补充，也是高校与行业联系的桥梁和纽带，对新时代旅游教育发挥了积极的促进作用。从我去学习过的河南大学、河南师范大学、洛阳师范学院、桂林旅游学院等院校来看，他们在提升教学质量、促进旅游教育创新和产教融合等方面都做了大量的工作，也取得了优异的成绩，有的还被评上了高级职称并承担研究生培养任务。但是与高校和科研院所出来的博士相比，他们发论文、写专著、做纵向课题的能力相对较弱，按现有的评价标准，成长的空间很狭窄。如何给予这个群体以成长通道和职业尊严，如何与学术型师资形成互为补充、相互促进的新局面，是需要教育和旅游行政主管部门、旅游领域的教育家与管理者及一线教师共同回答，而且要回答好的现实课题。

全国职业教育技术学会和旅游院校专业研讨会

2021 年 7 月 21 日

我的小康旅游街区梦

每次来厦门，厦大的校园和鼓浪屿当是要去的，建发国旅的丽霜总和岛上的朋友们也必是要见的。每逢独处欲行的时分呢，便是记忆中的那些街区了。那些遮阳挡雨的有骑楼的街区，那些青石蜿蜒的有旧时光的街区，那些时尚与人文交相辉映的有未来感的街区……我每次走一条，此生也走不完的街区啊，如果只能用一首歌曲来描摹呢，《厦门亲像一首歌》便是了。

民有所思，国必回应。既然每个人心中都有一个主客共享的街区梦想，为民族谋复兴、为人民谋幸福的中国共产党人和社会主义现代化国家自然就会予以回应。党的十九届五中全会明确提出"打造一批文化特色鲜明的国家级旅游休闲街区"，2021年"两会"通过的《中华人民共和国国民经济和社会发展第十四个五年规划和2035年远景目标纲要》、文化和旅游部公布的《"十四五"文化和旅游发展规划》对此做了战略部署和工作安排。随着相关规划的实施、标准的发布和项目的落实，小康旅游和国民休闲的街区梦想必将照亮主客共享的美好生活新空间。借此机会，我愿意就旅游休闲街区的价值取向和政策设计，与业界同仁分享若干理论研究成果。①

---

① 在本文构思和写作过程中，曾与中国旅游研究院（文化和旅游部数据中心）规划与休闲所吴丰林博士、李雪博士、郭娜博士和访问学者钱建伟博士进行过专题研究，特别是李雪博士在文献梳理、案例研究和观点形成过程中做出了专业贡献，在此一并致谢。

一、街区首先是城市的商业空间,然后才是旅游休闲新空间

自城市诞生的那天起,街区一直都是重要的公共空间和社会活动区域。在古代欧洲,中心广场和主要街道构成了城市形态的骨架。从古希腊的"Agora"[①]、古罗马的"Forum",到中世纪的"Plaza",城市广场不仅是市民祭祀神灵、举行集会、欢庆节日的场所,也是批发、零售、交易、服务等商业活动的聚集地。随着城市行政当局对地标性空间的宗教、权威和纪念功能的强化,广场的商业机能开始弱化,周边居民区和公区空间开始承接其外溢的商业功能,形成了早期的商业街区。中国古代街区也有着十分明显的商业功能和繁华象征。《礼记·礼运》有言,"礼行于社,而百货可极焉";《管子·乘马》强调"市者,货之准也,是故百货贱,则百利不得"。宋代名画《清明上河图》所描绘的就是典型的商业场景,千载以下仍然能够感受到难以抗拒的人间烟火。

现代街区固然有如纽约第五大道这样"一条街道,两边商铺"的线性布局,也多有巴黎香榭丽舍大道这样以广场为中心的放射状空间格局,维也纳克恩顿大街(Karntner Strasse)甚至是U形布局。无论哪种空间布局,都是通过城市广场将商业街区与城市文化中心、社区中心形成有机关联。1852年,法国商人亚里斯泰德·布西科(Aristide Boucicaut)在巴黎市中心建造了第一家百货商店,开启了商业空间由平面到立体的转型。随着城市土地和交通等条件的限制日益明显,城市开始建设地下步行商业街区,如美国的"地下亚特兰大"和加拿大蒙特利尔地下城等。更多的街区,如东京的银座、首尔的明洞、新加坡的乌节等世界知名的商业街区都是立体

[①] 2020年的"未来教育奖"之"最佳学校奖"颁给了荷兰鲁尔蒙德的Agora学校,因为它利用了多元化的"集市空间",为学生主动探究和自由学习的开展提供支撑。《掀起校园"集市"之风,让主动探究和自由学习无处不在》,引自微信公众号"趋势文化设计",2021年6月11日。

的、开放的,而不会拘泥于多少米长、多少个出入口,多数情况下并没有清晰的边界和统一的管理机构。① 这些街区聚集了大量的人流、物流和信息流,在商业上取得了巨大的成功,成为广大市民的休闲场所,还是世界旅游城市亮丽的风景,每年吸引世界各地的游客前来购物、餐饮、观光和休闲。

中国古代城市的空间布局起初沿袭的是《周礼·考工记》所记载的古典"市"制。北宋仁宗时期,商品经济的繁荣冲破了"前朝后市"的桎梏,临街设店、行业街市和庙会集市等多种形态的商业空间得以充分发展。随着消费需求的增长和商业经济的繁荣,传统线形街道开始向"非"字形、"申"字形、"国"字形等空间组合形态转变,实现街区化发展。随着建筑工程材料科学和技术手段的进步,向上、向下要空间的商超综合体开始走向立体化,如北京的王府井、三里屯、蓝色港湾,天津的五大道,上海的南京路,成都的春熙路,重庆的解放碑、洪崖洞,广州的天河路,在空间布局上已经具有明显的世界性、开放性和立体化。

纵观国内外街区的发展历史与实践经验,无论是线形的延展空间、圆形的放射状区域、"申"字形和"国"字形的异构空间组合,还是综合利用地上、地面、地下的立体化空间区域,都有可能成为世界知名的商业街区,并吸引本地市民和外来游客的频繁到访。从全球范围来看,空间是封闭的,还是开放的;布局是线性的、中心放射状的,还是立体的,从来都不是旅游休闲街区的必要条件,更不可能成为评价标准。只要聚集了商业、时尚和繁华,能够满足本地市民和外来游客共享美好生活的需要,就

---

① 根据旅游行业标准《旅游休闲街区等级划分》(LB/T 082—2021),5.2 "应有明确的空间范围,国家级旅游休闲街区总占地面积不小于 5 万平方米或主街长度不小于 500 米",特别是"5.4 国家级旅游休闲街区应为步行街"等条款,很多世界知名的商业街区可能无缘"省级旅游休闲街区"了。国际商业街区和旅游休闲街区的建设和运营首先是分类,而不是分级。

具备了旅游休闲街区的现实基础，就可能成为广大游客认可并乐于到访的国际商业街区。

旅游休闲街区承载了城市记忆，拓展了人文空间。本地城乡居民高频次的购物、休闲和社会交往，为街区积淀了历史文化，注入了生活元素。因为人的活动，街区不再是单纯的地理空间，也是承载了城市记忆的人文空间。那些知名的商业街区无不拥有浓厚的历史情结，记录了曾经的繁华和时尚，孕育了本地化的生活方式。商业街区与市民的家居空间共同构成了市民文化的养成空间，北方的四合院、皖南的"四水归堂"、江南的里弄，与邻近的商业街区共同构成了生活方式和礼仪规范的养成空间。商业街区还是守护传统和彰显个性的现实空间，并成为一座城市、一个地区和一个国家的形象标志。作为城市生活的典型空间，街区为世居于此的人们和异国他乡的到访者提供了热闹、繁华、轻松、悠闲的公共交往空间。世居者的生产实践、生活休闲，外来游客的共享共建及其历史积淀，温润了街区历经多年的自然空间，并赋予其特色鲜明的文化底蕴。我们很难想象没有那条凯旋门延伸到协和广场的香榭丽舍大道，巴黎是否仍是世人心中的巴黎？没有了华强北的深圳，没有了宽窄巷子和玉林的成都，没有了大巴扎的乌鲁木齐，还是我们想象中的那座城吗？

二、旅游休闲街区建设要传承历史，更要面向未来

国家级旅游休闲街区要挖掘传统文化，彰显文化自信，形成可触可感的生活环境与街区氛围。特色文化的挖掘不只是简单地把文物展陈出给游客看，把非遗作品销售给游客，也不是简单地把游客带进文化空间这么表象。文化是无时不在、无处不在的，它广泛融入街区发展的各个空间、各个环节和建筑小品，与高素质的员工和市场共同构成了可以分享的文明，

可以触摸的温暖。

旅游休闲街区要有意识形成本地可以识别的商业文化，形成市民愿意消费的商业氛围。国家级旅游休闲街区当然可以指向历史文化街区，更可以指向未来，包括现代化都市的时尚商圈。改革开放四十多年来，我国已经形成了一批承载悠久历史、彰显现代时尚与繁荣的世界知名商圈和街区。这些本地市民流连忘返的休闲空间，同样也是外来游客购物休闲的好去处。无论是传统的综合性商业街区、历史文化街区，还是全新打造的特色主题街区，只要同时承载经济社会发展和传承历史、繁荣文化的功能，都可能发展成为国家级旅游休闲街区。

旅游休闲街区既要致敬历史，更要开创未来，以时尚、健康和科技形塑街区的未来。纽约第五大道，除了是购物的天堂，还是众多作家、画家、演员等艺术家的居住之所，同时也是剧院、博物馆和艺术馆雅集之处，多元文化和谐共生。莫斯科阿尔巴特大街，历史悠久，街头艺术家成为其吸引行人的重要亮点。国家级旅游休闲街区只有在传承历史文化的基础上，持续培育面向美好生活和繁荣商业的新动能，才可能在全球旅游市场上具有持久竞争力。

以生活，享繁荣，满足人民美好生活新需要。从世界各地知名街区发展经验来看，那些能够让本地居民感受幸福，也能够让外来游客多次到访的城市旅游休闲街区，一定具有功能完善的物质基础和追求品质的生活态度。旅游休闲街区不能只有传统的生活空间，还要植入当代生活方式、现代商业形态和品质服务。这就需要积极引进满足游客与市民多元化需求的知名品牌和新兴业态，提升街区整体服务品质，营造城乡居民流连忘返的高品质生活场景，实现旅游休闲街区的持续繁荣。

商业接待体系的完善性和公共服务的便利性，是本地居民和外来游客共同的基本需求。旅游休闲街区不仅要有完善的旅游基础设施和优越的商业环境，更要营造便利的公共服务体系和现代化的治理生态。以主客共享理念为指引，将外地游客的休闲需求增量叠加到本地居民的需求存量之上，统筹规划交通、餐饮、文化、娱乐、购物等商业接待体系和问询、公共厕所、投诉救援、应急管理等公共服务体系，提升服务的便利性与高效性，是旅游休闲街区建设的前提和关键。只有形成整体休闲氛围的安全、秩序和品质感，让游客和居民感受到触手可及的温暖，才能实现旅游休闲街区的持续发展。

三、旅游休闲街区建设要理性引导，也要鼓励多元探索和自发成长

坚持政府的规划引领与多元社会主体广泛参与的旅游休闲街区发展理念。以旅游消费增量为导引，增强地方建设旅游休闲街区的积极性和能动性。政府旅游行政主管部门要主动对接商务主管部门，把旅游市场和商业资源有效连接起来，吸引社会力量广泛参与，务实推动街区建设。要在理论建设和国际比较的基础上，做好旅游休闲街区的中长期规划、行业标准的完善与执行、空间优化和业态布局等宏观调控与行政引导工作。在培育和建设过程中，营商环境和产业生态至关重要。引导和培育多元化的旅游市场主体，调动投资、商业、科技等社会力量，兼顾社区发展诉求，推进旅游休闲街区现代化建设。在政府的理性引导下，实现政府、开发商和居民等主要利益相关主体的合力最大化，引导旅游休闲街区的可持续发展。

尊重地方的创造性，发挥企业的积极性，形成旅游休闲街区的建设合力。打造国家级旅游休闲街区不是大拆大建，也不是推翻原有建筑、修旧如新或简单地修旧如旧，而是要在遵循社会经济发展规律和内在逻辑的基础上，与人民生活相结合，构建传统空间形式与现代商业模式相适应、新

老建筑交融并存的组织形态，以实现街区的传承与发展。人民群众是历史的创造者，只有"让人们在更多可能方向上自由地探索"才能实现人类文明的正向演化。旅游休闲街区建设，宜采取自上而下、自下而上和上下结合的规划路径，以政府补贴和公众参与的方式，鼓励居民保护传统文化遗存、改善人居环境。提升居民在街区规划、开发、建设决策、管理与运营中的话语权，实现居民由被动、消极的实施角色向主动、积极的参与角色转变，使街区更新成为居民的自愿行动。只有切实提高群众参与度、增强民心归属感，才能建成有温度可感知、让游客与市民充满幸福感的国家级旅游休闲街区。

引入公众视角，健全旅游休闲街区评定与验收机制。旅游休闲街区不是一个单纯的物质聚合体，而是一个以人为中心的社会有机体。其创建、评定和监管，要引入公众视角，充分发挥市场主体和消费群体的作用，鼓励企业、游客、市民参与评价，以游客和市民满意度作为重要依据有序推进。同时，健全验收机制，优化验收专家库结构，不能过度依赖政府和学界专家，应大幅度提升业界一线专家和旅游、文化、商务等领域一线专家的比例。

注意生活方式和价值观的引领，构建旅游休闲街区可持续发展的未来。在消费社会中，商品并不仅仅是物质产品，它还内蕴思想意识、价值观念和文化背景。选择和购买商品，同时也接受商品中所包含的观念。当这种观念为大多数人所接受时，商品消费也就推行了某种意识形态下的生活方式，人们在消费的过程中也自以为获得了商品符号背后所传达的信息。要坚持"以文塑旅，以旅彰文"这一文化和旅游融合发展的根本思想。

休闲常常会拒绝理性。与其在此坐而论道，莫如午后或者晚间的时光，一起去百家村尝尝好德来的姜母鸭，一同去中山路逛逛巴黎春天的百货店,搭伴去乘地下铁顺便体验一下"站前町商业街,吃喝玩乐不停歇"的青春气息。累了,再约上三两好友坐在筼筜湖畔喝喝咖啡、看看闲书,好不好?

2021 中国(厦门)国际休闲旅游论坛

2021 年 6 月 19 日

以互联网场景化拓展智慧旅游新空间

"互联网＋旅游"是我国"互联网＋"领域的重要内容，也是各级政府和旅游主管部门促进旅游业高质量发展的工作抓手。从《国务院办公厅关于促进全域旅游发展的指导意见》（国办发〔2018〕15号）、《国务院办公厅关于进一步激发文化和旅游消费潜力的意见》（国办发〔2019〕41号），到2020年11月，文化和旅游部会同发展改革委、教育部、工业和信息化部等十部门联合印发《关于深化"互联网＋旅游"推动旅游业高质量发展的意见》，方向越来越清晰，要求也越来越明确。值此"十四五"旅游业发展规划落地实施之年，旅游业要科学把握大众旅游的人民性和智慧旅游的现代化总体要求，用5G时代的互联网技术创造更高品质的生活内容和主客共享的消费场景，稳步推进旅游业高质量发展。

一、"互联网＋"已经成为大众旅游新场景，智慧旅游新动能

互联网和数字化已经成为智慧旅游的基础设施。三十年前，从美国旅游归来的张树新女士创办了中国第一家互联网公司瀛海威（Information Highway的音译），在中关村大街竖起了巨幅广告牌"中国人离信息高速公路还有多远——向北1500米"，那里是这家新创公司的总部。这块广告牌对科技界、教育界和经济界的震撼和冲击，如同朦胧诗对文学青年、《一无所有》对摇滚乐、"不许掉头"LOGO对美术界的影响，已经成为国人对八十年代的集体记忆。今天，很多年轻人已经不知道张树新和她的

瀛海威了，而中国已经成为全球最大的网络生态和数字社会。据中国互联网络信息中心公开发布的数据，截至2020年12月，我国网民规模达9.89亿，其中手机网民规模达9.86亿；共有域名总数为4198万个，网站数量443万个，网页数量3155亿个，监测到的APP345万款。在前互联网时代，旅游是独立于目的地日常生活之外的封闭世界，旅游需求与休闲供给之间，很少有信息的交集。互联网改变了一切，Wi-Fi、网络信号、APP成为当代意义上的基础设施和公共服务，就像机场、码头、铁路、公路和水、电、气构成了传统意义上的基础设施那样。随着上世纪八十年代出生的互联网原住民成为旅游市场的消费主体，OTA、导航、天气、翻译等行业通用平台，以及景区、酒店、餐馆的信息系统，共同构成了智慧旅游的基础架构。

互联网和数字化已经成为大众旅游的生活内容和消费场景。科技进步和经济增长合力推动着消费观念的变迁，"互联网+旅游"已经从早期的旅游网络走向今天的网络旅游，有时候我们称其为"虚拟旅游"。事实上，由AR、VR和AI推动的"云展览""云演艺""云旅游""数据博物馆"等虚拟体验产品，已经实现了从概念导入到市场接受的过程。新冠疫情期间，虚拟旅游、分时预约、无接触服务、数字场景、沉浸式剧本演出已经走进国民大众的日常生活。中国旅游研究院（文化和旅游部数据中心）监测数据显示，春节期间全国景区接待预约游客比例为60%，平时也有40%~50%。对于全国近2万家景区，春节假日期间平均每天接待3500万游客的市场存量而言，没有互联网的加持是不可想象的。夜间旅游和文化娱乐消费场景中，文化赋能和科技支撑的光影故事已经占据了主导地位。游客消费的互联网渗透率稳中有升，在线旅游消费总额已经达到万亿级别，支撑了携程、去哪儿、美团、同程、马蜂窝、穷游等头部在线旅行商走向世界舞台。"互联网+旅游"不仅为供求双方架起了高速公路，还为旅游产业结了一个经纬交织的生态网。节点上市场主体和消费主体共融共生，在创业创新过程中为游客提供了全新的消费场景和生活体验。

互联网和数字化已经成为旅游高质量发展的新动能。5G通信技术、4K和8K成像技术，加上人工智能和多触觉感知技术的应用，可以让游客无法分清在任何一个地方看到的场景是真实的还是虚拟的。据《世界日报》2021年3月5日的消息，美国一家太空建设公司（Orbital Assembly Corporation）宣布，将于2025年开始，在近地轨道动工兴建世界第一家太空酒店"旅行者"，并将配备主题餐厅、电影院、SPA中心及最多可容纳400人的客房。未来的"互联网+旅游"将在持续满足国内旅游存量需求的同时，也会打开全新的市场，创造更有科技感的需求。可以预见，跨界而来的科技企业将会颠覆传统旅游领域的生产方式，为文化和旅游融合高质量发展提供全新的动能，并要求我们做好大规模商业应用的法律、政策和伦理准备。

二、面向大众旅游新格局，遂行智慧旅游新使命

党的十九届五中会将加快构建以国内大循环为主体、国内国际双循环相互促进的新发展格局作为"十四五"时期经济发展的指导思想。我们要科学研判新发展阶段大众旅游的消费需求，系统把握新发展格局对旅游业现代化转型的产业要求，稳步构建全面小康社会旅游业新发展格局。这个目标的实现，离不开存量资源开发过程中的市场拓展，也离不开互联网技术引致的市场增量。

新发展格局要求旅游业着眼多样性、品质化的消费需求，不断扩大国内旅游市场总量。我国正处于大众旅游向小康旅游转型的关键时期，消费升级和市场下沉保证了"十四五"期间的旅游经济仍然处于战略机遇期。"互联网+"为代表的智慧旅游让战略机遇期得以转化为现实生产力。去

哪儿网面向"小镇青年"市场的"人生第一张机票"策略，如果没有移动互联网技术的加持，可能只会停留在实验室阶段。丁真的几秒钟视频经互联网传播而冲上热搜，成为现象级的旅游营销事件，带动其家乡的网络搜索量成几何级数增长。从目前情况来看，这类"网红"很大程度还是偶发现象，具有不可复制性。旅游需要"网红"，需要在目的地和游客之间建立情感链接，进而带动追求时尚和新奇的年轻人去"种草"和"打卡"。我们一定要清醒地认识到，"网红"不是旅游的全部，从"打卡"到"打钱"还有很长的路要走。现在缺的既不是旅游需求的存量，也不是旅游需求的增量，而是能够激发出游动机、满足品质化和多样性消费需求的创新产品。相对于工商业，互联网对旅游业的系统性改造才刚刚起步。这意味着互联网在旅游目的地形象构建、内容生产、产品分发和现实消费等环节，还有更大的作为空间。

新发展格局要求统筹内部和外部创新动能，保持国内国际旅游市场双循环相互促进。2008年金融危机到现在的十多年时间里，我国入境旅游市场虽然度过了萧条期，但一直没有走出底部盘整的阶段。在入境旅游市场的供需两端，互通信息、协作共生的生态尚未成型，还没有打开新型消费空间，还没有现象级的数字旅游产品和世界影响力的创业项目。全面建成小康社会以后，以"中国梦"为代表的社会主义现代化建设新成就，协作共生的人类命运共同体新理念，如何更加有效地通过旅游网传播而成为国家旅游新形象？如何适应"一带一路"沿线国家旅游市场新需求，打造数字化旅游产品新体系？都是旅游系统和行业需要认真思考和系统回答的现实课题。新发展格局所要求的国内大循环主体地位不是被动形成的，而是以更高开放水平为前提的。受新冠肺炎疫情影响，2020年国内旅游人数和收入分别下降51%、62%，入出境市场几乎全面停滞。现在"互联网＋旅游"的工作着力点和市场显现力主要集中于国内旅游市场，个别头部企业通过自然人流动、跨境交付、收购境外在线旅行服务商等商业存在的方式开拓境外业务，但是从总体上看，仍然处于概念导入和市场培育阶段。在目前疫情防控和国际经贸环境下，要实现国内国际"两个市场、两种要素"的统筹利用和相互促进，还需要做好跨国公司管理所需要的法律、技术、文化、品牌和人才等方面的储备。

新发展格局要求持续深化旅游供给侧结构性改革，这条主线没有变；继续推进旅游业高质量发展，这个方向不能变。互联网是数字化为表征的新经济的基础设施和底层构件，是数据要素流动的高速公路，更是数据生产和价值累积的源泉。相对国民经济其他产业部门而言，旅游产业的现代化转型还远远没有实现预期的进程目标。文化和旅游、发展改革、工业和信息化等相关部门应以政策合力促进"互联网+旅游"升级，加快形成以消费互联网为主体、以旅游装备制造领域的工业互联网为助力的旅游经济发展新格局。相对于国民经济其他部门，旅游业的消费驱动特征更加明显。没有游客的消费，工业仍然是工业，农业仍然是农业。有了游客的到访和消费，工业就成了工业旅游，农村就是成了乡村旅游。从这个意义上讲，深化旅游供给侧改革必须以旅游需求侧管理为前提。在过去的一年里，新冠肺炎疫情让国民的旅游消费心理趋于谨慎，出行距离趋于本地化和近程化。从各地推出的旅游复苏政策来看，多数指向"某地人游某地"。要提醒各地，不能让国内大循环为主演变为省内中循环，甚至是市内、县区内小循环为主。毕竟没有中远程的旅游消费，就不可能有旅游经济的真正繁荣和旅游产业的高质量发展。

三、培育"互联网+"新主体，构建智慧旅游新格局

培育更加广泛的消费基础。政策千万条，市场第一条。只要城乡居民在旅游信息收集、出行决策、行前预订、目的地消费、社交分享和满意度

评价等方面养成了使用互联网的习惯,就会形成商业创新的机会,市场机制自然会让更多的资本、技术和劳动力等要素进入旅游领域。研究表明,游客在惯常环境的消费习惯会影响他们在目的地的消费行为。在虚拟歌手洛天依上了春晚,并有了粉丝团的今天;在语言导航技术获得授权的情况下,可以合成任何一位流量明星声线的今天;在新闻生产、创意事件和内容分发可以流水线作业的今天,数字内容已经借助互联网平台无所不在地渗透到日常生活中。如果我们还是坚持"平面和电视媒体做广告、旅行社组团、酒店和景区接待"等传统的旅游目的地建设思路,而无视互联网已经是现代旅游业的基础设施、虚拟旅游已经全新的旅游需求这一个现实,就很可能为时代所抛弃。目前,除传统媒体的线上平台和微博、微信、新浪、搜狐等网络媒体的旅游频道、马蜂窝、去哪儿、穷游等攻略性旅游网站、抖音、快手等视频类平台尚缺乏行之有效的旅游投放模式。从发展趋势上看,视频资源将是"互联网+旅游"的下一个风口,要么植入现有平台,要么创造新的平台。事实上,"快乐柿子"这样聚焦于旅游场景视频自动生存的微信小程序已经进入市场培育期。未来的"互联网+旅游"一定是属于为游客创造美好生活和消费场景的数字技术服务商。

建设面向未来的市场主体。数字产业化和产业数字化是包括旅游在内的国民经济各行业的发展方向,未来的旅游企业,本质上都是数字化企业,必须高度重视数据挖掘与数字化转型。旅游业没有天生的嫡系部队和永远的主力军,而是创新生生不息,发展永续向前的生态系统。二十年前,没有人会想到携程、去哪儿、马蜂窝、七天、如家、汉庭、华强方特会成为头部旅游企业。十年前,没有人会想到华为、高德、美团、京东、腾讯会是小康旅游时代的"某某系"。再过十年二十年,5G、北斗、星链、无人驾驶、飞行汽车成为现实了,谁能准确预测旅游集团二十强的名单表又会发生什么深刻变革呢?要引领旅行社、星级饭店、旅游景区、主

33

题公园等传统产业,通过数字化转型成为新发展格局的旅行服务业、旅游住宿业和旅游休闲业,也要吸引互联网平台、数字化企业、智能装备制造业通过产业投资、合资合作等方式进入旅游业,成为新型市场主体。在此过程中,尤其要加强科技、文化和旅游企业的深度融合。市场主体之间的融合说到底还是人的融合,特别是企业家、经理人、技术团队和市场团队之间的融合,通过会议、培训、研讨、路演等商务活动把不同领域不同专业的人聚集在一起。创新是企业家主导的概率事件,有时候是"有心栽花花不成,无心插柳柳成荫",有时候则是"错着错着就对了"。旅游行业要致力于创造一个自由的环境和宽容的氛围,让最富有创造力的企业家在任何可能的方向上自由地探索。

实施更有针对性的政策措施。从国家和地方政府出台的"互联网＋旅游"政策来看,一定程度上还存在着"重政府、轻市场,重系统、轻行业,重技术、轻应用,重平台、轻内容"的倾向。改革开放以来旅游业的全部发展进程表明,只有了解需求和满足需求,才能保证旅游业的健康稳定可持续发展。从旅游饭店星级标准到旅游景区 A 级标准,从智慧旅游到全域旅游,从《旅行社管理条例》到《旅游法》,那些面向需求,引导市场的政策、法规和标准都取得良好的预期。相反,那些聚焦供给,调控产业的政策、法规和标准,则很难走出系统并产生令人满意的效果。事实上,相对于工业和信息化部门、科技和互联网企业的产品研发优势,旅游部门和旅游业在消费需求的洞察和旅游市场的把握方面更有优势。从疫情期间的市场表现来看,游客不是不需要景区,而是不需要那种只有空镜头而没有生活内容和消费场景的景区。从杭州西湖断桥、成都大熊猫养殖基地等每天都有数以百万计网民围观的景点不间断直播,到广州时尚天河商业街、西安高新二路、北京三里屯等网红街拍地,"宠物养成式围观"的网络慢直播和"颜值即正义"的网红打卡地,已经预示着可视化景区和虚拟旅游时代的来临。由是出发，各级旅游部门和行业协会在推进"互联网＋旅游"的过程中，需要更加深入地了解需求、理解市场，重视平台和渠道构建，更要引导地方政府和市场主体重视内容创造。

定期评估互联网和数字化对旅游业的影响，构建以人为本的"科技＋旅游"新伦理。数字经济是算法统治的世界，有很强的技术属性，也有很高的伦理要求。"互联网＋服务业"为代表的消费互联网领域的算法，集中于终端设备制造商、通信运营商和生活服务商手中，供求双方的信息不对称、权利不对等正在变得越来越严重。种种迹象表明，如果没有政府部门和社会力量的干预，数字平权在高度市场化的消费互联网领域很难实现。市场主体和消费主体之间，消费主体内部不同年龄段、不同受教育年限、不同地区与不同阶层的人群数字鸿沟正在形成，且呈现扩大之势。在这方面，我们需要充分借鉴发达国家的工业互联网思维，通过标准化、流程化和知识产权保护等方式对数据的生产、分配、流通和消费进行必要的规范，以及伦理审查。通过政府部门和权威机构定期发布的专项报告，引领"互联网＋"推动的智慧旅游指出生活的温暖和消费的向善，让每一位游客都有平等的数字化参与机会，都可能享有网络空间的高光时刻。

全国"互联网＋旅游"发展论坛
暨 2021 河南智慧旅游大会
2021 年 4 月 7 日于郑州

迎接全面复苏，建设现代旅游业体系

各位旅游业界同仁、媒体朋友，

大家好！

在过去一年里，新冠肺炎疫情对旅游业产生了前所未有的影响。根据文化和旅游部公布的数据，2020年入出境旅游市场几乎全面停滞，国内旅游人数28.79亿人次，同比下降52.1%；旅游总收入2.23万亿元，同比下降61.1%。从数据来看，无论是市场面，还是产业面，去年都是改革开放以来旅游业最为艰难的一年。现在复盘来看，最困难的应该是去年春节过后那一段时光：面对突如其来的急刹车，包括政府主管部门、旅游业界和旅游市场都没有做好充分的心理准备，有些不知所措，甚至看不到方向，任由恐慌在蔓延。在党中央的坚强领导和统一部署下，地方政府和业界与旅游行政主管部门相向而行，蔓延的恐慌和消极的情绪得到了有效遏制，从第二季度开始，旅游业由全面停业转向防控型复工。从四个季度国内旅游市场的同比降幅来看，第一季度83.4%，第二季度51.0%，第三季度34.3%，第四季度32.%，降幅是逐季收窄的。从主要节假日的全国接待国内游客人数和旅游收入两项指标来看，清明节分别同比恢复31.6%和19.3%，劳动节分别同比恢复53.5%和36.7%，端午节分别同比恢复50.9%和31.2%，国庆中秋假日分别同比恢复79.0%和69.9%，同比恢复程度是逐季上升的。旅游经济自第四季度开始已经进入有序复苏到全面复苏的新通道，全年国内旅游市场走出了左长右短的U形曲线。

在过去的一年里,旅游行政主管部门暂退了旅行社质量保证金,会同财政部调整了旅游发展基金使用方向,推动了地方专项资金贴息贷款、景区和住宿业的政府采购补贴等政策,在不同时段对各类旅游企业的纾困解难产生了直接的作用。与2003年的"非典"时期不同,本轮纾困政策采取了"普惠而非特殊、市场而非行政"原则。任何特殊时期的行政举措都是"救急不救穷",产业政策则是"扶优不扶劣",两者都不是万能的,更不是民政部门的失业救济和养老保险那样的兜底条款。从长期来看,还要靠市场活力和产业创新动力。2019年,国民出境旅游达到1.55亿人次,海外旅游消费超过1万亿元。受疫情影响,这些出境旅游消费存量应当,也是可以转化成为国内旅游消费增量的。但是从2020年旅游经济运行数据来看,除了海南离岛免税购物和长三角城市群的周边休闲度假市场,这1万亿元的高端消费回到了国内,并没有释放到国内旅游市场,形成不了增量效应。究其原因,首先是因为疫情引致的消费谨慎,也有创新滞后导致的有效供给不足。

在过去的一年里,以旅游集团二十强为代表的一线市场主体积极担当、主动作为,在投资、研发和运营方面取得了可圈可点的诸多成就。沧海横流,方显英雄本色啊!对此,中国旅游研究院(文化和旅游部数据中心)编制的《2020中国旅游集团发展报告》和发展论坛的主题演讲均有系统的阐述。从各行业的复工复业率、客房出租率、景区游客接待增长率等统计数据和网络舆情来看,旅游市场形势和产业发展格局还有很大的不确定性,或者说复苏并不是线性的。经过一年多的"急速下降—省内旅游恢复—跨省旅游恢复—部分地区控流—统筹疫情防控与复工复业"这么一波接着一波的考验,确实有相当一部分旅行服务商倒闭,部分旅行社、景区和民宿等传统业态面临生死存亡的考验。面对波及范围如此之广、影响程度如此之深、复苏时间如此之长的新冠疫情,任何寄希望于毕其功于一疫的"报复性反弹论",以及消极作为的"长期性萧条论",在理论上都是不成立的,在实践中都是容易误导的。当恐慌不再蔓延,城乡居民逐渐适应疫情防控常态化,从早期的恐慌情绪中镇静下来,调整工作和生活的节奏,该防控的防控,该旅游的旅游,该休闲的休闲的时候,广大旅游业者也镇静下来,知道我们在哪里,知道谁需要我们,谁和我们在一起,也知道未来的路怎么走。更重要的是,旅游产业的基干力量还在,科技创新和数字化动能开始积聚并推动旅游业高质量发展。指导思想和发展方向一旦明确了,哪怕是再黑的夜,我们也有信心迎来黎明。

各位同仁、朋友们!

新的一年里,旅游市场筑底回升和旅游经济有序复苏进程不可逆转。从1月13日春运开始,有关机构每日都在监测全国旅游景区的接待人数。受石家庄、北京、东北局部地区疫情散发和防控措施从紧的影响,春运前两周的市场呈现明显的不景气态势。从第三周开始,工作日的旅游景区接待人数开始稳定在600万人次/天,周末则稳定在1000万人次/天,意味着旅游市场景气最重要的观测指标开始转入稳步上升通道。大年初一,旅游景区接待量首次突破5000万人次,初二和初三继续上扬。无论是故宫、良渚等头部旅游景区,还是天安门广场、上海外滩、杭州西湖、重庆解放碑等开放式景区;无论是历史文化街区、城市休闲商圈,还是郑州的建业电影小镇、银基旅游度假区等新型旅游项目,很多地方的客流量和消费热度已经恢复到疫前的正常水平。

各地发布的春节假日七天旅游市场数据,进一步验证了2021年旅游市场的有序复苏态势。中国旅游研究院和中国电信联合实验室的监测数据表明:牛年春节假日国内旅游收入从年初二(2月13日)开始就实现了同比正增长,旅游出游人数从年初三(2月14日)开始实现了同比正增长。直到假期结束,两大核心指标的同比、环比均呈现加速正增长态势。广东、河南、山东、江苏、上海、重庆、北京、浙江、湖南、陕西等地居民出游和游客接待量已经超过或接近2019年春节同期水平。假日期间，游客平均出游时长1.64天，过夜率29.7%，农村居民出游率19.7%；平均出游半径133.9公里，目的地平均游憩半径7.6公里，同比增长49.9%；超过九成的游客参加了文化休闲活动；游客满意度为83.6的"满意水平"。这是一组令人振奋的数据，意味着广大城乡居民已经适应了疫情防控常态化，以平常心进行正常的休闲活动和旅游消费。虽然跨省旅游、团队旅游市场仍然处于温冷区间，但是都市休闲游、郊区度假游、亲子旅游和研学旅游等基础需求，以自助、自驾、自由行的形式呈现强劲复苏的势头。

新的一年里，旅游消费升级和市场下沉，休闲需求稳中有升和升中有变的趋势将进一步显化。客源地的公共文化、文化休闲和艺术氛围，对游客的目的地选择、消费决策和消费行为的影响更加明显；目的地的科技创新和数字化水平，将对游客获得感、安全感和满意度的影响更加明显；广大游客对个性化和品质化的追求，对旅游消费的自助、共享和碎片化的影响更加明显；资本要素和技术、教育、创意动能，对旅游产业的现代化、分散化和创新性的影响更加明显。"四个更加明显"将是今年和"十四五"期间旅游市场演化的主线，也是各级政府做好旅游工作必须面对的现实。现在还有不少旅游机构和市场主体没有意识到这些正在重构旅游经济发展格局的趋势，仍然以传统的思想把旅行社、旅游景区和星级酒店当作旅游业的全部，仍然把自然资源和文化遗产当作旅游资源的全部，仍然把无差异广告、参展参会、名人代言当作旅游推广的全部，看上去热热闹闹，不过终将落得个丰子恺所画的"人散去，一弯新月如钩"的寂寞罢了。资源还是原来的资源，但是市场不是原来的市场了，游客要美丽风景，更要风景之上的美好生活。文化休闲和旅游消费的多样化和受众群体的分层化，让传统思维主导的团队对年轻人刻意为之的引导变成了镜花水月。如艺术家何冰先生去年在 B 站的《后浪》演讲，前浪梦想着自由的选择，后浪已经有了选择的自由。数字生存的 Z 世代，不再遵循"权威—服从"的决策模式，而是借助数字技术更加任性表达自己的消费意见——"我的行程我做主""你的美好生活我分享"。随着弹性工作制、共享员工、自由职业者群体的增加，工作与休闲边界开始变得模糊，作息时间、工作空间和旅游场景的柔性切换已经在部分程度上成为现实。商务旅行过去是工作，而年轻一代的职场人士，把旅行和休闲融合在一起了。工作即旅行，旅行即休闲的新理念，将给旅游市场，进而给整个旅游经济体系的变革带来全新的推动力。

新的一年里，社会稳定、法治环境、经济增长和贸易发展将为商务旅行市场带来复苏与繁荣的现实可能。我们有世界级的市场规模优势：2019 年，社会消费品零售总额 41.2 万亿。中国目前是全球 120 多个国家和地区的第一大贸易伙伴，国际贸易总额在 2020 年新冠疫情期间仍然实现了正增长，全球贸易中心、能源交易中心和金融中心的角色正在变得越来越明显。全面依法治国、科技创新和实业兴国战略，将进一步推动包括旅游在内的营商环境的优化，让更大力度的消费升级和市场下沉有了现实可能性。1.2 亿个市场主体、31.3 万亿元的数字经济规模、94.7% 的手机移动支付渗透率和 266.2 万亿元的移动支付总额，为旅行服务业、旅游住宿业、旅游休闲市场的复苏与繁荣提供了最为坚实的消费保障。生产全球三分之一到一半左右小提琴的江苏泰兴黄桥镇、吉他出货量占世界三分之一的山东昌乐县鄌郚镇、游泳衣销售额占世界三分之一和全国一半的辽宁兴城市，还有生产羽毛球的浙江江山市、生产假发的河南许昌市、生产钢卷尺的河南虞城稍岗镇、生产羽绒服的江苏常熟，等等，这些行业和小镇都与旅游业直接相关联。它们与义乌小商品市场、南通家纺城、北京大红门批发市场一道，构成了商务旅行市场的坚强支撑，也是旅游市场下沉的商业创新空间。

我们对形势的研判要有总体观，必须抓住也要善于抓住主要矛盾和矛盾的主要方面。不能因为长江、黄河自西向东流入太平洋，就否认局部地区呈南北流向，甚至有逆流；更不能因为后者而无视涓涓小溪汇流成河，奔涌入海洋。客观、理性的观点论述与主观、情绪化的意见表达不同，得有权威数据、一线调研和专业研讨做支撑，不能为了话语权，甚至是为了带节奏而随便下一些没有学理和数据支撑的似是而非的结论。疫情防控常态化的2021，市场复苏的2021，旅游产业的边界重构、主客共享的场景营造、文化引领和科技创新，都将是令人期待的旅游经济新变化。根据旅游消费意愿等先行指数、近期市场数据，经旅游经济监测课题及专题研究，中国旅游研究院（文化和旅游部数据中心）对2021年旅游经济运行的主要指标预测如下：全年国内旅游人数41亿人次，国内旅游收入3.3万亿元，分别比上年增长42%和48%。综合考虑国际形势和"外防输入、内防反弹"的疫情防控压力，今年的入出境旅游市场仍然不容乐观，但是从第三季度起，港澳地区和商务旅游两个市场将会有可以预期的复苏。

各位同仁、朋友们！

当前和未来一个时期，我们对党和国家统筹疫情防控与复工复产保持充分的信心，对旅游经济的繁荣发展保持乐观的预期。2021年是决战决胜脱贫攻坚和全面建成小康社会的一年，是全面开启社会主义现代化国家建设新征程的一年，也是包括旅游业在内的国民经济和社会发展"十四五"规划落地实施的一年。中华民族的伟大复兴和人民对美好生活的追求，为疫情防控常态化的旅游业振兴提供了强大基础动能和拉升力量。在新的一年中，旅行社质量保证金还会留在企业手中，来自旅游发展基金、公共财政和基础建设投资、金融和证券部门的支持还会继续发力。值得期待的是，大众旅游的新发展阶段、新发展理念和新发展格局，将会通过党和国家领导人的重要讲话和批示指示,通过旅游法律法规的修订完善、中央政府文件、国家和行业标准、创新工作抓手等方式逐步加以显现。依托强大的国内旅游市场,坚持旅游为民,着力满足特色化、多层次需求,加快推进内容创造和场景营造为导向的智慧旅游建设,依法兴旅、依法治旅,推进文化和旅游融合发展、推进旅游业高质量发展,是当前和今后一个时期旅游工作的主基调。我们有充分的理由相信,一个国民旅游权利更加彰显,旅游创业创新更加活跃的新时代正在到来。

当前和今后一个时期,我们要进一步扩大基础建设、公共服务和社会投资,实施创新驱动战略,兼顾旅游消费升级和市场下沉,建设现代旅游业体系。为落实党的十九届五中全会和中央经济工作会议精神,国家将进一步提升旅游业的战略摆位,在巩固消费存量、扩大消费增量的同时,加大科技创新和数字化应用力度,加快建设现代旅游体系。公开信息表明,国家将建设一批富有文化底蕴的世界级旅游景区和度假区,打造一批文化特色鲜明的国家级旅游休闲城市和街区,乡村旅游和红色旅游建设将会取得明显进展。为此,财政、发改和金融部门,中央和地方将会加大基础建设、公共服务和旅游项目的投资力度。当前,政府在基础设施和公共服务领域的投资,对稳定旅游经济基本面和周期性复苏预期扮演锚定角色,发挥托底作用。审慎调整、收而不紧的金融政策,也有助于降低旅游集团和上市公司的直接融资成本,有利于旅游景区、旅游度假区、旅游休闲街区、旅游综合体开发的健康可持续发展。

当前和今后一个时期,政府旅游行政主管部门要加强对传统和新兴、国有和民营、大中小微型旅游市场的分类指导、精准施策。金融资本主导的企业创设、产业资本主导的项目投资、市场主体主导的产品研发,是旅游经济增长的关键动能。随着创新驱动发展战略的深入实施,人工智能、航天科技、5G、高速交通等科技创新和新基建投资,正在谋求与旅游消费场景的加速融合,将助力传统旅游业向现代旅游业升级。疫情期间,我反复说两句话:一句是"经此一疫,旅游业再也回不到过去了"。这句话不是说旅行社、星级酒店和旅游景区等传统旅游业态没有活路了,更不能解读为无视企业的生死存亡,恰恰相反,是为了推动旅行社、星级酒店和旅游景区稳定走向旅行服务、旅游住宿、休闲度假等美好生活新空间。相濡以沫,莫如相忘于江湖,应当是这个意思吧。另一句是"旅游业没有天然的嫡系部队,也没有一成不变的主力军"。越来越多社会资本、科技和人才要素进入旅游业,在市场规律的作用下,竞相为游客提供更有品质的消费选择,正是"更多的国民参与、更高的品质分享"题中之义。鸥翎投资、红杉中国对开元酒店的私有化要约、美团与东呈的战略合作,以及高德、阿里和华为等科技公司对旅游领域的战略进入,预示跨界而来的新型投资机构和市场主体,正在为旅游市场带来更多的活力。那种"导入旅游概念、跟进房地产开发、综合平衡现金流"的项目开发模式,"银行主导的间接融资加大杠杆,资本市场的直接融资推高风险"的产业投资模式,可能会不可逆转地淡出市场。让金融的归金融,旅游的归旅游,将是今后一个时期旅游投资可以预期的新变化。

当前和今后一个时期,各级党委和政府应高度关注旅行社、OTA、星级饭店、民宿、A级景区、主题公园、旅游车船等传统业态,特别是导游、领队、驾驶员、服务员等一线从业人员的生存状况。为贯彻落实中央的"六稳""六保"要求,在政策评估的基础上,各级旅游行政主管部门要进一步提升纾困解难的政策靶向性和措施精准性,让传统企业和一线员工有实实在在的获得感。财政、金融、就业、养老、医疗等宏观政策和旅游领域的具体帮扶措施,都只是安全阀和防护网,最终还是要发扬企业家精神,通过科技创新和市场创新推进旅游业的高质量发展。政策千万条,市场第一条。当务之急是疫情防控的基础上,持续释放鼓励出行、鼓励休闲、鼓励消费的市场预期，营造有利于中远程旅游消费的市场环境。只要旅游消费潜力释放了，资本、技术和人才等要素就会源源不断地涌入旅游市场，企业自然会去响应市场获利的机会。我们还要关注中旅旅行的国内市场转型、春秋旅游的本地市场创新、广之旅的标准化建设、凯撒旅游的实业投资，开元旅业的高端度假产品的成功投放、复星旗下的高端酒店逆势增长，本地休闲与乡村旅游的稳步增长，为疫情期间的旅游业带来信心与动能。

新年已经到来，春天正在吹拂祖国的大地，极目远眺，一切都是复苏的样子。2021年，我们将迎来建党一百周年，进入全面小康社会，全面开启社会主义国家建设新征程，旅游市场开始步入不可逆转的有序复苏进程。旅游业界理应有更好的预期，旅游市场复苏的步伐一定比现在预料的更快些，我们将要取得的成绩一定比现在所预料的更大些。

《中国旅游经济蓝皮书（No.13）》系列成果线上发布及研讨

2021 年 2 月 22 日

没有什么能够阻止我们对旅行的向往

尊敬的荷兰王国驻华大使 H.E.Wim Geerts 先生，
荷兰国家旅游和会展局局长 Jos Vranken 先生，
女士们，先生们：

谢谢杨宇先生对我的介绍，谢谢您和荷兰国家旅游局中国区团队在项目执行过程中专业而高效的工作，谢谢你们对中国旅游研究院（文化和旅游部数据中心）的认可与信任，特别是对何琼峰博士和数据分析所执行团队的理解与支持。还记得一个月前，当我们电话沟通本次会议是否要推迟或者改在线上方式进行时，我告诉您要对中国共产党、中国政府和中国人民有信心，一定会很快战胜新一轮疫情并回归日常生活的。今天，信心已经变成了现实。我们在荷兰王国驻中华人民共和国大使馆隆重集会，分享疫情防控常态化旅游复苏的经验，探讨中欧旅游交流合作的诸多可能，也是水到渠成的事情。

说起荷兰，我们会想起"海上马车夫"、郁金香、风车，当然，还有梵高[①]。2017 年，由波兰导演休·韦尔什曼执导的历史上第一部纯手工油画电影《至爱梵高·星空之谜》（*Loving Vincent*），让全世界的人走进了电影院，因为那一个回眸而泪流满面。

2019 年秋天某个平常的下午，我参加了中荷两国外交官和旅游业者的

[①] 据《辞海》（2010 年版），应为"凡·高"，为了与电影、展览等译名保持一致，采用大众习惯用语，全书不做修改。——编者注

集会。是的,尽管有梵高,那确实就是一个平平常常的下午,以至于我都记不起确切的日期了。现在想起来,日常、平常、经常,都是多么美好的词汇啊!朋友可以约会,见面不用戴口罩,当然可以握手和拥抱。就在那次集会演讲中,我们谈到了梵高是荷兰人还是法国人的问题。他出生在荷兰,当然是荷兰人;他居住在法国南部,也是属于法国的。事实上,梵高也是属于欧洲的、亚洲的、美洲的,属于全世界的。伟大的艺术家倾其一生,都在努力改变人们对于这个世界的印象,无论是向日葵的温馨,还是罗讷河上的星夜;无论是塞纳河边望眼欲穿的红衣女子,还是克里希大道上被市井吵闹所环绕的行人,他都以满满的善意告诉所有人,这个世界真的很美好。

这么美丽的世界,如此美好的生活,怎么会不引得人们向往和流连呢?根据韩晋芳博士代表中国旅游研究院(文化和旅游部数据中心)项目组刚才发布的专项调研报告,95.7%过去三年有过洲际旅行的中国公民未来三年会再次赴欧洲旅游,荷兰是排在第二位的旅游目的地国家。中国人民自古就有读万卷书、行万里路的传统,14亿人生活在美丽中国,见证了民族复兴和人民幸福的中国,展现了热爱和平和仰望星空的中国。

今天的中国已经全面建成了小康社会,高速铁路、高速公路、航空港和5G通信,让国民大众说走就走的梦想照进了现实,助力大众旅游进入全面发展的新阶段,正在阔步行进在智慧旅游的道路上。2021年国际劳动节五天假日,全国国内出游2.3亿人次,已经恢复到2019年疫情前的同期水平;实现国内旅游收入1132.3亿元,恢复到2019年疫情前同期的77.0%。

相对于旺盛的国内旅游市场,持续增长的出入境旅游被迫暂停了。调查显示,82.8%的人在某个国家没有新冠病例时才可能去旅行,83.8%的人在未来的假期中希望避免参观人多的旅游景点。我们注意到,中国文化和旅游部的高级别官员在金砖国家旅游部长会议上表示,中方将根据全球疫情发展形势,适时研究入出境旅游开放方案。我们期待着世界早日战胜疫情,人们可以更加自由地往来,也希望有更多的欧洲人沿着新丝绸之路来到中国,亲身体验一个古老而神秘的东方,重新发现一个现代而开放的东方。

女士们,先生们!

欧洲的朋友都熟悉这幅二战期间与图书馆有关的画吧,这幅画已经成为人类历史上最值得记忆的影像之一,很多中国人也知道它。

1940年10月22日,伦敦的荷兰屋图书馆(Dutch House Library in London)在大轰炸中被炸成了残垣断壁。可是就在第二天,人们在这里拍到三位衣着考究的绅士,站在残垣断壁中安静地阅读,仿佛昨天什么也没有发生。透过历史的尘埃,我们依然能够感受人们在任何地方、任何时候都不会放弃对知识的追求,阅读已经像阳光、空气和水一样成为一种日常生活方式,他们在最残酷的战争面前也保持着人类应有的笃定、体面和尊严。

2020年春节期节,中国面临着新冠疫情的首轮冲击,也是最为严峻的考验。在习近平主席的亲自部署、亲自指挥下,中国共产党和中国政府坚持把人民群众生命安全的身体健康放在第一位,很快就取得了疫情防控的阶段性胜利,并分阶段、有步骤地转入经济社会发展正常化。在过去的一年半时间里,尽管局部地区和少数城市出现了点状散发和线性扩散的疫情,国家应对疫情的经验更成熟,人民的心态也更从容了。一旦街区和城市解封,很快就恢复了往日的繁荣与乐观。

疫情发生以来,有太多的令人感动到泪目的瞬间,比如逆行而上的白衣战士、闻令而动的人民子弟兵、志愿服务的年轻人,特别是武汉、南京、成都等地市民对生活的达观,对自由的向往,更是让我深受感动,也倍感温暖。习近平总书记在纪念建党一百周年的重要讲话中的两句口号更是说出全体人民的心声：伟大、光荣、正确的中国共产党万岁！伟大、光荣、英雄的中国人民万岁！

女士们，先生们！

在政府、旅游机构和社会各界的共同努力下，虽然疫情还没有过去，但是经济社会已经开始恢复常态，旅游和休闲市场主体的创业创新重新活跃起来。尽管还会有不确定性因素，但是正如我敬赠大使、局长和各位的新书《旅游　复苏》所判断的这样，旅游市场的信心正在恢复，旅游发展的动能正在积聚，旅游复苏的进程已经不可逆转了。

我们注意到欧盟的最新消息：从7月1日起，接种辉瑞、莫德纳、阿斯利康以及强生四款新冠疫苗的游客入境欧盟无须接受筛检及隔离。欧盟疫苗护照可以是电子或纸本的且有条码，能够让欧盟全境范围内即时验证，内容包括疫苗接种证明、检测结果证明以及曾染疫民众的康复证明三类通行证。

我们也注意到6月初公布的新版的"安全旅游国家名单"，将中国列入取消旅行限制国家名单。如果能够有更多的国家如世界卫生组织（WHO）所倡导的那样，能够像希腊所做的那样，将科兴和国药等中国疫苗纳入疫苗护照清单中，将会极大促进国际旅游旅行市场的恢复。

随着疫情防控形势的好转，中国政府分别于2020年3月和7月恢复了省内旅游和国内旅游，通过财政、金融和产业政策对旅行商、旅游景区和星级酒店给予相应的支持，并鼓励地方和企业加大疫情常态化背景下的产品创新和数字化转型。值得关注的是，旅游企业在疫情期间并没有坐等政府救助，而是主动面向新需求，开发新产品，促进市场复苏和产业转型。在中国旅游研究院组织的2020中国旅游集团发展论坛、2021冰雪旅游论坛，我们分别发布了文化和旅游融合、文化创意、科技赋能和冰雪时尚等相关案例。这些源于实践的创新案例，这些理论总结的发展经验，我们愿意与欧洲同行无保留地分享，也愿意为了国际旅行早日恢复常态而共同思考和相向而行。

女士们，先生们！

开了这么长时间的会，我想邀请大家一起来听首乐曲吧——贝多芬第九交响曲的第四乐章《欢乐颂》。

历史一再证明并将继续证明，不管是自然灾难、战争和动乱，包括这次疫情，都不可能阻挡人们在图书馆安静地阅读，也阻挡不了人们在这颗蓝色的星球上自由地行走。新冠疫情发生以来，中国和亚洲、欧洲、非洲、美洲、大洋洲各个国家和地区都承受了巨大冲击。令人欣慰的是，在历冬经夏的日子里，尽管有少量的杂音，同情、理解和守望相助仍然是主流，每个国家、每个企业、每个人都了不起！

冬天已经来了，春天还会远吗？所有热爱旅行的人们，所有为旅行而坚守的人们，让我们以自由的名义，以理性的共情，向着更美好的明天前进，前进！

"中欧旅游趋势发布研讨会"
2021年9月8日于荷兰驻华大使馆

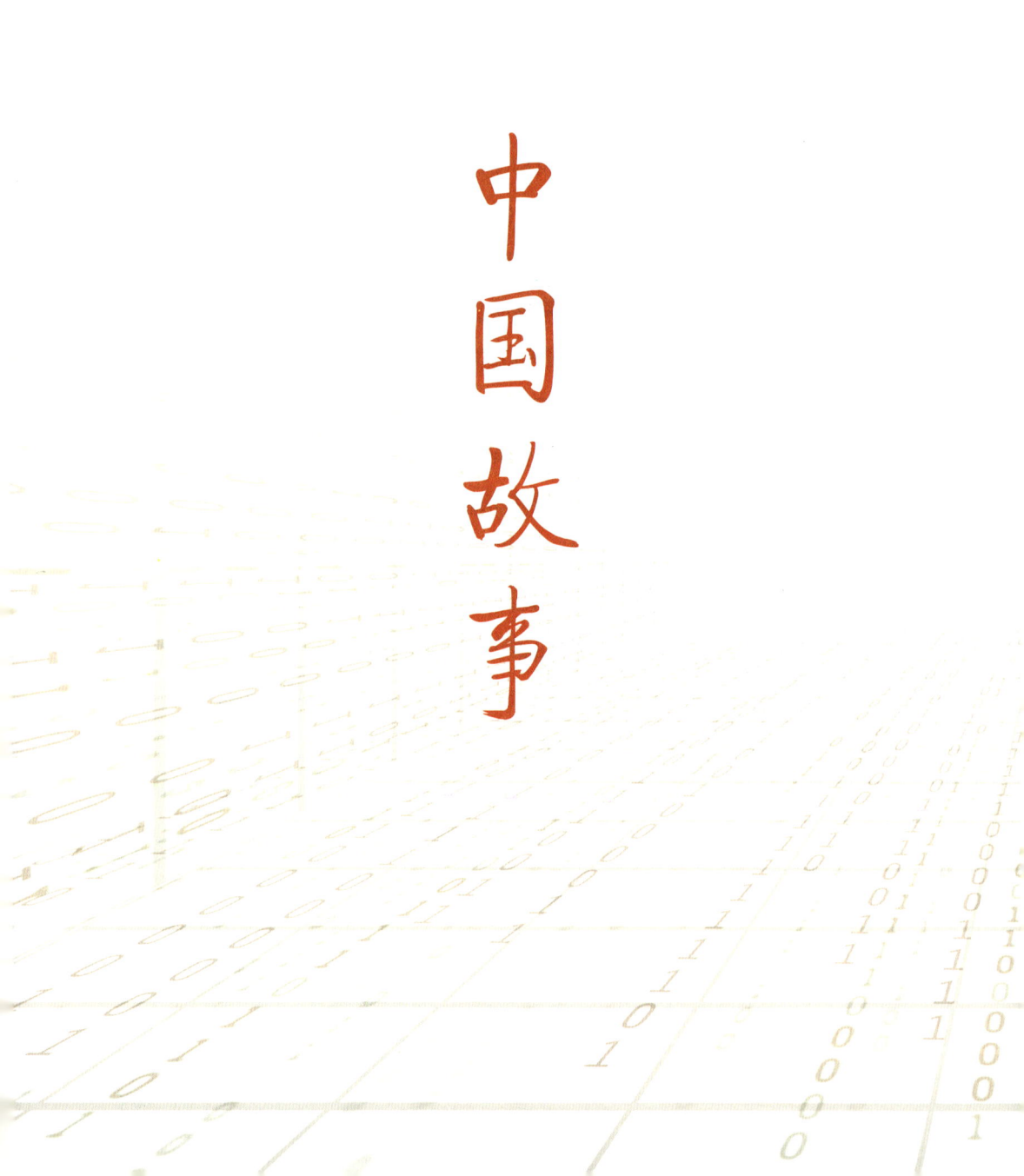

中国故事

札记·中国故事

　　知一个从黄山到黄河，山河壮丽的中国；爱一个从诗经到红楼，风雅多姿的中国。

　　知一个从积贫积弱到全面小康，自强不息的中国；爱一个从广场舞到说唱新时代，人民幸福的中国。

　　知一个从嫦娥到天眼，再从蛟龙到祝融，星辰大海的中国；爱一个从"一带一路"到人类命运共同体的中国。

　　读万卷书，行万里路。领略文化之美，增强文化自信，旅游人从未停止行走的步伐。

讲好中国故事　创新传播体系
开创文化交流和旅游推广工作新格局

一、让传播中国的人知中国、爱中国

说起文化交流和旅游推广，很多人的第一印象是外事无小事，要会说外语，去过世界很多地方，有广泛的国际人脉。语言很重要，说到底还是交流工具，工具之上是内容，是对国家的热爱和信仰，是我们要传递的文化和目的地信息。了解目的地国家和地区的情况，有广泛的人脉当然也很重要，说到底还是时间的函数。想想新中国建立初期，元帅办外交，将军出任外交，不也很快打开新局面了吗？重返联合国的那张"乔的笑"，也不是事先的设计或者教科书的规程，却是那么自然，那么打动人心。随着外交外事的职业化进程，会外语、知世界的职业外交官成为外交外事、文化交流和旅游外宣的基干队伍，极大推进了本领域的正规化、标准化和制度化进程。可是回过头来看，这些成就是否在一定程度上失去了应有的激情、洒脱和自信呢？如果不了解中国的历史和现状，没有文化团体和旅游企业做后方，我们可能不知不觉地就错位了，不是在世界上传播中国文化，邀请海外游客到访中国，而是向国内宣传对象国的文化，帮助海外旅游局在中国做宣传推广。从这个意义上说，要做好新发展阶段的文化交流和旅游推广工作，首先要培养一支知中国、爱中国的专业人才队伍。

知一个从黄山到黄河，山河壮丽的中国；爱一个从诗经到红楼，风雅多姿的中国。多少年了,孔子、京剧、功夫等文化符号构成世界对中国的文化想象,也是对外文化交流的重要载体。多少年了,京西沪桂广,加上长江三峡、杭州、敦煌、张家界等少数几个点线,是入境旅游市场,特别是外国游客的经典观光线路。相对而言,丝绸之路、万里茶路、大运河、长城、黄河、香格里拉等文化旅游线路则长期停留于概念层面和宣传阶段,距离旅行商可以销售的线路和游客可以消费的产品还有漫长的路要走。之所以如此,很大程度上与我们对自己国家的历史地理和文化艺术了解不够系统和不够深入有关。党的十九届五中全会提出,要建设一批文化底蕴深厚的世界级旅游景区和度假区,文化特色鲜明的国家级旅游休闲城市和街区,还要发展乡村旅游和红色旅游,讲好中国故事。这些即将落实在"十四五"旅游发展规划的内容,是对文化和旅游部的要求,国际交流与合作局应主动担当、积极作为,要系统提出自己的专业意见建议和工作方案。很遗憾还没有听到这方面的声音。我不担心空间选址,北部湾、粤港澳大湾区、长三角和东部沿海城市群,以及众多山岳湖泊区域都有能力建设世界级水准的国民度假地。我也不担心国际度假酒店和品牌运营商的积聚,以中国市场之潜力和各地招商引资的力度,一线度假休闲品牌很快就会进来。我真正担忧的是文化底蕴是不是浓厚、文化特色是不是鲜明?文化和旅游系统、地方政府给出的文化,城乡居民和入境游客是否有感、是否满意?这就要求从事文化交流和旅游推广的同志们要有地理、历史和人文素质,也要有创造性转化的能力,在建构国家记忆的过程中,推广山河壮丽和人文昌盛的国家旅游形象。

知一个从积贫积弱到全面小康,自强不息的中国;爱一个从广场舞到说唱新时代,人民幸福的中国。在新发展阶段,自然风光和历史人文仍然是吸引外国人到访的主要吸引物,小康社会中国梦则是文化交流和旅游推广的全新动能。从图1可以看出,中国公民出境旅游目的地主要是日韩、美国、俄罗斯和东盟等发达国家。剔除边境因素和邻国关系，图中所示的国家之所以能够成为国民出境旅游目的地的优先选择，是因为它们拥有优美的自然环境和独特地质地貌，更是因为其发达的基础设施、完善的商业环境和高品质的服务。否则我们就无法解释拥有动物大迁徙、东非大裂谷的非洲，拥有亚马孙热带雨林、潘帕斯草原的南美洲，为什么没有成为头部的国际旅游目的地和消费中心。

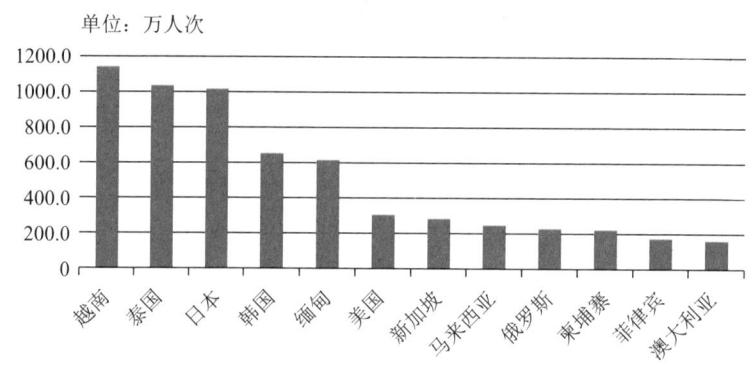

图1　中国公民出境旅游主要目的地国家（2019）

资料来源：文化和旅游部统计年鉴（2020）

今天的中国北上广深等一线城市和重庆、成都、武汉、杭州、宁波、郑州、天津等国家中心城市，基础设施、公共文化、经济发展和人民生活水平已经接近发达国家平均水平。北京大兴国际机场、CBD、中国樽、广州塔、京沪高铁、浦东新区等地标性建筑，正在与故宫、兵马俑、殷墟、良渚一起成为国家旅游形象的新载体。在这个富强的国度里，在这片美丽的土地上，大爷在公园里健身、大妈在广场上跳舞、中青年在创业创新、青少年在校园里学习，人们在图书馆安静地阅读，在博物馆、美术馆流连忘返，在戏剧场、电影院欣赏艺术，在文化馆、科技馆提升素养。旅游是异地的生活方式，旅游目的地是主客共享的生活空间。经济社会越发达，本地人民生活越幸福，就越能吸引异地游客的到访、消费和体验。因此，承载中华民族自强不息精神的革命文化、承载民族复兴和人民幸福的社会主义先进文化，都应当也可以进入海外文化中心和旅游推广场景中去，展示一个饱经苦难而自强不息、现代时尚又传承历史的中国。

知一个从嫦娥到天眼，仰望星空的中国；爱一个从"一带一路"到人类命运共同体，和平发展的中国。灌木丛后面藏不住骆驼，中国已经是全球第二大经济体，即将开启社会主义现代化国家建设新征程，不可能不为世界所议论。这些议论有恶意的，也有善意的，更有对当代中国的观察与思考，希望中国承担更多的国际责任。旅游经济发展历史经验和旅游市场大数据表明，潜在客源地国家和地区的人民对中国的认知与想象，直接决定了其旅游目的选择和消费决策。从事文化交流的机构，做旅游推广的同志，要对我国的未来五年的发展规划、2035年远景目标和更为长期的发展战略有系统了解和深入研究，把科技创新驱动的经济社会发展体系、为世界秩序和人类文明演化贡献智慧和方案的未来中国告诉世界。文化交流和旅游合作当然要与国家战略相向而行，但是相对于其他领域的力量投射，还属于软实力的范畴，宜尽可能多地释放善意。在对外、对港澳台文化交流和旅游合作过程中，要逐步建立与文化和旅游系统相宜的话语体系、话语方式，不断提升话语质量。不分场合，不分对象，到哪儿发言或演讲都是祝贺开幕、介绍国内情况和工作举措，最后提几点原则性的建议，再这么下去，我们就只能对着墙壁说话听回声了。今年新冠肺炎疫情为全球旅游业按下暂停键，旅游经济承受着前所未有的压力和挑战，全球旅游业都在满怀期待地看着中国。不管遇到什么情况，游客和居民之间都要保持在线不断线，文化机构和旅游企业都应拉手不放手。人民之间相互了解，国家之间相互信任，是文化交流和旅游推广的根本保障。文化交流和旅游推广工作做到位了，也有助于人民之间的相互理解和国家之间的相互信任。

正是从这个意义上，我们倡导并践行"国之交，在民相亲；民相亲，在常来往"。

二、让爱中国、知世界的人传播中国

我们是从事国际文化交流和旅游推广工作的，知中国、爱中国是基础和前提，还要知世界，对人类共同价值有共情。在具体的工作中，努力去说工作对象听得懂的语言，以彼此能够接受的方式，讲述他们听得懂的中国故事，从而达到传播中国的战略目标。在此，愿意分享对自己有所触动的几句话，供同志们参考。

"皮肤不是我们的文化，语言和语言传递的内容才是"，这句话是听著名歌唱家朱明瑛老师说的。她年轻时在东方歌舞团唱非洲歌曲，每次都把脸、脖子和手涂成黑色，服饰、动作、发音各方面都往非洲靠，以至于很多人不相信表演者真的是一位中国的艺术家。直到有一天在人民大会堂欢迎扎伊尔［现刚果（金）］总统访华演出现场，听到总统走到台上当面说这句话时，她对文化交流才有了些更深的理解。是啊，无论是政府外交，还是文化交流和旅游合作，欧洲、西亚、北非、北美、南美等地的语言是可以学习的，但肤色则是无法改变的，也没有必要去改变。我们无论是多么刻苦地学习英语、法语、德语、俄语、阿拉伯语、西班牙语、日语、韩语、斯瓦希里语，还是不如用母语那般自如。对于绝大多数人来说，能够表达和传递主要观点和核心思想就很好了。自己有过几次英语演讲的经历，印象较深者有两次：2017年，受国家旅游局委托，率团去马尼拉参加世界旅游组织统计工作会议，谈统计专业话题；还有去年在荷兰驻华大使馆参加梵高的主题推广会，谈艺术话题。如果从英语专业和职业外交官的角度看，几乎是不忍卒听的，但是把一名中国学者对科学和艺术的理解说出来并让听众听懂了，就是成功。至于重音次重音不分、边读吞音、定冠词使用不当等问题,不必太在意,慢慢改进即可。

"在我的心目中,祖国的每个地方,每个季节、每个月、每一天都是最美的"。2016年8月,中国旅游研究院代表团访问印度旅游与旅行管理学院(IITTM),并发表学术演讲《青年人是中印旅游共同的未来》。在问答环节,针对"中国最美的是哪个季节,什么时候去北京最合适?"的提问,我做了如上回答。与印度一样,我的祖国也是国土面积广阔,人文色彩丰富的大国,不同的地域、不同的季节可以满足世界各国人民观光游览和休闲度假的需要。如果愿意选择江苏、浙江、上海、安徽等江南地区,在春暖花开、莺飞草长的季节,带上一本泰戈尔的《吉檀迦利》是最好不过的了。东北的森林和冰雪、西北的草原和沙漠、西南的民族文化、中原的历史积淀等,随便点出一个地方都是可以开出一门课来,讲它个十天半个月的。问题是受众的时间和精力都是有限的,讲多了就什么都留不住印象了。在首尔参加过一次原国家旅游局组织的旅游推广活动,十几个省级代表团,每个团讲十分钟,团长的PPT还要把每个地市都点到,信息太密集了。记得会后我问过一位韩国的旅行商代表"美好江苏"是什么?有哪些城市?他很诚恳地说,实在抱歉,除了我去过的南京,没有记住哪个城市的信息。事实上,国家和城市可以成为独立的国际旅游目的地,而省级行政单位则难建构独立的文化想象和旅游形象。这就要求我们在系统梳理文脉的基础上,制订"十四五"文化交流和旅游合作发展规划,以国家旅游线路为主干,以旅游休闲城市和街区、旅游景区和度假区、传统和现代文化项目为支撑,加强对省市县区海外文化交流和旅游推广的指导工作。

"互联网不是最重要的,人的连接才是"。《纽约时报》《生意人报》《东亚日报》《经济学人》等报纸、杂志,CNN、BBC、KBS等电视台,时代广场、迪拜塔、伦敦眼等城市的地标性建筑,仍然是主流媒体和广告位,也是海外了解中国文化和旅游资讯的重要途径,还是国家和地方旅游宣传推广的主要平台。在预算允许的情况下,在这些媒体和平台上做些宣传是必要的。但是一定要有充分的市场调查,了解读者和受众是谁,资讯到达和打开的路径和方法是什么,以及如何监测和评估。否则一窝蜂地投入巨资,除了往国内发些消息、做些新闻宣传、写写工作总结,又能起到什么实质性作用呢?随着互联网和数字化营销的兴起,越来越多的旅游推广机构开始重视文化交流和旅游推广的传播方式创新。一些公关广告公司开始游说地方旅游厅局在推特、脸书、领英、油管上投放广告,策划线下活动,人为地制造传播热点,看上去热热闹闹,事实上效果有限。如同小时候在乡下赶集,耍猴的艺人一敲锣,围上来一群看热闹的,等卖力表演完,端着筐开始收费,人群却哄然散去了。做文化交流和旅游推广的人很容易把潜在的受众当作现实的观众,无意或有意把说了等于做了,做了等于做好了;把看到了当作接受了,接受了等于决策了。事实上,人的连接才是最好的旅行。在实际工作中,我们擅长做大水漫灌的公共活动,实际效果基本是水过地皮湿,入眼入耳不入心,结果就是短期的弱联系。若要和不同国家、不同地区、不同文化之间的人群产生长期的强联系,就必须要与所在国家和地区的旅行商、文化经纪公司和社区文化管理机构进行长期的专业沟通,要有涓滴效应和长期培育的心理准备,稳步提升入境游客满意度,最终达到并稳定在一个较高水平的位置。游客满意度调查事关需求侧管理和供给侧改革,是大众旅游的数据推手,也是智慧旅游的工作抓手,是过去12年近50个季度不容易但是必须坚持做的事情。有了入境游客满意这个衡量旅游发展质量的指标,我们就能调动地方政府发展入境旅游的积极性,就可以从总体上想游客之所想,从结构和细节上急游客之所急。

"中国是一个伟大的国家,你们也是"。文化交流和旅游推广不是国家层面的政府外交，不是军事交流，也不是十评九论式的大辩论，而是润物细无声的软实力和巧实力。我们的工作目标是让世界各国的人民对中国亲而近之，而不是敬而远之。来的人多了，实地看见国家的发展和人民的幸福，才会发自内心地认同中国，才会常来常往。在实际工作中，既不能有大国沙文主义，也不能以重商主义的思想指导国际旅游工作，而是要理性地看待旅游服务贸易逆差，不必要更不可能在每个年份，每个细分市场都保持竞争优势和人次、收入顺差。读万卷书，行万里路，自古以来就是中华民族的优良传统，出国旅游尤为人民所向往。全面实现小康社会以后，出境旅游的国人多了，也是面对面地做文化交流和旅游推广啊！

"心有猛虎，细嗅蔷薇。"外事无小事，从事文化交流和旅游推广工作会面临大量的礼宾、礼仪、翻译等工作，当然需要学习和掌握；然而凡事有个度，过犹不及。中国讲相敬如宾，也讲大事不拘小节。参加正式宴请、出席音乐会、参加学习演讨，当然需要正装并精心准备材料。参加多边会商、国际组织会议、知名旅游交易会，更是要对事关国家统一、民族团结和文化尊严的原则问题认真准备，并做好应对突发事件的应急预案。至于日常的沟通交流场景，甚至彼此已经是朋友了，一起喝个啤酒撸个串、星巴克聊个天，也要弄出个一本正经来，可能就会严肃到没有朋友了。曾经参与不少双边的文化和旅游年、国际旅游组织的会议论坛，有种感觉不见得准确，说出来请同志们批评：我们把太多的行政资源配置到迎来送往、布置VIP区的沙发、茶水和桌签、着装、礼品、剪彩等开幕式环节，以及主要领导讲话的新闻稿写作上，至于会议的内容和后续的人文交流和经济往来反而很少关注，往往是开幕即闭幕。这种现象在展览会、交易会、路演、品牌展演等项目中也不同程度地存在着，已经到了必须改变的时候。对细节的关注更多体现在倾听普通游客的声音，了解他们的诉求，只有千千万万的游客满意了，入境旅游市场才有一个可持续发展的未来。

三、大外宣与文化交流和旅游推广新体系

从原国家旅游局,到文化部,再到中宣部,一个讲好新发展阶段中国故事为导向的大外宣格局正在形成。文化交流和旅游推广既是新格局的塑造者,也是新格局的受益者,一个"中央牵头,地方协同,部门抓总,中心抓建,企事业单位协同创新"的工作体系正在构建中。

相对于高速增长的国内旅游和出境旅游市场,入境旅游特别是外国人入境旅游市场长期处于低迷状态,已经严重影响了新发展阶段的国家形势建设和文化软实力的提升。如图2所示,入出境旅游人次和国际旅游收支的"双逆差"已经严重影响了现代旅游业的高质量发展进程,也不利于新发展阶段国家形象的建构和传播。

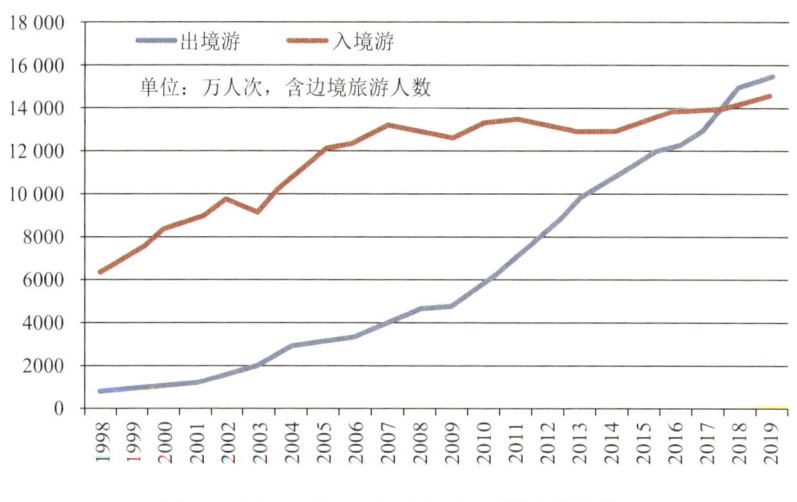

图2 1998—2019年中国入出境旅游人次

资料来源:中国旅游统计年鉴(1990—2020)

在既有的"三定"规定框架下,仅仅依靠文化和旅游部与外交部、移

民局、公安部、海关总署、税务总局、民航、铁路等部门之间，甚至是司局级层面的文来文往，几乎每一项政策创新都无法得到快速而有效的推进，甚至产生无处使力的行政挫折感。建议推动建立国家层面的旅游发展议事协调机制，定期研究签证、移民、海关、口岸、航权、免税购物、金融支付、语言环境等出入境旅游与旅行政策，在中央决策后为行政主管部门的政策创新提供支持。从工作层面，宜借鉴发达国家和地区的经验，适时组建市场化导向、专业化运作的国家旅游推广机构。在海南自贸港政策框架下，三亚市组建了独立于旅游行政主管部门的法定机构——三亚旅游推广局，这是一个值得跟踪研究的制度创新案例。

2018年组建文化和旅游部，原国家旅游局的国际司和港澳台司、原文化部外联局重组为国际交流与合作局，成为本系统和中央各部委规模最大、专业最强的对外交流合作机构，如果加上海外文化中心和旅游办事处，已经是独立部委，至少是国家旅游推广局的架构了。过去三年，我们在文化和旅游融合、海外文化交流和旅游推广、双多边旅游合作等方面做了大量的工作，但是在中央层面的政策协调、国家旅游形象设计、定型与推广、年度宣传主题及其内容支撑、对前方的市场分析与数据支持，以及大型活动和专业路演过程中的业务指导等，还有进一步提升的空间。

除了我们这支队伍，中央和国家机关各部委也有文化交流机构、平台和项目，并具有旅游推广的性质，比如外交部的"蓝厅发布"、宣传部的"中国馆"、统战部（国侨办）的"四海同春"、国家汉办的"孔子学院"，以及新华社、人民日报、广电总台等新闻单位的外宣项目。近年来，各省级、副省级和谋求国际影响力的城市，宣传、外事、文化和旅游部门也主动走出去从事文化交流和旅游推广工作，加起来的人力、财力、外交等行政资源的投入也达到了百亿元级别的财政预算。这么多的外宣项目，如果没有中央层面的统一协调，就形成不了国家形象的建设合力，还可能令受众感到困惑。

着眼新发展阶段的大外宣格局，重构文化交流、国家形象和旅游推广的时机已经成熟，条件已经具备。让我们以更高的政治站位和更强的专业能力，讲好中国故事，创新传播体系，开创文化交流和旅游推广工作新格局。

文化和旅游部国际交流与合作局专题讲座

2021年1月15日于北京

文化建设和旅游发展进程中的公共服务

促进文化和旅游融合发展进程中的体制改革和机制创新，可以从游客满意、政府管理、市场演化、国际交流与推广等多重视角去建构研究维度。在文化和旅游融合这一动态演化的复杂体系中，公共服务在价值观和消费偏好塑造、目的地选择和消费决策、主客互动和行为评价等方面均扮演了关键角色，发挥了积极作用，不可不纳入当代旅游发展理论视野，并给予深入而系统的研究。中国旅游研究院的学术基础和研究团队主要是经济学、管理学、地理学为主，尽管转隶改冠后的"三定"规定增加了"文化和旅游融合研究""文化统计研究"的新职责，但受团队的学科背景和成果积淀所限，只是在文化统计和大数据分析方面做了些探索。上个月，我和政策与科教所、数据分析所团队完成了一份特别报告——《从场馆走向场景的文化馆》，得到了党组成员、副部长张旭的肯定性指示。这是继2019年9月《民营美术馆调研报告》、2020年2月《旅游"战疫"中的公共服务：评估与完善》，再次向党组呈报文化类智库成果，对于文化和旅游融合课题研究的深化与延展具有标志性意义。

一、公共服务与文化建设

根据中央编办发布的《文化和旅游部职能配置、内设机构和人员编制规定》，文化和旅游部"负责公共文化事业发展，推进国家公共文化服务体系建设和旅游公共服务建设，深入实施文化惠民工程，统筹推进基本公共文化服务标准化、均等化"。内设公共服务司，整合了原文化部公共文化司与原国家旅游局综合协调司的职能与人员，主要职责如下：拟定文化和旅游公共服务政策及公共文化事业发展规划并组织实施，承担全国公共文化服务和旅游公共服务的指导、协调和推动工作，拟定文化和旅游公共服务标准并监督实施，指导群众文化、少数民族文化、未成年人文化和老年文化工作，指导图书馆、文化馆事业和基层综合性文化服务中心建设，指导公共数字文化和古籍保护工作。根据"三定"规定，图书馆、文化馆、基层文化服务中心，加上文化和旅游部管理的国家文物局所负责的博物馆、革命文物和重点文物保护单位，大体上构成了当代中国的公共文化空间。

从文化和旅游部组建以来落实公共服务的成效来看，除旅游景区厕所建设外，工作重点仍然以公共文化为主。相对而言，文化公共服务和旅游公共服务的协调和统筹工作，看上去并没有明显的进展。究其原因，公共文化服务已经形成了稳定的投资、建设和管理模式，而旅游公共服务的内涵、外延和载体并不清晰，投资、建设和管理模式也就无从谈起。现在看来，不能只是从供给侧着眼两者的融合，而是要回到供给侧的公共文化服务和需求侧的旅游公共服务上来，系统思考公共服务与文旅融合的关系架构。

研究发现，公共文化在满足人民文化权利的同时，也有宣传、教育和动员的功能。在文化多元的时代，我们在本地所接受的文化，决定了旅行在异国他乡时的文化选择和文化参与。那些在惯常环境和日常休闲常去博物馆和戏剧场者，离开惯常环境，以游客的身份到了目的地城市，更愿意到访所在地的文化空间和休闲场所。而拥有闻名于世的文化地标和艺术空间的城市，往往也是全球旅游市场上的头部目的地。这一假设也得到了全国游客满意度调查、世界旅游城市评价和本研究项目第二次研讨会的统计数据证实，也得到了文化建设和旅游发展进程中地方案例的有力支撑。

新中国成立之初，中央就借鉴苏联的经验，责成教育部建设文化馆体系。作为群众文化活动和宣传阵地的文化馆行政主管部门，1952年由教育部转为文化部。后来管理体制和建设目标几经变迁，直到2017年全国人大通过《中华人民共和国公共文化服务保障法》，从法律上明确了文化馆的公共文化属性和政府的保障责任。在没有互联网的上个世纪八十年代，在电视机没有下乡的六十年代和七十年代，我们的传统文化启蒙，对戏曲、电影和现代当代文学的了解，主要是受益于公社（乡）的文化馆和大队（村）的文化站，还有村村通的有线广播。2020年10月，党的十九届五中全会明确要求健全新时代公共文化服务体系和文化产业体系，丰富人民精神文化生活。今天，人们走进文化馆，不再只是被动地接受已经安排的展览展示活动，而是注重学习和互动。人们希望通过活动增进家人感情，增加社会交往，获得自身成长。随着更多非遗项目走进文化馆，文化馆开始从文化空间向生活场景转化，从"国建民享"转向"共建共享"，接下来转向主客共享的文化空间和文化场景将是自然而然的事情。

基于历史进程和逻辑进程分析的公共文化空间研究为我们打开公共服务最近的一扇门，要想登堂入室，还需要从学理、数据、案例和国际比较等方面做更加充分的准备。公共文化属于公共服务的范畴，也属于文化事业的谱系，对于国家、民族和社会的价值塑造起到无可替代的作用。很难想象公共文化缺位，商业文化无所不在的情况下，旅游作为经济属性很强的文化活动会走向哪个方向上去。德国哲学家马尔库塞将发达工业社会称为"消费社会"。在消费社会中，商品不仅仅是物质产品，它还内蕴着统治阶级的思想意识和价值观念，包括社会的文化背景。选择和购买商品，同时也接受商品中所包含的观念，当这种观念为大多数人所接受时，商品消费也就推行了某种意识形态下的生活方式。一旦文化被纳入工业化的轨道,文化变成了商品,遵循市场经济的逻辑,纯粹交换价值就会取代纯粹的使用价值,人的幸福与价值就会固定在交换价值的消费之上,人们在消费的过程中误以为获得了商品符号背后所传达的信息。正是出于对商业文化和文化工业的警惕,2018年文化和旅游部组建以后,党组把"以文塑旅,以旅彰文"作为融合发展的指导思想,也取得了令人满意的效果。

二、公共服务与旅游发展

从个体的、自发的、零散的旅游活动,进入大众的、自觉的、系统的旅游经济以后,现代旅游业的规模扩张和质量提升对基础设施、公共服务、产业政策和行政管理的依赖性日益增长。如果没有航空港、高速公路、高速铁路,我们无法想象中远程游客如何抵达目的地城市。如果没有供水、排污和防洪的地下管网、石油和天然气管道、电网、物流配送、检验检疫体系,我们也无法想象酒店、度假村、购物中心、主题公园等商业机构如何生存发展。如果没有公共安全、市容与街道管理、市场监督、司法和行政救济,居民和游客的安全感、幸福感和获得感就无从谈起。这些基础设施和公共服务,既构成了城市旅游吸引力,也构成了旅游产业竞争力。

回顾改革开放四十年多来的旅游发展进程,学术研究和理论建设也好,产业实践和目的地开发也罢,关注的焦点在资源开发、景区建设、规划投资上,在旅行社、酒店、公路和厕所上,在目的地形象策划、宣传推广和营销组织上。对不对呢?特定历史阶段是对的。改革开放初期,旅游经济体系的消费主体是外国人、港澳同胞、台湾同胞和海外侨胞,新中国成立前三十年"一边倒"的外交政策带来了巨大的入境观光需求。旅游服务贸易的海外市场看上去似乎没有上限,内生性的旅游消费需求暂时还不存在,那时的建设重点只能是解决供给短缺的问题,研究的重点也只能是外在的、可视的观光资源,这是特定历史阶段的产物。等到国民广泛参与的大众旅游市场兴起以后,尤其是近年来主客共享的生活场景、文旅融合的发展要求,学术研究的视角开始突破想象中的旅游世界,进入面向当地居民的生活场景及其背后的支撑系统。在全国游客满意度调查项目的支持下,我们陆续提出了"景观之上是生活""万丈红尘最温暖""城市,共享的文明和触摸的温暖""主客共享美好生活新空间""中国梦是旅游发展新动能"等新理念、新观点,并获得了广泛共识。沿着这个思路继续往前走,就是"旅游目的地是生活环境的总和""商业环境是城市旅游竞争力的关键要素"。到了这一步,也算是把旅游认知的边界往前推动了几步,可是总觉得还可以往前走,往下探,即生活环境和商业环境的后面是什么?现在可以看到的是基础设施和公共服务。

在深入讨论这个主题之前,有必要区分旅游中的公共服务和公共旅游服务。旅游中的公共服务是旅游者在出行和目的地居停期间所享受的公共服务,以及旅游市场主体在投资、运营、向旅游者提供产品和服务的过程中所使用的公共服务。无论国内国际,也无论旅游业发展的哪个阶段,旅游中的公共服务都是泛在的,而且越是旅游发展的高级阶段,公共服务在国民旅游权利实现和旅游业高质量发展战略中所扮演的角色越重要,所发挥的作用越积极。相对而言,公共旅游服务则不似公共文化服务那样容易识别。从"三定"规定等行政体制和管理机制上看,并不存在类似"三馆一站"这样的服务载体和工作对象,也没有公共财政预算对旅游工作的某项具体职能进行保障。前段时间听取战略所团队关于大同项目的工作汇报,我建议把"中国(大同)旅游公共服务发展论坛",改为"公共服务与旅游休闲城市发展论坛",将研究目标聚焦在公共服务建设与旅游目的地发展这个全新的主题上。

《中华人民共和国旅游法》并没有从法条上对公共服务的内涵做出具

体规定，国家旅游局制定的有关文件，如《关于进一步做好旅游公共服务工作的意见》《"十三五"全国旅游公共服务规划》也没有对旅游公共服务的内涵做出明确界定。根据现有法律法规和产业政策，旅游公共服务的外延涉及旅游基础设施、旅游交通便利化、旅游公共信息服务、厕所革命、国民旅游休闲、旅游惠民便民服务、旅游安全保障、旅游公共行政服务等方面。我们所理解的旅游公共服务是指为保障旅游者权益，政府和公共部门投资、运营和监管的公益性和非营利性项目。保障游客权利是旅游公共服务的核心要义。旅游公共服务体系包括供给主体、供给内容、供给对象，以及支持子系统所共同构成的完整体系。

如何深化并拓展这个相对较新的领域研究呢？除了我们熟练掌握的文献综述、思想试验和理论推演，以及多去基层调研，向实践学习以外，更重要的是打破传统的旅游研究领域，切实突破知识视域，从旅游与文化、政治与行政、经济与社会等交叉学科寻找学术灵感和理论原创力。读万卷书、行万里路，自古以来就是中华民族的优良传统，也是读书做学问的必由之路。没有必要受太多的学科背景和领域所限。在驶向陌生的知识海洋之前，首先要有概念锚定和理论准备：什么是公共服务？谁，以何种方式，向谁提供？公共服务以什么方式，在何种程度上介入旅游目的地建设？不同国家、不同地区、不同历史阶段的旅游发展战略对公共服务有什么要求？经济增长、科技创新和社会发展是如何影响公共服务和旅游发展之间的关系建构的？随着这些问题的答案逐渐清晰，公共服务促进旅游发展、促进文化和旅游融合发展的体制改革方向与机制创新路径，也就不言自明了。

三、公共服务与文旅融合

公共服务在文化和旅游融合发展的进程中扮演何种角色？发挥什么样

的作用？体制机制还有哪些障碍，又如何改革创新？今天研讨只是开了个头，还需要认真学习党的十九大和二中、三中、四中、五中全会精神，以习近平新时代中国特色社会主义思想为指导，进行更加艰辛的理论探讨和实践探索，既要回顾过去，更要展望未来。

未来的公共服务面向当地居民，也面向外来游客，致力于培育主客共享的美好生活新空间。博物馆、美术馆、考古遗址已经成为越来越多的旅游者，尤其是研学、亲子、文化旅游者的访问地，北京故宫、陕西兵马俑、敦煌莫高窟等博物院馆同时也是国家5A级旅游景区，杭州、上海等地以夜间经济的名义推出了"博物馆奇妙夜"，不同程度地延长了闭馆时间。但是受一类事业单位收支两条线的管理体制所限，免费开放的博物馆并没有更大的动力去吸引更多的观众和游客到访以及研发文创产品和提高服务品质。除了北京的国家图书馆、广州图书馆以及北京角楼社区图书馆等少数图书馆之外，全国多数公共图书馆还很少能够听到游客到访的消息，文化馆站更是如此。在互联网阅读和数字化传播日渐加剧的今天，如何让社区文化空间兼具非遗展示、文化体验、艺术策展和游客服务中心的职能，如何建设具有深厚文化底蕴的世界级旅游景区和度假区、文化特色鲜明的旅游休闲城市和街区，都是新发展阶段公共文化与旅游融合发展需要回答的现实课题。

未来的公共服务对于文化建设和旅游发展具有同等重要的作用，致力于打造创业创新的生态系统。文化建设包括文化事业，也包括文化产业；旅游发展当然有消费、投资、就业等经济目标，也有领悟文化之美、增强文化自信的价值取向。建设社会主义文化强国需要高水平的公共文化体系，也需要高质量的文化产业体系。从广义的视角看，旅游也是经济属性较强的文化现象，同样需要公共文化、公共交通、科学技术和教育事业的助力和支撑。一个国家、一座城市的公共服务做好了，文化事业、文化产业和旅游业就具备创业创新的现实基础；反之，一个国家、一座城市的基础设施落后，公共服务的规模、结构和效能上不去，文化事业、文化产业和旅游也很难发展起来。当然，公共服务不能把所有的需求，包括居民和游客非基础需要都包下来，没有哪个地方政府有那么大的财力，也没有必要。总体上还是要有为政府与有效市场相结合，政府提供的公共服务是面向全民的普惠而均等的服务，并确保社会主义核心价值观的主流意识形态。在此基础上，鼓励社会力量参与文化事业建设，发展文化休闲空间，充分保障国民的文化权益和旅游权利。

未来的公共服务兼具数字化和人文性，既有科技的力度，也有人情冷暖的共情。这次疫情期间，各地都在应用大数据对居民和游客的行迹进行监测，并在核酸检测、预约访问、扫健康码入场等方面做出了具体要求。这些基于智能通信终端普及化的行政管制和公共服务有必要，公众虽然感觉不便，总体上还是理解的。问题是对那些没有能力使用智能终端的老年人和行动障碍者，如何帮助他们方便地享受文化权益和旅游权利？除了上海等少数发达城市以外，多数地方还做得不到位。一些所谓的硬核防控措施，是否滥用了公共资源和社会动员能力，也是值得思考的问题。综合各地疫情防控和旅游发展的近期信息，对老年人、残障人群等特定群体的关注明显在增加。问题是如何将之转化成为内生动力，需要体制机制的创新，也需要利益机制的协调，以及对市场主体和基层从业人员的培训与关注。

社科重大讲话

2021年2月5日于北京

培育精品旅游　构建新发展格局

日前发布的《中华人民共和国国民经济和社会发展第十四个五年规划和2035年远景目标纲要》，将扩大内需从宏观调控概念升级为经济发展战略。第十四章"加快培育完整内需体系"起首句是，顺应居民消费升级趋势，把扩大消费同改善人民生活品质结合起来，促进消费向绿色、健康、安全发展，稳步提高居民消费水平。明确要求"推动……文旅体育等消费提质扩容"。发展精品旅游是"十四五"期间旅游系统和旅游行业适应新发展阶段，落实新发展理念，构建新发展格局的必然要求，也是适应旅游消费升级，振兴入境旅游和推进旅游业高质量发展的必由之路。在明晰精品旅游的现代化与人民性的基础上，科学研判市场形势和产业发展格局，坚持市场导向，培育新型业态，让游客有更高的获得感、满意度和安全感。

一、精品旅游的现代化与人民性

精品旅游是经典的，更是现代的，促进文化和旅游融合发展，推进旅游业高质量发展是其时代背景。过去二十年，是大众旅游繁荣发展的二十年，也是市场细分和概念迭出的二十年。在政府主导的目的地竞争、企业主导的业态竞争和项目竞争共同作用下，精品旅游、优质旅游、品质旅游、高端旅游、中国服务等概念通过政府文件、行业媒体和学术论文一次又一次引领业界话题。抛开上述词汇表面上的"能指",而从具体描绘时的"所指"来看①,精品旅游及其相近概念更多的是与小众、个性、经典、高价、高端等词汇相关。事实上,"精品"从来就不是,将来也不会是作为"现代"的对立面而存在的。如果我们一定要把每年只产几十斤的古茶、只出几千公斤的岩石矿泉水、只有家族才能传承的手艺、只接待权贵者的场所、只服务亿万富翁的项目等同于精品,那么这样的旅游不要也罢。那么多出境旅游者在海外购买的名牌箱包、香水、化妆品、酒水,以及智能手机等电子设备,包括马桶盖、保健品和日用快消品,不都是采用了现代工艺、工业化生产方式和现代化管理模式了吗?还有行程中必不可少的飞机、高铁、房车、酒店、主题公园、光景秀、即时通信,哪个又不是现代科技和工业化生产的集大成者?从这个意义上讲,欲彰精品旅游和服务品质于天下者,必须补上融文化、科技、商业于一体的现代化这一课。

精品旅游是国民的,更是大众的,也是建设以国内大循环为主体、国内国际双循环相互促进的新发展格局的必然要求。经过本世纪前二十年国内旅游市场的高速增长和出境旅游的品质体验,我们基本上解决了旅游消费"有没有""缺不缺"的问题,现在开始考虑"好不好""精不精"的现实课题。全面建成小康社会以后,大众旅游市场同时面临着消费升级和市场下沉的双重机遇,也可以说是双重挑战。消费升级意味着创业创新有了更多的现实可能性,也意味着传统业态可能因为跟不上时代而消逝;市场下沉则因为首次参与消费的旅游者增多,加上消费迭代的时间和地区差

---

① 按照瑞士语言学家费尔迪南·德·索绪尔的理论,一个语言符号由"音响形象"及"概念"两部分组成。前者是形容事物的词,表达的是"能指",与之相对应的是"所指",即这个词所描绘的东西。参见约尔格·琳达:《你能够不借助语言完成思考吗?》,引自2020年10月11日微信公众号"经济观察报书评"。

别，不合理低价游仍然有着不薄的市场基础，那些不做精品，也不用升级的项目会继续留在市场上。值得关注的是，已经进入市场的"90后"和正在进入市场的"00后"，让国内旅游市场有了更多变化的可能。从数据来看，对精品旅游的需求不仅是旅游旅行经验渐趋成熟的一二线城市市场，而且也是包括三四线城市和小镇青年的旅游需求。从进入市场的那一天开始，他们就对旅游供给同时提出了数量和质量两个方面的要求。目前，我国还处于大众旅游向小康旅游的转型过渡期，适应消费升级、市场下沉和高质量发展所需要的精品旅游，必须坚持旅游的人民性。让更多的国民参与到旅游消费的进程中来，游得起，玩得开心，是国家的要求，也是行业的责任。所有的产业政策、旅游投资和市场监管，都必须指向受众的普惠性而非消费人群的特定性。事实上，平等和公平正在变得比任何时候都重要，以至于任何试图通过所有制、身份、地位和价格手段，以实现消费歧视①的精品化策略都是与法律和伦理相冲突，也是与旅游业的未来背道而驰的。

精品旅游是中国的，也是世界的，参与全球旅游经济高水平分工，重塑世界旅游新发展格局是其战略导向。构建新发展格局，不是要关起门只发展国内旅游市场，而是还要大力发展入境旅游，特别是外国人来华入境旅游市场。国内市场主体也要走出去，为出境旅游者提供出行、航空、目的地小交通、住宿、餐饮和文化娱乐全需求链条的高品质服务。将来还要用好国内国际两个要素市场，全方位参与国际分工，重塑世界旅游发展格局，为全球旅游业的繁荣发展提供中国智慧、中国方案和中国经验。如果

---

① 经济学中的消费歧视主要指价格歧视。指厂商在同一时期对同一产品索取不同价格的行为，包括一级价格歧视，即每一单位商品都是按消费者所愿意接受的价格出售；二级价格歧视，即同一商品的不同数量段收取不同的价格；三级价格歧视，即同一种商品在不同的市场上收取不同的价格。广义的消费歧视还包括根据消费者的身份、地位、肤色、地域和文化背景加以歧视，包括只有特定人群才能享受的某种超国民待遇。

我们对本国居民的旅游需求都不了解，消费升级也无法满足，又怎么去参与高水平的国际竞争呢？如果精品旅游的服务对象不局限于走出国门的中国游客，还包括来华入境的海外游客，以及在世界各国各地区旅行的国际游客，就更需要国际思维和世界格局了。未来的精品旅游将综合运用直到今天以及未来人类文明所创造的一切成果，包括经济的、商业的、科技的和文化的，创造符合旅游伦理，并能够引领世界旅游业发展方向的旅游理念、旅游项目和旅游生态体系。

二、整体升级的消费与非均衡的市场

发展精品旅游，我们不得不面对一个区域发展极不均衡的市场。空间意义的区域不平衡问题，多数时候可以转换为东中西部客源市场的差异性，以及省市县域旅游目的地建设的差距。从游客接待量和旅游收入等指标来看，传统的规模和速度指标仍然有很大的差距，总体上呈逐渐缩小的趋势。[①] 如果从游客满意度、市场主体竞争力、城市知名度和旅游影响力等质量指标来看，东中西部发展不均衡的矛盾不仅没有解决，反而有进一步扩大的趋势。连续12年、近50个季度、全国60个样本城市的游客满意度调查表明，游客最满意的前三分之一的城市基本集中在东部地区。连续11年发布的中国旅游集团二十强，也主要集中在东部地区。现在来看，区域旅游的非均衡发展既有东西问题，也有南北的问题，即秦岭—淮河以南地区的旅游活跃度和产业景气度明显好于秦岭—淮河以北地区。如果以长江为界的话，南北差距会更加明显。加上旅游版图中的长三角、珠三角、长江中游、成渝等城市群的极化、虹吸和内卷，精品旅游的总体推

---

① 中国旅游研究院主编、旅游教育出版社公开发行的《中国区域旅游发展年度报告》，每年都有详细的统计数据和理论阐述。东中西部的年旅游接待人数，差距仍是巨大的，但是程度在缩小。

进不得不面对空间格局的制约。具体到山东这样的省级行政区,同样也存在地市县区之间旅游发展不平衡的现实约束。没有高综合素质、高消费能力、高品质识别度的旅游者,就不可能有精品旅游目的地、精品旅游业态和精品旅游服务供给。

发展精品旅游,我们也不得不面对一个城乡发展极不均衡的市场。乡村旅游是我国旅游经济的重要组成部分。到目前为止,乡村还是作为目的地而非客源地来建设的,农民是作为生产者而非消费者而存在的。即使在决胜脱贫攻坚、即将全面建成小康社会的今天,农民也只是在"三不愁、两保障"的意义上解决了绝对贫困问题。乡村振兴战略才刚刚起步,教育、医疗、文化、就业、阶层流动和代际公平等诸多涉及农民发展的权利还有待落实。没有经过市场经济洗礼,没有体验过高品质旅游生活,甚至连初级观光旅游都没有参与过的当地村民,要为城里人提供精品旅游和高水平服务体验,确是件不容易的事情。这不是在纸上画几条线路,发文件确定谁是精品那么容易的事情。没有高水平的基础设施和日渐完善的公共服务,没有高素质的从业人员,包括景区,也包括民宿、餐饮和购物,乡村旅游很难实现精品的发展目标。离开乡村的精品旅游,格局是不完整的,发展也是不完善的。

发展精品旅游,我们还不得不面对一个资本、技术、文化创意等要素供给极不均衡的市场。虽然 5A 级景区已经超过 300 家,传统的山山水水和文化遗产资源所形成的初级旅游产品,包括酒店、民宿,以及线上线下的旅行服务商越来越多,但是当代文化、艺术创作和科技应用支撑起来的休闲体验产品,产业资本和企业家精神驱动的度假项目还相对匮乏。游客要的是说走就走的旅行生活,我们给的却是规划好的旅游线路;游客要的是当下主客共享的万丈红尘,我们却在无休止地诉说逝去的繁华;游客要的是触手可及的温暖、平等而自在的幸福,我们给的却是有景无人的空间、等级与秩序的教育。当行政思维遇到市场行为，经常会有事倍功半、力不从心之感，以至于当事者会很困惑：我们这么发自内心地好客，游客怎么还不来呢？正如我们不能一厢情愿地认为外国游客来中国就是要吃烤鸭、购瓷器、买丝绸，数据表明他们不仅买华为手机、小米电器、大疆无人机，还喜欢大量代购物美价廉的花样手机壳、手机膜、充电宝，整箱搬回薯片、辣条、老干妈。市场主体对客源流动的影响，远远比行政主体想象得要大。来自发达地区和城市的精品旅游消费者的真实答案也许是：你是很好客，但不是我想要的；而你传递的品质，我也没有感受到。

种种不平衡有大众旅游消费市场和要素市场发展不充分的客观原因，也有推进文化和旅游融合高质量发展的理论准备不足、实践创新不够的主观原因。在一个高度市场化和分工专业化的领域，总想着以传统的"命令—服从"机制毕其功于一役，结果呢？看上去热热闹闹，实际上原地踏步罢了。

三、精品旅游的价值取向及其市场实现

在价值取向上，坚持人民性和现代化，精品旅游应当也必须是面向大众的精致和优雅。人民对美好生活的向往，是包括旅游人在内的共同奋斗目标；让最大多数的游客有满意度、获得感和安全感，是精品旅游的工作指针。所谓精品，从来就不是用百分之一百的社会力量让百分之一的受众满意，而是用全部的社会力量让绝大多数的人都能有安全、便捷和高效的服务体验。对于14亿人口基数、每年60多亿人次出游的市场而言，任何小众性和高端化导向的精品旅游发展思路，在理论上都是错误的，在实践中也是行不通的。如果我们非要从价格维度上把大众旅游市场划分成高端、中端和低端，把精品旅游、优质旅游与高端挂钩，甚至把精品与大众

对立起来,就会遇到强有力的抵制和反弹,最终还是要回到旅游消费总体提升和旅游产业高质量发展的路线上来。精品战略所承载的服务品质提升,必须是绝大多数游客的真实感受和消费评价,而不是少数握有行政权的政府官员和具有话语权的专家学者的内部评价。精品不精品,必须也只能由最广大的游客群体说了算。各级政府旅游行政主管部门、行业协会和大型旅游集团在遂行精品旅游的过程中,必须要全面调查市场,从游客需求而不是资源供给出发,持续提升游客满意度。用好游客满意度这根指挥棒,倒逼旅游服务品质提升,推进旅游产业发展质量,是贯彻新发展理念、构建新发展格局的题中之义。

在机制设计上,坚持市场化和商业性,精品旅游应当也必须培育充满生机和活力的市场主体。"十四五"旅游规划落地实施过程中,必须坚持党对旅游业的领导,坚持政府在促进旅游业高质量发展进程中的积极作为,也要坚持市场在资源配置中的决定性作用。如果还是靠发文件、开大会、出标准、申报、验收的经验做法,社会投资机构和涉旅市场主体的积极性就调动不起来,精品旅游最终也只会停留在概念和口号上罢了。回过头看,改革开放以来,特别是近二十年的旅游业发展进程,凡是市场主体有感并积极参与的政策和标准,都取得了有目共睹的成就;凡是市场主体无感,只是旅游系统内部层层动员的创新,基本都不了了之。现在网上搜索"精品旅游",有两个明显的"绝大多数":一是绝大多数词条指向"精品旅游线路",包括红色、绿色、乡村,全国的和地方的;二是绝大多数精品旅游线路是政府在组织评比,并对外发布。在精品的内涵和外延尚不清楚,也没有一个明显的供给侧标准和评比流程的情况下,这样评出来的精品是谁的、何种意义上的精品?不知道,也许评比和发布者并不在意这个问题吧。旅游与其他产业最大的不同是它的需求导向和市场性,还是要发挥市场机制的作用,用好市场主体的力量。相对于政府的有形之手,市场力量的显现可能是缓慢的，但却是可靠的，也是长效的，我们得有耐心和善意。

在工作抓手上，坚持文化引领和科技支撑，精品旅游应当也必须研发项目和创新业态。二十世纪八十年代是入境旅游的黄金时期，九十年代中后期开始进入国内旅游高速发展期，这两个阶段的共同特征是市场需求旺盛而供给短缺。如同匈牙利经济学家科尔内所论述的那样，"它（短缺）是普遍性的，你可以在生活的一切方面体验到它的存在"。[①] 为解决包括旅游在内的供给短缺，我国开始了宏观层面的经济体制改革进程。1990年以后，先后经历了市场疲软、通货膨胀、通缩衰退、亚洲金融危机、入世、"非典"、世界金融危机、"新冠"等一系列经济和公共卫生危机，如何实现更高水平的供给与需求动态平衡一直都是宏观调控的重点。全面小康时代的精品旅游，战略上要实现产业结构升级，结构上要解决高品质旅游服务供给短缺。解决这个问题，要从大众旅游、智慧旅游的大处着眼，更要从科技创新、业态培育和项目研发的小处着手，以运动式思维在全市、全省和全国铺开来搞精品旅游，可能不现实。建设酒店、民宿、主题公园、旅游景区、房车营地等商业设施如此，培育旅行社、OTA 等旅行服务商如此，提升导游、讲解员、厨师、驾驶员等从业人员的服务水平如此，完善问询中心、集散中心、旅游厕所等公共服务体系也同样如此。精品旅游要传承和发展优秀传统文化、红色文化和社会主义先进文化，以核心价值观和主流意识形态引领精品旅游的健康发展。同时，要千方百计延展产业链，完善创新链，构建充满生机和活力的产业生态。《"十四五"规划纲要》提出，"建设一批文化底蕴深厚的世界级旅游景区和度假区、培育一批文化特色鲜明的旅游休闲城市和街区"，这也是精品旅游的时代要

---

① ［匈］亚诺什·科尔内.短缺经济学［M］.北京：经济科学出版社，1986：前言.

求和空间支撑。当旅游服务融入更加广泛的经济社会发展新体系、镶嵌于主客共享的美好生活新空间时，精品的梦想才能真正照进大众旅游的现实。

山东省精品旅游促进会年会
2021 年 3 月 20 日

新发展格局与都市旅游三大关系重构

都市以其广袤的地理空间、庞大的人口规模与经济体量、巨大的创造能力和广泛的辐射能力，在国内市场大循环为主体、国内国际双循环相互促进的新发展格局中扮演着关键角色，也是推动旅游业高质量发展战略的基础动能。无论是国内旅游市场复苏、国际旅游市场振兴、旅游产业转型升级，还是融入国家和区域旅游发展战略，都必须尊重都市旅游发展的客观规律，发挥都市在旅游经济体系中的重要作用。

一、重构都市旅游的"主人—客人"关系

在都市旅游的情境下，市民是主人，也是游客。在过去的一年里，受新冠疫情影响，加上城乡居民日趋谨慎的消费心理，有组织的中远程旅游活动几乎全面停滞了，旅游经济进入四十年来最严重的市场萧条期。尽管如此，与2019年相比，全国仍然保有了49%的旅游人次和38%的旅游消费存量。都市旅游、郊区旅游，以及自驾出行、家庭旅游、品质旅游成为新亮点。受消费心理趋于谨慎的影响，国民出游距离和目的地游憩半径收缩。2021春节假日期间，游客平均出游半径为133.9公里，目的地平均游憩半径尽管同比增长了49.9%，也只有7.6公里。无论是游客人数，还是消费量都在向中心城区聚集，呈现明显的"热岛效应"。在此背景下，上海春秋的"微旅游"、中旅旅行的"故宫以东"等新产品受到本地市民的追捧。经过一年半甚至更长时间的市场培育，市场就会养成都市旅游和文

化休闲的消费习惯，进而改变过去重远轻近、重景轻文的旅游市场格局。数据和案例表明，本地休闲和近程旅游同样具有深厚的市场基础和广阔的发展前景，并将重塑旅游业的新发展格局。

相对于中远程旅游和出境游而言，本地游或如朱自清先生在《荷塘月色》所述：我以为这恰是到了好处——酣眠固不可少，小睡也别有风味的。越来越多的人认识到，牧羊人的可可托海、普吉岛的海滩、南极洲的企鹅，还有未来的星际旅行，都是令人向往并值得到访的。若因为种种原因而不可得，就留下来了解本地的历史、体验本地的人文，也是很不错的选择。这可以让游客静下心来，重新发现身边的美丽风景和日常的美好生活。需求和市场变化了，必然要牵引供给和产业格局做相应的变革，也会带来更多面向都市休闲和近程旅游的产品创新和业态创新。值得关注的是，国内旅游市场大循环是以全国统一市场为导向的，任何对本地市场的关注都不能把"引导出境旅游消费回流"导向"某省人游某省""某市人游某市""某县人游某县"。异地性是旅游的本质规定，从长期来看，旅游还是指向远方，出国（境）旅游则是国（境）内旅游的必然延伸。

在都市休闲的场景中，游客是客人，也是主人。观光旅游时代，游客的场景是"机场、车站、港口—旅游巴士—酒店—景区—定点餐饮—定点购物—机场、车站、港口"，外在于市民日常生活的场景。在都市休闲时代，游客广泛进入城市的公共空间和市民的日常生活场景。公交、地铁、出租汽车、网约车、共享单车取代了旅游巴士，成为散客出行的首选；博物馆、美术馆、科技馆、图书馆、文化馆、文化遗产地等公共文化空间，城市公园、主题乐园、游乐园等市民休闲空间，以及戏剧场、电影院、歌舞厅、电子游戏厅、沉浸式剧本演出等文化娱乐场所取代了旅游景区，成为休闲游客的好去处；商业综合体、百货商店、精品店、私人定制、美容美发美甲店、超市、米其林和黑珍珠餐厅、传统小吃店、夜市所构成的商业环境,取代了定点购物和餐饮场所,成为都市休闲客的好去处。城市居民常用的打车、订餐、支付APP,开始为越来越多的外来游客所使用,加上公寓式酒店、短租公寓和城市民宿等不同于星级酒店的旅游住宿选择,游客在目的地的生活场景和消费行为越来越具有城市主人的特征。2021年春节期间,广州市推出的"花城看花、广州过年",更是对游客作为城市主人身份的主动迎合。候鸟式养老者、自由职业者和旅行居住者让三亚、海口、深圳、珠海等城市的季节性旅游者更加具有主人的身份。

主客共享的美好生活新空间,是都市旅游在新发展阶段的核心密码,也是新发展格局中旅游市场要义之所在。适应旅游组织散客化、旅游消费休闲化的新需求,无差别开放从戏剧场到菜市场的市民生活和公共休闲的全部空间,让游客拥有更多的主人感,是新时代都市旅游发展的新理念。

二、重构国内旅游的"都市—乡村"关系

从虹吸、内卷到外溢、开放的动态开放新体系。大众旅游兴起的二十年,改革开放以来旅游业的四十年,以此上溯到近代化以来大历史视野下的"都市—乡村",一个突出的特征就是都市对乡村旅游消费的虹吸,以及都市圈之间的消费内卷。随着全面小康社会的建成和城市化进程的加剧,"都市—乡村"开始从传统的"客源地—目的地",走向互为客源地,互为目的地的开放、外溢、融合、共生的新体系。

因势利导,促进城市之间的旅游往来。"十四五"期间和可以展望的2035年之前,游客在都市之间的平行流动仍将是国内旅游市场的主要特征。长江三角洲、粤港澳大湾区、环渤海、长江中游、成渝、中原等城市群在旅游经济版图中会进一步极化 2021年2月8日,党中央、国务院发布我国第一个综合立体交通网的中长期规划纲要,即《国家综合立体交通网规划纲要》。目标是构建70万公里的交通网线,建设6轴、7廊、8通

道国家综合立体交通网主骨架和100个综合交通枢纽城市,建成面向全球的运输网络,实现"人享其行、物优其流"的交通强国目标。支撑全国123出行交通圈,也就是都市区1小时通勤、城市群2小时通达、主要城市3小时覆盖。交通网络的完善将会进一步拉近不同城市客群的心理距离,有效降低城市旅游的时间成本,进一步强化枢纽城市尤其是国际化大都市的旅游目的地、旅游客源地、旅游中转地的复合地位和综合角色。从目的地角度说,都市旅游要加快国际化发展进程,有条件的城市如北京、上海、广州、香港更要成为国际旅游客源和旅游要素的聚集地。

引导市民下乡,促进乡村旅游消费升级。从客源地角度而言,要有效引导都市客源向近郊和乡村旅游目的地溢出,以都市旅游的消费升级助力乡村振兴,构建新发展阶段的旅游消费新格局。"工业反哺农业,城市支持农村"的乡村振兴战略落实到旅游领域,仅从消费面着手是不够的,得有产业发展的顶层设计和经济社会发展的自觉意识。城乡发展不平衡,县域和镇域经济缺乏产业支撑是乡村振兴的主要短板。为解决这一问题,既要吸引城市游客到农村观光休闲度假,也要吸引资本、技术和人才到乡下去,形成落地生根、内生驱动的旅游产业体系。从经济社会发展规律上看,"看得见山,望得见水,记得住乡愁"的乡村,缺的不是自然风光、地域民俗和非物质文化遗产等初级资源,而是生产要素、产业生态和高品质的社会生活。只有初级资源,而没有高效能的生产要素,民宿、乡创和田园综合体等业态则无处依托,农民只能从乡村旅游者的低预算消费中获得有限收入。只有资本、技术和文化要素的引入,而没有教育、医疗、文化和快速切换城乡空间的交通网络的配套,引进的人才和村里的年轻人就留不下。台湾地区的经典电影《海角七号》之问,"这么美丽的故土风景,年轻人怎么就不愿意留下来呢?"就无从解起。当然也要避免资本意志过度彰显的另一个极端——"这片海这么漂亮,我们自己却看不到,这是为什么？因为有钱人连海都买去了，却不留一点给我们"。从本质意义上讲，乡村振兴还是一个现代化叙事过程，或者说经济社会发展的现代化是乡村振兴跨不过去的坎儿。

高度重视农村旅游市场培育，并做好农村旅游者进城的各项准备。长期以来，市民是旅游者，农民是接待者，已经成为相对固定的观念；城市是客源地，乡村是目的地，则是旅游规划的空间想象。随着决胜脱贫攻坚转向乡村振兴，特别是广大农村居民可支配收入和文化需求的增长，农村和城镇开始成为出游人数增速快于都市的客源地，农村居民开始成为快速增长的消费主体。国家统计局数据显示，2020年全社会消费品零售总额391 981亿元，同比下降3.9%。其中，城镇消费品零售额339 119亿元，同比下降4%；乡村消费品零售额52 862亿元，同比下降3.2%。8月份以后全社会消费品零售总额同比恢复正增长，农村消费品零售额月同比增速高于城镇1~1.5个百分点。依托移动互联网和新电商平台的持续发展，县乡下沉市场已经可以同步获得一线城市的消费资讯，并通过现代物流体系和社交平台获得一线城市用户的消费体验。根据国家统计局的统计数据，2015—2019年农村居民出游人数从11.90亿人次增长到15.35亿人次，增长率从4.38%（2016年）上升到8.1%（2019年）；同期农村居民出游总花费从6584.2亿元增长到9741.9亿元，增长率从8.56%（2016年）上升到12.1%（2019年）；同期人均花费从554.2元/人增长到634.7元/人，这是一个存量和增长潜力多么巨大的市场空间啊！值得关注的是，小城镇和农村居民的旅游休闲资讯的获取，主要使用综合电商、拼购电商以及带有娱乐属性的短视频和特卖电商，专业化的旅行服务门店和旅游体验店几乎是空白。无论是现有的城镇超市、农村小卖店、集市、地摊，还是成体系的邮局、供销社网点都没有这个能力，也没有这方面的意识为乡下人进城提供专业化的旅游和旅行服务。从现有信息和案例来看，无论农民在乡下走亲访友，到县城办事休闲，还是到都市休闲娱乐，基本处于自发和自助的状态。

当富裕起来的农村居民到访都市以后，他们希望找回过去对城市的想象——大白兔奶糖、精美的餐饮和繁华的商场，电影院、戏剧场、博物馆等公共文化和休闲场所会成为打卡的地标。他们也希望看到现代化进程中的都市风貌，体验当代市民的幸福生活。广州的小蛮腰、上海的东方明珠、北京的中国樽、重庆的两江夜景，也会构成来自农村的旅游者对现代城市文明的直观感受。相对于城市居民，新进入旅游场景的新农民，更喜欢繁华与热闹，而不是咖啡馆、老房子和历史故事等小众空间。乡下的亲戚朋友来了，得让他们感受到"同一座城市，同一样温暖"，而不是"热闹是他们的，我什么也没有"。现在的都市旅游规划和产品主要还是以境内外的城市旅游者为对象，对农村旅游者的市场研究和产品组织几乎还是空白。对此，都市旅游规划者、管理和营销部门要以更加包容的心态，从线路、场景、产品、接待和服务保障方面做好市场扩容的准备。

随着城市化进程和乡村振兴战略的实施，构建一个从虹吸到外溢、从内卷到开放的"都市—乡村"国内旅游市场新体系的时代开始了。中央和地方党委、政府要在科学研究和数据分析的基础上，统筹推进"城里人下乡，乡下人进城"的客源流动，不断巩固和扩大国内市场大循环的客源基础。

三、重构国际旅游的"中国—世界"关系

决战决胜脱贫攻坚和全面建成小康社会以后，全面开启社会主义现代化建设新征程的中国，必然会将振兴入境旅游放在一个更加重要的位置上来，并为之采取更加切实有效的政策、技术和市场措施。在此进程中，都市必然也能够扮演更加重要的角色，发挥更加重要的作用。

中国不再是外在于世界的边缘想象,而是正在步入世界舞台的中心存在。在传统的世界政治经济版图和旅游叙事体系中,世界是西方的世界、是第一世界和第二世界的世界,中国则是西方世界的东方想象,是作为第一、第二世界之外的第三世界而存在。今天的中国是世界第二大经济体,是全面控制疫情并取得经济增长的国家,是决战决胜脱贫攻坚和全面建成小康社会、全面开启社会主义现代化建设新征程的国家。西方世界和第一、第二世界的游客到访中国,不仅要游览从黄山到黄河山川秀美的中国,感受从诗经到红楼风雅多姿的中国,也要看见一个饱经沧桑又自强不息的中国、文化繁荣和人民幸福的中国。长江三角洲、粤港澳大湾区、环渤海、长江中游、中原等城市群,正是当代中国经济社会发展成就的完美诠释。经由一座座现代化大都市,中国以现代、活力和时尚的全新形象融入当代世界,成为推动世界和平与发展的重要力量和全球化叙事体系的有机组成,世界开始以平等的姿态与中国对话。重新建构的国家形象让中国不仅是观光旅游目的地,还将是休闲度假、研学奖励、商务会展等新型旅游目的地和世界旅游消费中心。

世界不仅仅有欧盟、北美、日韩、澳新等发达国家的旅游消费中心,还有现代化的中国在吸引"一带一路"和世界各地的休闲度假游客。二十世纪八十年代是我国入境旅游的黄金时期,游客访问的是长城、故宫、黄山、兵马俑和桂林山水,吃的是全聚德烤鸭、南翔小笼包,买的是古玩、字画、丝绸和瓷器。二十一世纪前二十年是中国出境旅游的黄金时期,游客访问的是东京、首尔、香港、台北、新加坡、纽约、巴黎、伦敦、法兰克福、悉尼等国际大都市,购买的是高端大牌的红酒、手表、箱包、服装、香水、化妆品,以及智能手机等电子产品,以至于中国游客被称为"行走的钱包"。今天的入境旅游者会在上海这样的国际化大都市光顾米其林餐厅、逛迪士尼乐园和外滩、住华尔道夫和宝格丽这样的奢华酒店,会去听彩虹室内合唱团的音乐会，也会去购买华为手机、大疆无人机和各种高性价比的商品。都市代表中国展示给世界的不再是 A 级旅游景区，而是世界旅游度假区，是风景之上的美好生活。作为世界旅游客源地的都市，展现在世界面前的游客形象开始变得知性、文明而从容。

民族复兴和人民幸福的"中国梦"，必将成为入境旅游新动能，必将成为世界旅游市场振兴和繁荣发展的关键力量。上海、北京、香港、广州、深圳、重庆、成都、武汉等国际化大都市，必将在重构国际旅游新发展格局的"中国—世界"关系中扮演关键角色，发挥积极作用。

首届上海旅游产业博览会

2021 年 4 月 1 日于上海

论大众旅游的人民性与旅游业的现代化

各位学界同仁,

下午好!

  大约是在五个月之前,我和同事提出这个选题,原本要作为本届中国旅游科学年会的主题,由于种种原因而改成了"新发展格局中的旅游和旅游业新发展格局",然而这并不妨碍旅游理论界对当代旅游的人民性和现代化问题展开深入而系统的研究。[①] 不同于高校和学术期刊,作为文化和旅游部直属的研究机构,中国旅游研究院(文化和旅游部数据中心)主办的会议,负有引领理论建设方向、提出重大现实问题、培养青年人才之责。2021年是中国共产党建党一百周年,是决战决胜脱贫攻坚和全面建成小康社会之年,是开启全面建设社会主义现代化国家新征程之年,也是包括旅游在内的经济社会发展"十四五"规划开始之年。新发展阶段的旅游业价值取向是什么?新发展理念如何指导旅游理论建设?如何构建旅游业新发展格局,推动旅游业高质量发展?旅游理论建设如何回应社会关切?诸如此类的问题就成为我们必须回答,而且要回答好的重大现实课题。这些问题的提出带有浓厚的哲学意味,对这些问题的回答需要扎实的科学研

---

① 本文主体框架、核心观点、修订完善和最终定稿由演讲者负责,感谢中国旅游研究院政策与科教所,特别是宋子千研究员,以研讨、初稿撰写和意见征集等方式所做出的重要贡献。

究，也是"纯粹学者"应该做的"纯粹学问"。① 对大众旅游人民性和旅游业的现代化进行理论审视和系统研究，正是构建当代旅游发展理论体系和旅游业新发展格局的题中之义，也是理论工作者和学术群体的应尽之责。

一、人民性是大众旅游在新发展阶段的理论内核和价值取向

关于大众旅游（Mass Tourism）的内涵与外延，欧美旅游学者如 Poon（1993）、Nash（1996）等主要沿着 Boorstin（1962）的观点，强调大众（Mass）、标准（Standardized）和包价（Packaged）等特征。② 随着旅游学术研究和理论领域的西学东渐，我国主流旅游学者以及《旅游学刊》《旅游科学》等学术期刊的论文作者基本上接受了该定义，并结合中国国情加以阐释和拓展。从历史进程看，旅游起始于小众旅游，以王室贵族、工商界和社会精英阶层主导的小规模休闲度假为主，后来才逐步走向中产阶层和市民广泛参与的大众旅游。站在精英立场的学者总是习惯性地留恋回望小众时代的精致与优雅，总是倾向以纯粹理论的视角和学术语言对大众旅游的负面信息加以审视和放大。比如 Buckley 讨论的大众旅游活动组织的无序化、社区发展不平衡，以及环境破坏等消极影响。再比如 Cohen 在微观层面所讨论的大众旅游的局限性，往往与肤浅、低俗、狂热和无约束等负面评价相联系。

---

① 做基础理论研究的学者愿意做"纯粹学问"，有的同志也希望我们做回"纯粹学者"。且不论"纯粹学问"和"纯粹学者"的内涵是不是要远离现实，做"文献入，论文出"的书斋学问，问题是如果我们不接触生产实践、社会实践和政治实践，因为这样那样的原因而不做政策研究，不愿亮出自己的立场、观点和方法，怎么可能做出不负时代不负旅的大学问？勇于直面重大现实问题，做党和人民所需要的学问，把论文写在国家旅游实践的大地上，我看没有比这更纯粹的学问了，也没有比这更纯粹的学者了。

② 董培海,赵兴国,李伟.大众旅游现象的发生学解释——基于社会文化视角的探讨[J].旅游导刊,2020（4）：13-28.

相较于欧美旅游学者的主流认知，我国的理论研究和政策语境对大众旅游更多赋予了积极的色彩和正面的评论。我们今天所提倡的旅游不是那种"赶大拨"的低品质旅游，也不是旅游史上的"金帐汗军（Golden Horde）"[①]，而是人民群众有权利享受的旅游，国民大众享受得起的旅游。[②] 从1999年国庆黄金周开始，国内旅游就取代了入境旅游而成为旅游经济的市场基础。2016年，李克强总理在全国"两会"做《政府工作报告》，提出"落实带薪休假制度，加强旅游交通、景区景点、自驾车营地等设施建设，规范旅游市场秩序，迎接正在兴起的大众旅游时代"。2021年全国人民代表大会通过的"十四五"规划纲要[③]，2021年全国文化和旅游厅局长会议更是在正面的意义上使用"大众旅游"这一名词的[④]。从语意和语境看，大众旅游是指人民旅游权利得到广泛实现、旅游消费多样性与品质化并存，社区居民从旅游发展中普遍受益。从历史进程看，大众旅游是我国全面建成小康社会、开启全面建设社会主义现代化国家新征程的必然要求，也是贯彻创新、协调、绿色、开放共享新发展理念，构建国内大循环为主体、国内国际双循环相互促进的新发展格局的根本要求。

大众旅游的参与群体正在不断扩大，消费升级和市场下沉已经成为不可逆转的大趋势。我国的大众旅游可以溯源至1995年实施的"双休日"制度，以1999年国庆节七天长假的"旅游黄金周"为重要标志。2006年，

[①] 旅游社会学借用历史上蒙古军队的规模化和快速移动的特征，指代团队旅游者潮水般涌来，又潮水般退去。前几年，欧洲媒体对国内直销公司的奖励旅游的报道，也有类似的评论。

[②] 参见毛泽东主席的《新民主主义论》，有关"民族的、科学的、大众的文化"部分。1949年10月1日，《中国人民政治协商会议共同纲领》明确提出，"中华人民共和国的文化教育为新民主主义的，即民族的、科学的、大众的文化教育"。

[③] 新华社北京3月12日电，《中华人民共和国国民经济和社会发展第十四个五年规划和2035年远景目标纲要》。

[④] 戴斌.以新发展理念凝聚高质量发展共识［N］.中国旅游报，2021-01-11（1）.

我国城乡居民年均出游次数首次突破 1 次，国民消费开始成为旅游经济运行的市场基础。2015 年，我国城乡居民年均出游达到 3 次，旅游发展开始进入大众旅游时代，这也是 2016 年政府工作报告提出迎接大众旅游时代的历史背景。2019 年，我国国内旅游人数 60.06 亿人次，公民出境旅游人数 1.55 亿人次，城乡居民年均出游次数 4.4 次，越来越多的人参与到旅游活动中来。与此同时，我们也要看到还有很多人，特别是广大农村居民还没有享受过 A 级景区、主题公园等旅游休闲场景，也没有享受过导游服务。近年来，这一状态有了明显的改变。三四线城市、中心城镇以及农村旅游市场发展起来了，小城镇和农村居民外出旅游观光，甚至出国（境）旅游者也越来越多，部分前瞻性的旅行社已经把门店开到县城乃至乡镇。

旅游已经成为国民大众的日常生活选项，刚性需求特征日趋明显。从宏观层面来看，大众旅游的重要标志是旅游权利的普及化；就个体而言，则是旅游消费的日常性。在相当长的历史时期里，"读万卷书，行万里路"只是人民对美好生活的向往，是少数人的享受，而不是人民的权利和生活必需品。解决了"三不愁、两保障"的贫困问题以后，人们才有可能考虑旅游需求及其实现问题。上个世纪九十年代人民群众对小康社会的想象是"吃有肉、住有楼，还有闲钱去旅游"。随着人民收入水平的提高，人们逐渐习惯在周末和节假日出游，旅游逐渐融入城乡居民的日常生活，消费需求开始趋于刚性。过去二十年，是国民旅游意识日渐显化、旅游消费日益高涨的二十年。"旧时王谢堂前燕，飞入寻常百姓家"，旅游已经成为日常生活必不可少的组成部分。受新冠肺炎疫情影响，2020 年的旅游市场规模大幅度下降，但是从季度数据来看，降幅逐季缩窄，今年五一节假日有望恢复甚至超过疫前峰值。预计到 2025 年我国居民年均出游仍有望达到 6 次，国内旅游人数达到 75 亿人次，大众旅游发展的市场基础进一步增强。

当前和今后一个时期，大众旅游既有品质化的需求，也有多样性的需求。在大众旅游起步阶段，主要解决的是"有没有"的问题，进入全面小康社会以后，"好不好"的问题日益凸显。精品旅游、优质旅游和品质服务不只是体现在高水平硬件上，还体现在精细化管理、高品质和个性化服务，以及良好的生态环境和人文空间等方面，后者在游客体验中正在变得越来越重要。14亿的人口基数在奠定大众旅游规模基础的同时，也形成了出游动机、出游经验和消费能力差别较大的消费群体。一部分旅游者特别是下沉市场的旅游者是新进入的，他们仍然会以观光为主要诉求，对价格依然非常敏感；在旅游消费组织和观光游览的过程中，对有组织的团队、包价旅游方式有较强的依赖性。更多旅行经验丰富、消费心理成熟的游客则愿意以自助、自驾、自由行的方式，借助智能通信、互联网、金融支付和公共服务体系以完成特定的行程。国民旅游者以非团队组织方式到达目的地以后，会广泛进入城乡居民的日常生活空间，从戏剧场到菜市场，人们重新发现旅行的美好。

大众旅游必须坚持以人民为中心的发展导向，坚持旅游为民的政策创新。习近平总书记指出，"旅游是人民生活水平提高的一个重要指标""旅游是提高人民生活水平的重要产业""旅游是修身养性之道，中华民族自古就把旅游和读书结合在一起，崇尚'读万卷书，行万里路'，出国旅游尤为人民所向往"。[①] 这些重要论述充分体现了以人民为中心的发展理念，深刻阐明了大众旅游的发展宗旨，指明了大众旅游的发展方向。将旅游和人民生活联系在一起，而不只是作为一个纯粹的产业，是新时代旅游发展的基本要求。站在人民的立场，为人民旅游意识的觉醒鼓与呼，为人民旅游权利的实现和旅游品质的保障言与行，是理解中国与西方"大众旅游"的分水岭。人民对美好生活的向往，就是我们的奋斗目标。无论刚刚

---

① 戴斌.习近平总书记关于旅游工作重要论述的理论内涵与时代意义[J].中央和国家机关工委主办《党课》杂志，2018（6）.

进入市场的初级旅游者,还是旅行经验丰富的成熟旅游者,他们的旅游权利都同样需要保障,他们对服务品质的诉求都同样应当得到满足。从这个意义上说,更多的国民参与、更高的品质分享,是旅游的人民性在政策设计中的必然要求。不了解这一点,仅仅从旅游价格构成等技术层面出发,则不容易理解"国有重点景区门票价格下调""公共文化与国民休闲相结合""主客共享美好生活新空间"等规划文本和政策设计。

二、以高质量发展为主题,以融合发展为主线,建设现代旅游业体系

我们可以在旅游产业、旅游行业、旅游事业、旅游系统、旅游领域等多重意义上使用"旅游业"这个词,现代旅游业也可以包括现代旅游企业、现代旅游产业、现代旅游业治理体系等多个视角。遵循产业的经典定义,我们把旅游产业的外延限定为生产同类产品的企业集合体,现代旅游业体系则指向传统旅游业的现代化转型,包括但不限于生产要素、生产方式、供应链管理、商业形态和管理模式等。在上个世纪八十年代着重发展入境旅游时期,政府是保障和扩大旅游供给的主要力量。因为资源、要素和牌照主要集中于政府手中,国有旅行社、国有饭店、国有景区构成了旅游市场主体的基干力量。上世纪九十年代,我国确立社会主义市场经济体制,"政府主导、适度超前"成为旅游发展的重要战略和政策设计的基本理念。更多外资、集体、个人和社会资本进入旅游领域,旅游业进入第二轮市场扩容期。过去十年,受政府支持的大众创业万众创新政策的鼓励,旅游业进入第三轮市场扩容期。总体来看,数以百万计的旅游企业和个体经营者共同构成的旅游供给规模,基本能够满足大众旅游的市场需求,但是质量、效益、企业竞争力和市场影响力还是有限的。在需求侧管理和供给侧改革的双重推动下,旅游业开始进入不可逆转的现代化进程。

旅游业的现代化必须坚持文化引领和融合发展。文化和旅游融合发展是中央的战略部署，也是建设现代旅游业的必由之路，任何想把旅游从文化抽离出来，在一个封闭的世界里自成体系、独立发展的想法在理论上都是错误的，在实践中都是行不通的。没有价值观的引领，没有优秀传统文化、传承红色基因的革命文化、承载民族复兴和人民幸福的社会主义先进文化的加持，旅游业不可能做到行稳致远。在过去三年融合发展的过程中，文化得到了好的发展，旅游也得到了很好的发展，更多美好生活新场景和旅游市场新业态被创造出来了，为广大游客提供了包括夜间旅游的高品质新型消费体验。"走着走着，诗还在，远方没了""文化是事业，什么时候都有政府管着；旅游是企业，亏损倒闭都是自己的事"等说法，既没有事实依据，也没有数据支撑。全国"两会"通过的"十四五"规划明确要求，推动文化和旅游融合发展，建设一批富有文化底蕴的世界级旅游景区和度假区，打造一批文化特色鲜明的国家级旅游休闲城市和街区，发展红色旅游和乡村旅游。让旅游成为人们感悟中华文化、增强文化自信的过程，让人们在领略自然之美中感悟文化之美、陶冶心灵之美。

旅游业的现代化必须坚持科技赋能和创新发展。科技是现代社会不断进步的重要驱动力。党的十九届五中全会通过的《中共中央关于制定国民经济和社会发展第十四个五年规划和二〇三五年远景目标的建议》和2021年全国人民代表大会正式通过的规划文本，都把坚持创新发展置于我国现代化建设全局中的核心地位。在建设现代旅游业体系过程中，科技创新、管理创新和制度创新也是拓展产业边界、优化产业链条、提升产业效率的关键新动能。先进科技在旅游业中的广泛应用，为旅游业摆脱"资源诅咒"，加快现代化转型提供了全新的动能。以场景化建设为导向的"互联网＋旅游"，推动智慧旅游持续升级的同时，也使得旅游活动更加多样，旅游体验更加丰富，旅游治理的现代化水平不断提升。需要指出的是，互联网是旅游业科技应用的重要领域，但绝不是科技创新的全部。邮轮游艇、房车及宿营地、低空飞行、无人驾驶等装备制造业的产业升级，泳衣、墨镜、防寒服、滑雪板等个人装具的产品升级，旅行保险、消费信贷、证券市场、金融创新等商业创新，以及航空、高铁和高速公路交通网络的完善，都是不同程度上牵引旅游消费的升级，推动传统服务业到现代服务业的转型。在此过程中，旅游从业人员的观念更新至为关键。既要加强职业教育和专业培训，在更大范围的人群中传播科学、普及技术，也要扩大对内对外开放，吸引更多的跨界进入者，特别是充满创业激情和创新活力的年轻人。须知，一个不能吸引年轻人进入的产业是没有未来的。

旅游业的现代化既要坚持"旅游+"，也要坚持"+旅游"。从需求角度看，教育、研发、加工制造、手工业、种植业、养殖业、商业、娱乐业，任何一个领域，国民经济任何一个产业，城市居民任何一个场景，只要有游客介入，就可能成为旅游业的组成部分，就可能成为"旅游+"的对象。我们也要看到旅游是经济属性较强的文化活动，旅游业是现代文化产业体系的重要组成部分。无论是文化、科技、体育，还是工业、农业、服务业，也可能从供给侧的角度"+旅游"。作为加快发展的现代服务业，旅游还与很多其他行业相融相生，事关红色基因传承、乡村振兴、生态文明建设等众多国家战略。正是在这种因势利导而非故步自封、发展导向而非拘泥成规的"+"和被"+"中，旅游业获得了现代化建设的多元支撑和系统助推力。

旅游业的现代必须坚持深化改革和扩大开放。无论是新中国建立伊始旅游作为外事活动的组成部分，还是在改革开放初期着重发展入境旅游，旅游业发展都是在相对比较封闭的环境中进行的。当时的很多宾馆、餐馆和购物场所都贴着涉外的标签，独立存在于国民大众的日常生活之外，也没有能力消费。就是有了一定的消费能力，由于供给短缺，没有相应的行政级别和单位证明，很多人是没有权利购买机票和火车软卧的。回过头来看，得益于改革开放的旅游业融入大众生活有一个缓慢渐进的过程。随着旅游经营场所面向市场全面开放，消费过程中的身份限制和配额管理逐渐消逝，取而代之的是价格壁垒和差异化竞争策略，无论是消费主体还是生产要素都可以自由地进出旅游市场。开放性还意味着旅游者进入更多的非传统旅游场所，以及更多旅游者走出国门，主客共享美好生活新空间开始从理论构建走向旅游现实。一个要素市场更加开放、消费市场更有竞争张力的旅游业，在全面开启社会主义现代化进程、全面依法治国的时代，旅游业的现代化转型之路和产业升级空间将会更加广阔，各级各类市场主体必须把握趋势，相向而行。

三、创新当代旅游理论，为旅游业高质量发展提供强大的精神动能

理论是行动的先导，思想是前进的旗帜。为构建和完善社会文明促进和提升工程，要推进地方和市场主体的实践探索，也要加快构建新时代大众旅游发展理论体系。入境旅游时代，产业实践和发展理论很多都是借鉴于国外，急用先学，边实践边探索。到了大众旅游阶段，旅游发展越来越具有中国特色和时代特征，出现了很多新形势下的新课题，实践对于理论创新的需要比以往任何时候更加迫切。当前，包括基础学科、新兴学科和交叉学科在内的旅游学科体系还有待成熟与完善，包括知识体系、理论体系和教材体系在内的旅游学术体系还有待成型和传承，以中国语言文字对相关概念、理论和经验所组成的思想体系的系统表达即旅游学话语体系，还没有从根本上改变"西学东渐""西强我弱"的旧格局。

当代旅游发展理论必须坚持以习近平新时代中国特色社会主义思想为指导。深入学习习近平新时代中国特色社会主义思想，认真领会习近平总

书记关于文化和旅游工作、关于哲学社会科学研究的重要论述，紧紧围绕满足人民日益增长的美好生活需要这一根本目标，建设以人民为中心的新时代大众旅游发展理论体系。重点回答好旅游发展为什么、依靠谁、做什么等根本性问题，深入阐释好"以文塑旅、以旅彰文"的科学内涵，系统把握好从"有没有"到"好不好"过渡的大众旅游阶段特征，科学谋划好现代旅游业体系建设的基本战略和具体路径。旅游学术共同体的理论建设就是要为大众旅游的人民性背书，学术成果就是应用到旅游业现代化的伟大进程中。

当代旅游发展理论可以把需求侧作为学术研究和理论创新的突破口。昨天的中国旅游科学年会上，我们首设了向老一辈旅游学人的致敬环节，致敬的对象主要是上个世纪八十年代活跃的旅游学者和旅游工作者。从学术发展和理论演化的历史上看，旅游业发展初期面临的主要问题是供给短缺，旅游理论研究主要围绕扩大供给进行，资源评价和开发等成为重点研究领域。随着大众旅游的发展，旅游供给规模日益扩大，旅游市场不断分层分众，"人山人海吃红利，圈山圈水收门票"的传统模式难以持续，旅游发展面临的最大问题转变为供需错配。要解决好这一问题，就必须加强需求侧的研究，深入了解市场需求的总量、结构、趋势和消费行为特征等，明白了是什么样的需求，才知道要牵引什么样的供给，才能促进形成需求牵引供给、供给创造需求的更高水平动态平衡。对于广大中青年学者而言，尤其要关注微观层面的消费需求和宏观层面的旅游市场，未来的理论增长点一定在需求侧而非供给侧。①

---

① 对需求的关注可能与自己的经济学背景有关。在此，愿意向青年旅游学者推荐经济学家张五常教授的两本书：一本是学术著作《经济解释》第一卷《科学说需求》，另一本是学术随笔《学术上的老人与海》。就读书而言，大家的学术随笔远高于故作高深的专题著作。

当代旅游发展理论研究要加强理论研究和产业实践互动。旅游研究不能只是走从文献到论文、从基金到专著、从博士到博导的老路子，而要走出图书馆和实验室的象牙塔，到人民中间去，到旅游实践的第一线去。奔涌向前的时代、产业实践的土壤、广大业者的话语，才是理论建构的源泉，才是学者最可依靠的力量。要通过研究实践面临的重大问题和关键难题，加强和业者的对话，持续深化对旅游业发展规律的认识，开创当代旅游发展理论新局面。理论从实践中来，还要回到实践中去。旅游研究者还要勇于在实践中检验自己的理论，并且通过理论和实践的互动，使理论为群众所掌握，成为大众旅游发展的强大精神动能。

当代旅游发展理论要致力于建设有中国特色的学科体系、学术体系和话语体系。纵观全球旅游理论建设，不少理论观点来自对于其他学科的简单借鉴。很多理论观点只是基于发达国家的视角，对小尺度国土空间和微型经济体的旅游业实践进行归纳、总结和提炼。有些理论观点陷入非常琐碎的问题，理论抽象性和概括性不足。相当数量的中国学者发表在国际一流期刊的论文，还少有原创性的概念和关键共性课题的思想阐释。中国学者要敢于围绕世界旅游业面临的共同难题提出中国理念、中国主张、中国方案，积极构建具有中国特色的旅游理论体系、学科体系和话语体系。

2021中国旅游科学年会、第四届旅游管理博士后论坛闭幕演讲

2021年4月25日于北京

论旅游发展的地方性与现代化

国内外公务和旅行的过程中，我喜欢逛市民公园，尤其喜欢流连于退休人群自发的文体活动和休闲场景。布宜诺斯艾利斯市政公园的萨克斯演奏和探戈舞、伊瓜苏瀑布边上的无伴奏合唱、布鲁塞尔街头的深夜轮滑、东京浅草寺的民俗风情，北京龙潭湖公园的京剧票友、明城墙遗址公园的弦乐队、重庆街头的"扯馆儿"，更有一年四季的广场舞，每每令我如很多年轻人一样驻足遐思：他们为自己而歌而舞，城市因他们而岁月静好。我和所有的到访者一样，都只是过客，却因为这一份美好和幸福而停留，而怀念。

一、当代旅游发展要着眼地方性，更要关注现代化

过去的四十年，是旅游业快速发展的四十年，也是国家不断提升旅游业的战略摆位和各地不断加大旅游投入的四十年。无论是数据、案例，还是成就、经验，都有太多的可圈可点之处，也有"文旅小镇不完全死亡名单"，以及某原贫困县以旅游名义建设却位列十大丑陋建筑的"最大土司楼"等负面舆情。值此大众旅游全面发展、"十四五"旅游规划即将颁布实施的今天，我们在资本、技术、规划和创意的路上高歌猛进的同时，还需要城景融合、产旅协同、文旅融合、主客共享的理念，把旅游目的地建设导向可持续发展的未来。我们还需要放慢步伐，听听世居于此的原住民发展的愿望，想想文化、艺术、科技、教育与旅游的互动，在现代化的进

程中重构传统与现代、地方与世界的关系。

过去四十年,旅游业面对的是需求不断增长的市场,资源是目的地建设和旅游发展的决定性因素。上个世纪八十年代的入境旅游时期,我们享受了开放红利。上个世纪末开始,我们享受了国民旅游消费兴起的人口红利,各地旅游规划和项目开发主要是围绕资源做文章。强调地域特色,找唯一、做第一,成为地方旅游发展的自觉不自觉的指导思想。为此,我们申报世界文化遗产、优秀旅游城市、国家旅游度假区、5A级景区,建设旅游小镇、引进国际酒店品牌,争名人故里、翻历史典故、出语不惊人死不休的雷人口号,开层层动员的大会、发高规格的党委政府文件、组建党委和政府主要负责同志牵头的旅游协调机构,总之要强调所在区域的自然风光和历史人文的独特性。

今天,我们所面对的是消费者主权的市场,是来自发达地区生活品质不断提升,旅行经验日渐丰富的旅游者。读了万卷书、行了万里路的他们所选择的目的地,要有风景之上的美好生活,要在地域文化中看见共同的价值,更要有无所不在的人的链接。国际旅游发展经验一再证明并将继续证明:世界一流的旅游目的地,仅有区域性和独特性是远远不够的,它应当也必须有世界性和现代化,并以高品质的生活方式和文化地标承载人类文明演化的共同价值。这样的旅游目的地能保护生态,也能彰显人文;这样的旅游目的地能吸引游客,也能留住居民;这样的旅游目的地是传承历史,也是创造未来。

二、武隆旅游的地方性审视和现代化展望

1994年以来,经过历届县委县政府、区委区政府持之以恒的努力,已经拥有旅游领域几乎所有的金字招牌,包括但不限于世界自然遗产、国家级旅游度假区、5A级旅游景区和国家全域旅游示范区。可以说,武隆已

经从重庆走向中国，游客正在从世界走入武隆。当地统计数据表明，2020年武隆全区接待游客3600万人，旅游综合收入170亿元。从规模上看，应该是不小的数据了，而结构和效率呢？游客人均消费不到500元，客源还是以一日游的散客为主。另一组数据是全区总人口41万，常住人口35万，说明什么？说明2901平方公里的美丽国土是人口净流出地。摆在面前的这两组数据让我们不由自主地陷入沉思：这么美丽的风景、这么丰富的人文，怎么年轻人就不愿意留下呢？一个不能留住本地年轻人的城市和乡村，能够使异国他乡的游客愿意到访并乐于停留的吗？如果答案是肯定的，那是文旅融合和主客共享的旅游发展理论错了吗？如果答案是否定的，那么旅游发展实践又如何改进和完善呢？

武隆属于行政意义上的重庆，简称渝东南，也是属于地理意义的武陵山区。作为旅游目的地，人们或许希望武隆能够集自然风光和都市繁华于一体。不仅武隆，哪个旅游目的地的宣传指向不是"山川秀美、人杰地灵"八个字呢？问题是游客对目的地的感知往往与本地居民存在着不可忽视的差异，仿佛"卖家秀"和"买家秀"一般。中国旅游研究院课题组的专项调查表明，大武陵山区与重庆两个旅游目的地品牌形象存在显著的异质性。作为都市旅游目的地的重庆，以其现代化的江城风貌、完善的基础配套特别是轨道交通、高水平的公共服务和市场监管、火锅江湖和打卡圣地而著名。大武陵山区的形象标签更多指出生态环境和民族文化，游客贴上的标签主要是健康、安全、传统、自然、民俗民族等。想要兼顾传统与现代、本土性与全球化，还要有效传递并让游客认可这个旅游目的地形象，对于任何一座城市和乡村而言都并不是件容易的事情，很多时候我们只能选择特定的主体形象。

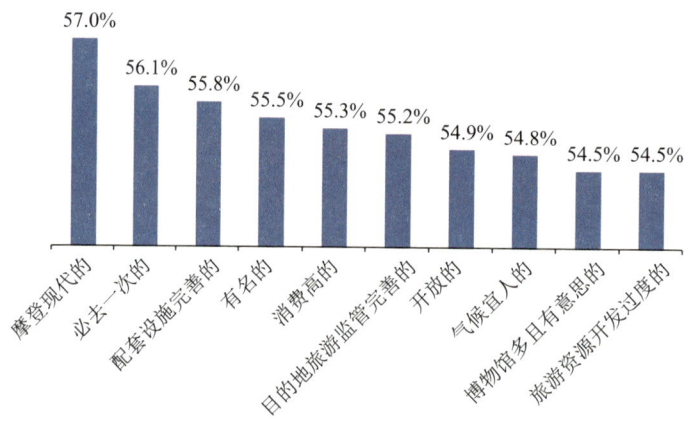

图1 现代化都市的重庆形象认知

资料来源：中国旅游研究院《重庆渝东南武陵山区文化和旅游产业融合示范区发展规划》课题组，2021年自主调研成果。课题负责人为杨劲松博士。本文所引用图表数据如无特别说明，均来源本课题调研成果。

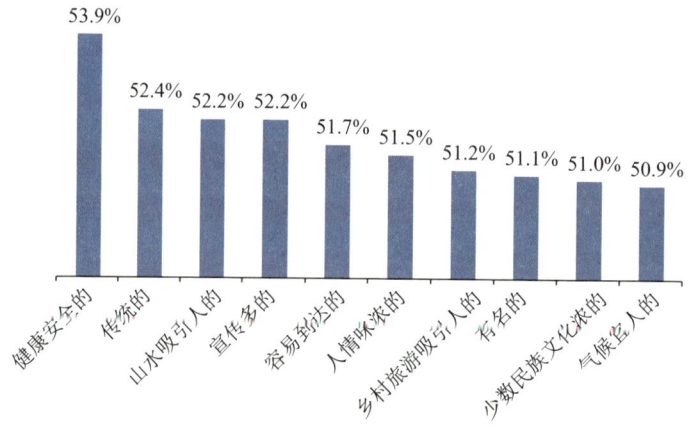

图2 原生态和民族的大武陵山区形象认知

中国旅游研究院（文化和旅游部数据中心）的调查显示，待疫情稳定后，国人未来一年中最想去的城市旅游目的地中，排名前五位的依次是重庆、成都、上海、杭州、广州。计划去重庆的潜在游客中，选择计划去主城区的，占比39.6%；选择涪陵、黔江、武隆、彭水、石柱等几大相对靠近主城区的渝东南区县者，分别占比37.8%、33.2%、31.6%、31.6%、30.5%。这与旅游市场上对"渝东南"目的地形象关联度有着内在的一致性。调研显示，当提及"渝东南"，目标游客第一想到的是"重庆"，其次是涪陵区、黔江区、武隆区、其余各县，距离主城区距离越远，心理关联相对越弱。

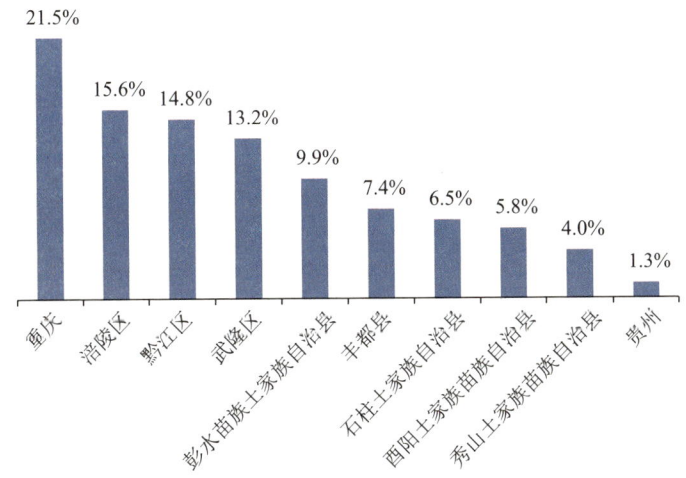

图3　游客对"渝东南"各区县的心理认知

近年来，居民和游客对武隆的满意度一直持高位运行态势，在渝东南各区县保持首位，高于重庆市平均水平。被武隆风景吸引而来的游客，普遍认为这里风光独特，景色优美，性价比较高。游客印象最深的是天生三桥，从远处看去，群山环绕，仿佛身在仙境之中。《印象武隆》实景演出的吸引力很强，被誉为"完美的演出"。我们也关注到游客对风景和演艺之外的关注与期待,包括改进停车场管理和厕所卫生,增设大型购物场所和文化设施。这意味着游客对景区景点和宾馆饭店等传统旅游空间以及现代消费场景提出了更高的要求。

三、守护地方性,面向现代化,构建主客共享的美好生活新空间

武隆要打好生态武陵牌。这里是真正的山清水秀啊!武隆集大娄山脉之雄,武陵风光之秀,乌江画廊之幽,被誉为"世界喀斯特生态博物馆"。这里有大小河流199条,森林覆盖率64%,空气质量优良天数保持在340天以上。绿水青山就是金山银山,冰天雪地也是金山银山。生态景观是旅游发展的本底资源,旅游发展当然要在保护保育的前提下,打好绿水青山的生态牌。与此同时,我们也愈发清醒地认识到,全面小康时代的旅游者既要欣赏美丽风景,更要享受风景之上的美好生活,也就是我们常说的"景观之上是生活"。对于目的地来说,景区景点和大项目建设固不可少,民宿、餐饮、夜间娱乐、服务区、加油站、土特产品销售平台和渠道也是题中之义。万丈红尘最温暖,寻常生活客自来。一个本地人生活幸福、品质向上的武隆,才可能是游客愿意到访和乐于停留的武隆。

武隆要打好四季旅游牌。三年前,我曾就重庆如何发展避暑旅游给重庆市委的陈敏尔书记写过一封信。发展旅游经济不能只从传统的自然资源和气候条件出发去想问题,夏季炎热甚至位列"四大火炉城市"正是重庆发展避暑旅游的优势而非短板。因为高温天气,拥有3200万人口、2.5万亿元地区生产总值的重庆形成巨大的避暑需求和消费市场。这么多人都去东三省和东部沿海城市,不现实嘛,人均出游半径、停留天数和消费预算等统计数据也不支撑。绝大多数的避暑消费需求还是要就地就近解决,这是武隆旅游发展必须抓住的市场机会。为此,要有专门的市场开发和产业培育规划,建设一批满足包括重庆在内的武陵山区周边城市避暑出游所需

接待设施、配套服务和创新产品是当务之急。冰雪旅游、温泉旅游、康养旅游、夜间旅游、研学旅行、旅居车自驾车旅游等市场培育和目的地建设也是这个思想。仙女山景区的冰雪项目已经小成气候了，但是作为冰雪旅游目的地的武隆，还要在形象、推广、建设、服务等方面做更多的文章。随着大众旅游和智慧旅游的发展，市场会分化，也会变化。不同的旅游目的地在不同的发展阶段，既可以按青少年、老年人、男性、女性等人口统计特征细分市场，也可以按城市和乡村、远程和近程等空间分布特征细分市场。对于山地旅游目的地建设的决策者和营销机构而言，既要看到观光旅游的基础市场，也要看到休闲度假的新兴需求。

武隆要打好文化建设牌。公共文化、大众文化、非物质文化遗产、艺术创作和时尚产业，在当代旅游发展和目的地建设中扮演了关键角色，发挥着不可替代的作用。餐饮、住宿、购物、娱乐固然是游客的刚性需求，但是欲望不等于理想，必须在旅游发展的诸要素和各环节中导入先进文化。任何地方、任何民族的文化都不是一成不变的，有没有旅游的介入，文化都是要创新演化的。全面建设小康社会以后的旅游，不仅要有满足游客餐饮、住宿等生理需求的要素，更要有提升人民素质、引领未来和温暖向上的生活环境。由是出发，文化就不是可有可无的点缀，而是必不可少的关键支撑。社会主义先进文化是由包括民族文化和非物质文化遗产的优秀传统文化、承载红色基因的革命文化、体现国家富强和人民幸福的当代文化共同构成的。我们不能只向游客讲述悠久的历史和逝去的繁华，不能只向游客展示特定时空的民俗文化，更要给予他们触手可及的温暖。这样的公共文化、大众文化和当代艺术首先是面向本地居民的，满足他们的精神享受和文化消费需求，是内生于本地经济社会发展体系的，其次才是与外来游客共享的。

武隆要打好基础设施牌。摸清楚资源的底子，弄明白市场的需求，如何让游客进得来、散得开、留得住，就成为旅游目的地建设必须解决的现实问题。瑞士等山地国家、贵州等山地省份，在发展旅游的进程中，都面临着可进入性的约束，也都是通过机场、高速铁路、高速公路和旅游道路的建设而破解旅游发展困境的。除了进出本地的大交通，还要完善公交、出租、自驾、骑行和徒步的小交通体系，让说走就走的旅行由梦想变成现实。与仙女山景区签署共建协议的瑞士少女峰景区，与武隆缔结友好城市的格林瓦德市，那里的观光小火车、小镇公共交通和步行道，既是连接住地与景区的通道，也是目的地生活体验不可或缺的组成部分。需要指出的是，交通是基础设施的核心要素，但交通不是基础设施的全部。作为异地生活方式的旅游，作为主客共享的旅游目的地，没有完善的移动通信、互联网、物联网、广播电视、金融支付和消费场景是不可想象的。

在智慧旅游及其场景化方兴未艾的今天，我们不仅要抓好传统的基建，还要抓好5G、大数据中心、人工智能、工业互联网、特高压、新能源汽车充电桩、城市轨道交通等新基建。今天的游客对目的地基础设施的要求，不仅要要素完善，还要界面友好，进一步延伸就是公共服务水平的提升。武隆要打好重庆高地牌。按照中央的要求，重庆的战略目标是建设内陆开放高地，成为山清水秀美丽之地，在此基础上，努力推动高质量发展、创造高品质生活。随着这一目标的实现，重庆将成为世界级的现代化城市和全球性的客源输出地。重庆还是最宠游客的城市，每逢节假日旅游高峰，中心城区的市民会纷纷外出，将洪崖洞、解放碑、朝天门码头、轻轨穿楼等网红打卡地让给外来游客。周末和节假日外溢的市民休闲度假需求，让武隆成为最理想的近程旅游目的地。一座国际性的特大型城市，必然汇聚来自世界各地的商务、会奖和研学旅行需求，成千上万的外交官、商务人士、科教人员和留学生，则会带来近在咫尺的国际客源。吸引国际客源的到访，既可以为武隆带来消费增量，也可以倒逼旅游产业升级。重庆还是连续多年蝉联全国游客满意度首位的城市，无论是本底资源、公共服务，还是商业环境和市民友好度，都给到访者留下了良好的印象。从这个意义上说，我看武隆不必急着宣传"中国的武隆""世界的武隆"，我看"重庆的武隆"就挺好。

重庆武隆文旅论坛主题演讲

2021 年 5 月 27 日

旅游融入文化　非遗重归生活

从数据来看，刚刚过去的劳动节假期迎来了旅游复苏的转折点。城乡居民在五天时间里共出游 2.3 亿人次，首次超过了疫前同期水平；旅游收入 1132.3 亿元，恢复进程较清明节假期进一步加快。值得关注的是，博物馆、历史遗址、文化街区和非物质文化遗产受到游客的广泛追捧，汉服走秀、手工木作、风筝放飞等非遗相关活动成为旅游休闲的新亮点。值得关注的是，参与非遗活动者不仅有大叔大婶，还有许多高举"颜值正义"的大旗破圈而出的年轻人。古老而传统的文化遗产能不能变得更时尚？可以走轻奢的活化路线吗？文化和旅游的融合能够走得更远吗？

一、看见与看见的方式

对上述问题的回答，既要了解旅游消费和文化活动，更需要回到生活场景展开跨界研究。出于对消费变迁和市场趋势的敏感性，我想与大家分享微信公众号 Instagram 和 InsDaily 上的两篇文章。

一篇是介绍俄罗斯摄影师"造梦西娅"的森林童话作品[①]，第一眼就被打动了：这个世界真的有童话啊！密林深处，小鹿闯进仙女的聚会，静听落叶的私语；露深花重，白孔雀与女孩目光交融，双眸勾勒银河坠落的行踪；山谷秘镜，巨熊与花仙抬头远望，等落山风捎过春的讯息。而照片背

---

① 居里：《俄罗斯妹子拍出最"残忍"童话，惨遭 10w 网友诅咒：生气吗？生气就对了！》，见 2021 年 5 月 8 日"Instagram 优选"微信公众号。

后的故事呢,则是森林盗猎、动物虐杀、边缘人群的被歧视和自卑感。于是,摄影师不得不说:"对不起,这世上根本就没有童话。"仿佛中国版的《装台》,每个人都喜欢舞台艺术的美好,只有少部分人才会走进幕后看到艺术镜像的真实生活。这位曾经的研究人员,如今拥有国际声誉的摄影师坚信,"这个世界,有些东西应该被看见"。应该被看见的有自然、有历史,还有思想和价值观,而最终哪些能够被看见则取决于我们看见的方式。

另一篇是讲述"容貌焦虑"情境的模特与时尚的话题。① 年复一日,时尚圈都在试图确立起全新的标准,试图从逐渐大众和庸俗化的既定审美中突围而出。身处俊男美女扎堆的圈子里,一点点能让人记住的特征,往往比精致的外貌更加有用。于是我们看到了"牙缝派"超模第一人 Lara Stone,看到了长着扁大鼻子的乌克兰少女 Baby Uli,还看到了登上了 Vogue 封面的中国女孩 Tin Gao——宽眼塌鼻、轮廓扁平的容貌,却以柔弱而放松的眼神呈现出"反模(Anti Model)"女性的阴郁之美。世人可以接受不完美的真实,文化遗产还需要极端的还原吗?还有必要保留千百年不变的作业流程、标准和物料吗?落红不是无情物,化作春泥更护花。很多时候,无论我们对曾经的过去如何地留恋,文明总是生生不息地永续向前。

时尚太远,抖音很近。因为一位视频制作人日复一日的直播,特别是那句极魔性的开场语,"QQ 弹弹,还能拉丝,好吃又健康的高粱饴",加上极具诱惑力的示范动作,"60 后"秒回童年,"00 后"秒变拥趸。五十年以上的历史,几代人的记忆,我不知道算不算严格意义上的非物质文化

---

① 可乐:《求求卡戴珊别再 P 图了,你脸上的瑕疵也怪美的~》,见 2021 年 4 月 22 日"Ins Daily"微信公众号。

遗产[①]，但是这样的表现、传承、创新和当代表现形式的确是赢得了年轻人的欢喜，以至于要预约、排队，甚至凭运气才能买得到定量销售的额度。如果安顺的波波糖、贵阳的丝娃娃等传统食品，还有昨天在这里品尝的卡拉斗鸡，也能够借鉴这样的传播方式，也许收获的不仅仅是消费的增长，还有文化的自信吧。

二、功能的消失与价值的重构

无论是物质的，还是非物质的文化遗产，在其产生、演化和扩散的过程中，无不具有特定的生产生活的功能。毛笔、松墨、砚台是用来写字的，写字是为了在公文中表达思想、在家信中表情达意的。今天，电子邮件、微信和抖音取代了传统的信件，键盘、语音取代了笔墨纸砚。随着历史的发展和时代的进步，农耕时代的生产和生活场景已经不再，与之相适应的生产工具和生活用品也失去了其原有功能。最是人间留不住，朱颜辞镜花辞树，原是自然规律，强求不得，非要如《倚天屠龙记》的赵敏那般强留，多数情况下也是无法如愿的。那些已经失去原有的生产生活场景的文化遗产，如果不能重建缅怀和审美之外的其他功用，只是依靠政府保护、公共展示和小众兴趣，该怎样才能走得更远呢？

去年夏季，我在安徽省临泉县调研长官杂技小镇的项目时，现场请教了书记、县长几个数据：本地以杂技为生者、农闲时靠杂技补贴家用者、家里有红白喜事请客看杂技者各有多少万人？以上人群中30岁以下者占多大比重？在得到相关数据后，对这个非遗小镇的发展充满信心。信心不

[①] 根据联合国教科文组织《保护非物质文化遗产公约》的定义，指各群体、团体、有时为个人所视为其文化遗产的各种实践、表演、表现形式、知识体系和技能及其有关的工具、实物、工艺品和文化场所。非物质文化遗产包括口头文学以及作为其载体的语言和传统美术等。

是来自政府有多少补贴,也不是规划了多少旅游项目,预计有多少人到访,而是看到那么多本地居民喜欢看杂技,也乐于演杂技,它就有了生存的土壤,有成长的后劲,就会顽强地发展下去。类似长官杂技小镇这样根植于人民群众日常生活的非物质文化遗产,不用政府去保护,以包容的心态鼓励其发展就是了。甚至是否一定要纳入特定的非遗体系去保护,也是值得思考的问题。对非物质文化遗产,当然需要保护和传承,但也不能总想怎么去规范和提高。要相信大众的文化品位,也要相信企业家的商业智慧。当非物质文化遗产因之具有了当代价值和重建的功能,一定会传承下去,也会扩散开来;反之,那些失去了受众基础和年轻人自发传承动力的非遗项目,可能只剩下文化标本的价值了。

吴天明导演的电影《百鸟朝凤》,我看了两遍,对立意、格局和表演的艺术水准留下深刻的印象。可是除了影片结尾县文化局派员向主人公宣布他的唢呐套曲列入非物质文化遗产项目外,坐在电影院里的两个小时里,萦绕我的一直都是挥之不去的忧伤。电影里的村庄、河流、芦苇荡,生活在那片土地讨生活的庄稼人,能够给日复一日的平凡生活带来意义感的唢呐声声,太熟悉,也太令人怀念了。可是走出那片土地,走遍这颗蓝色星球的我清楚地知道:除了一曲挽歌,什么也留不住了,再也回不去了。就像城市化和现代化进程的那些每日都在消逝的自然村落,以及想象中的田园牧歌般的生活方式,还有皮影戏、华阴老腔、拉洋片、吹糖人、草鞋编织、插秧放牛的场景,都在不可逆转地远去。它们或者以文学、音乐、美术和歌曲的形式而成为历史的记忆,或者以官方认定的非遗项目而成为文化标本,让我们在凝视历史时得以清楚地看见来时的路,以及路途明亮的灯火和天空中闪耀的星光。

三年前在汤加王国的博物馆观看当地人如何在沙上作画,有的是极其简单的花鸟鱼虫,有的是极其复杂的神秘符号,据说也是联合国教科文组织认定的非物质文化遗产。看得兴趣盎然的同事也学着画了几幅，发在朋友圈里引来不少好奇的评价。然而离开那个环境以后，哪怕是当地民众，还会坚持以此来娱乐吗？儿时在乡下玩泥巴、推铁环、跳房子的游戏，是一代人的记忆，再过些年，也会进到博物馆中展陈吧。然而，我清楚地知道，无论多么地不舍，这些终究会沉入历史的河床或者升入遥远的星空，成为人类共同的记忆。等我们的子女，子女的子女长大了，她们会有她们的游戏，她们的幸福。在主客共享美好生活的大众旅游新时代，来自异国他乡的游客已经广泛进入目的地城乡居民的休闲场所，他们需要繁华的记忆，更需要触手可及的温暖，以及走向未来的文化、科技与时尚。当旅游越来越深入、越来越广泛地融入文化领域，置身于现代化进程中的非遗十分有必要，也完全有可能变得更加时尚。

三、当非遗遇见旅游

习近平总书记关于文化、文物和旅游工作的重要论述和批示指示精神，为非物质文化遗产的保护、传承、活化和旅游利用提出了总体要求。自2004年加入联合国教科文组织《保护非物质文化遗产公约》以来，我国切实履行缔约国责任和义务，按照保护为主、抢救第一、合理利用、传承发展的原则，认定和保护等项工作取得了有目共睹的成就。到目前为止，我国列入联合国教科文组织非物质文化遗产名录（名册）项目共有42项，位居世界第一；列入国家级非遗名录代表性项目共计1570项，涉及3284个子项和保护单位。认定和保护是基础，还要推动非遗保护创造性转化和创新性发展，从生活中来，到生活中去。2014年的文化遗产日主题是"让文化遗产活起来"，2017年国家出台《中国传统工艺振兴计划》，2018年随着文化和旅游部的组建，"非遗+旅游"成为文化和旅游融合发展的重要元素。按照习近平总书记的要求，让收藏在禁宫中的文物，陈列在广阔大地上的遗产，书写在古籍里的文字都活起来，努力展示中华文化的独特魅力。① 对此，既有思想的统一，也要有实践的创新。

习近平总书记关于文化、文物和旅游工作的重要论述和批示指示精神，为非物质文化遗产的保护、传承、活化和旅游利用明确了现实路径。文化遗产是一个国家和民族历史文化成就的重要标志，对于文化不能仅停留于开发，更要活化，充分挖掘其深厚的文化底蕴。坚持以人民为中心，不断增加人民群众的参与度和获得感。这就要求非物质文化遗产重归当代生活，在日常场景中重构其功能，重建其价值。这是一个扬弃的过程，既不是让当代人回到过去的农耕时代，也不是原封不动地照搬过去的手工业生产方式，那不现实，也不可能。我们要做的是通过特定节日的特定仪式缅怀过去，是把传统的要素融入当代生活。当远山的涓涓细流汇入江河湖海时，它看上去消失了，实际上永生了。现在的非遗保护传承是财政在负担，政府在主导②。从财政预算到主管部门，再到行业协会；从法律法规到项目和传承人的评定标准，再到评定专家的组织；从非遗项目的展陈与传播到非遗传承人的培训与提升，有一个组织相当严密、运作非常规范的体系。这是我们的体制优势，各方面都取得了可圈可点的成就。问题是这样一套相马而非赛马的机制，是否也会像科举制那样内卷呢？每个认定的项目都是符合标准和程序的，可是总觉得达不到理想的效果。事实上，从过去几十年政府主导的旅游业制度创新来看，面向市场主体的旅游饭店星级的划分与评定、旅游景区等级的划分与评定，面向行政主体的优秀旅游

---

① 2013年12月30日，习近平总书记主持中共中央政治局第十二次集体学习发表的重要讲话。

② 根据财政部官网发布的《关于提前下达2021年非物质文化遗产保护资金预算的通知》（财教〔2020〕199号），2021年非遗保护资金预算总金额为7.24亿元，涉及31个省（自治区、直辖市）及5个重点城市。这是中央本级预算，各省市县区还有数倍于此的地方预算。

城市、全域旅游示范区，都是长于分级短于分类。也许该是反思单一行政力量主导非遗保护与传承、市场机制在非遗利用与活化进程中缺位的时候了。

习近平总书记关于文化、文物和旅游工作的重要论述和批示指示精神，为非物质文化遗产的保护、传承、活化和旅游利用指明了未来的发展方向。每一种文明都延续着一个国家和民族的精神血脉，既需要薪火相传、代代守护，更需要与时俱进、勇于创新。中国人民在实现中国梦的进程中，将按照时代的新进步，推动中华文明创造性转化和创新性发展，激活其生命力……① 无论我们多么留恋过去，时代的河流总要奔腾向前，未来有无限的可能等着我们去创造；无论我们多么强调自身的特殊性，也终要与这颗蓝色星球上不同国家、不同地区、不同文明对话交流，为人类文明创新发展承担应有的责任。在文化创造和文明发展的过程中，宽容和自由比什么都重要，不能总是自以为是地要求年轻人这个不能做，那个不能做；应该这样做，应该那样做。保护和传承不是为故步自封，更不是为了回到过去，而是要以更加开放的心态，更加宽广的视野，吸收人类创造的一切生产、生活、科技、文化、艺术成就，让更多人沿着任何可能的方向探索。

第二届中国非遗与旅游融合发展论坛主题演讲

2021 年 5 月 15 日于贵州丹寨万达小镇

---

① 2014 年 3 月 27 日，习近平主席在巴黎联合国教科文组织总部的演讲。

论城乡融合进程中的休闲共享

一、新时代城乡居民对美好生活的向往，推进休闲权利的均等化和休闲产业的高质量发展

休闲均等化是城乡融合发展战略的必然要求。习近平总书记多次就城乡融合发表重要讲话并指出，"要把乡村振兴战略这篇大文章做好，必须走城乡融合发展之路。我们一开始就没有提城市化，而是提城镇化，目的就是促进城乡融合""要建立健全城乡基本公共服务均等化的体制机制，推动公共服务向农村延伸、社会事业向农村覆盖"。[①] "要推动城乡融合发展见实效，健全城乡融合发展体制机制，促进农业转移人口市民化。要把县域作为城乡融合发展的重要切入点，赋予县级更多资源整合使用的自主权，强化县城综合服务能力"。[②] 党的十九大对城乡融合做出了重大决策部署，党的十九届五中全会明确提出要建设一批文化特色鲜明的国家级旅游城市和街区。在全面建成小康社会，开启全面建设社会主义现代化国家新征程的今天，保障城乡居民的旅游休闲权利，满足人民群众对美好生活的新期待，是"十四五"期间各级党委政府的重点工作，也是各类投资机构和市场主体的战略机遇。长期以来，我国城市与乡村在经济社会发展水平，城乡居民在生活水平、发展机会、旅游休闲的获得感方面存在明显的差距，而且这种差距在短期内看不到明显的缩小迹象。在事关全局性的

---

① 2018年9月21日，习近平总书记在十九届中央政治局第八次集体学习时的讲话。
② 2020年12月28~29日，习近平总书记在中央农村工作会议上的讲话。

若干重大关系中,城乡发展不平衡仍是最大的不平衡,农村发展不充分仍是最大的不充分。城乡融合发展是破解新时代社会主要矛盾、解决发展不平衡不充分问题的胜负手。从城乡关系层面看,解决发展不平衡不充分问题,必须更加重视新型城镇化,积极推进乡村振兴。城镇和乡村是互促共进、共生共存的,城镇化是城乡协调发展的过程,不能以农业萎缩、乡村凋敝、农民休闲权益的弱化为代价。弱乡村不可能有强中国,要实现"两个一百年"奋斗目标及乡村振兴战略愿景,需顺应城乡融合大趋势,重塑新时代城乡关系,同步提升农村居民和城市居民的旅游休闲所承载的生活质量。为此,既要引导城市居民到乡村去旅游、居住和休闲,也要鼓励农村居民到区域中心城镇和大城市去旅游、居住和休闲,更要在文化、体育、科技、教育等领域向县域中心镇村提供更多的公共服务,建设更多更好的文化场馆。

经济社会发展为城乡居民的休闲权利提供了根本保障和现实基础。改革开放以来,特别是党的十八大以来,我国经济社会高速发展,人民生活水平稳步改善,持续向好,作为美好生活重要选项的休闲产业获得了长足进步。无论是休闲氛围、休闲政策,还是休闲参与度、休闲综合效应,都取得令人瞩目的发展成绩。全面建成小康社会以后,国民休闲将迎来迅猛发展和大幅提升的新阶段。"仓廪实而知礼节,衣食足而知荣辱",解决了"两不愁、三保障"以后,精神享受和文化消费为代表的休闲活动成为生活水平高不高、内需动能新不新、创业创新活跃不活跃的重要指标。当前,国民休闲的人口基数和消费基础空前扩大,线上和线下文化消费已经深度嵌入城乡居民的日常生活场景。中国旅游研究院(文化和旅游部数据中心)的最新调查显示:超过50%的受访者在线体验了歌剧、舞剧、音乐会、博物馆、美术馆的云展演和云展出,并愿意付出一定的费用。从实体空间和线下休闲体验来看,57%的受访者走进博物馆、美术馆、文化馆、图书馆等公共文化场馆，60%的受访者有都市商圈和休闲街区的体验经历，48%的受访者去了城市郊区和乡村旅游。[1]与此同时，国民休闲需求更趋个性化和多样化，公共服务更趋于均等化，市场供给方式更加灵活，发展效能更高质量。

旅游业助力休闲进入国民大众的日常生活，外来游客和本地居民共享美好生活新空间。按照旅游发展基本规律和国际经验，国家和地区人均年出游率低于3次，处于旅游发展的早期阶段，旅游是少数人的生活选项。人均年出游3~5次，旅游发展进入内涵式增长阶段，旅游开始成为大众的日常生活方式，旅游和休闲需求旺盛。人均年出游5次以上，标志着所在国家和地区旅游发展进入成熟阶段，更加多元、更多层次的消费需求将被释放出来。2019年，我国已经形成60.06亿人次、6.63万亿元总收入的国内旅游市场规模，人均年出游近4.3次[2]，进入大众旅游全面发展新阶段。与此同时，休闲已成为城乡居民的基本诉求。2019年的60.06亿人次国内出游人数中，初次出游的仅占15%左右，约50亿人次是"老"旅游者所形成的常规旅游行为，这意味着国民出游习惯已经养成。据中国旅游研究院（文化和旅游部数据中心）测算，2021年劳动节五天假期，全国旅游出游2.3亿人次，其中农村居民占到出游总数的14.5%。如果算上县城和中心城镇居民，这一比重还会更高。这一切充分说明了旅游休闲领域的消费升级和市场下沉的时代特征。在异国他乡的行程中，旅游者当然要欣赏美丽风景，更要共享当地居民的休闲空间并深度体验目的地美好生活。事实上，公共文化和休闲场景已经成为旅游目的地竞争的关键要素，也是旅游业高质量发展和市场主体创业创新的全新动能。

---

[1]《2021年上半年全国文化消费数据报告》，见2021年7月9日中国旅游研究院（文化和旅游部数据中心）官方网站、官方微信。

[2] 数据来源于文化和旅游部官方网站的《2019年文化和旅游发展统计公报》。

二、城乡融合、休闲共享的经验与误区

城乡融合离不开包容共享的休闲空间。城市休闲既要重视项目建设和场景营造,更要关注休闲资源的平等、开放和包容。基础设施、公共服务和商业环境所构成的美好生活新空间,已经成为现代城市的共同追求,也是城乡居民幸福感、获得感和满意度的关键支撑。2002年,杭州西湖率先实施免门票模式,还湖于民,还湖于游客,西湖被游客称为"全国性价比最高的5A级景区"。全国很多城市公园已经或者正在进行开放和共享导向的更新改造,将绿地、绿道、广场和公园等休闲空间还给市民和游客。越来越多的城市坚持以人民为中心的发展理念,将公共空间和休闲活动的尺度变得更加宜人。宽阔的街道和宏伟的建筑是城市发展的要素,却不是城市休闲的全部。无论是街区景观小品的建设,还是消费业态的培育,越来越多的城市有意识降低空间规划的集中度,分散融入市民的休闲空间。澳门本岛仅有9.39平方公里,城市道路平均宽度只有9.7米,道路交叉口平均每平方公里159.86个,道路交叉口的距离平均为129.39米;绿地板块量多体小,平均板块面积仅669.73平方米,平均每平方公里多达230个,城市休闲资源已完全融入居民的日常生活中。城市管理者和社会各界共同认识到:世界级旅游城市和国家级旅游休闲街区,并不取决于其全部资源服务少数人的力度,而取决于公共服务和商业环境服务多数市民的温度,取决于对外来游客的开放、包容和满意度。在香港、在深圳、在澳门、在珠海,在广州、在粤港澳大湾区的每一座城市,我都能看见政府和社会对历史文化的保护、传承与活化,对市井百态的包容和人间烟火的欣赏,以至于经常能够在现代化的广场上遇到操着乡音销售地方特产的乡村居民。这种无所不在的开放,真诚而自然的包容,才是城市休闲的本质,才是旅游品质的源泉。

乡村休闲重在农业产品的产业化赋能和基础设施的休闲利用。无论是

从客源地、目的地,还是集散地的角度,城市一直都居于我国旅游经济和休闲活动的主导地位,并深刻影响了农村休闲的价值取向和发展方向。在乡村振兴战略框架下,我们有必要对农业生产环境进行休闲化改造,积极发展休闲农业、观光农业。近年来,我国休闲农业规模迅速扩大,已经成为农村三产融合的重要载体。湖南省实施休闲农业与乡村旅游精品工程,开展休闲农业示范创建工作,涌现大批休闲农业示范农庄和休闲农业集聚发展示范村。2019年,全省休闲农业经营主体达2万家,接待游客超2亿人次,经营总收入达480亿元,为乡村产业振兴提供了有力支撑。在乡村旅游发展体系中,要重视农村居住环境的休闲化改造,稳步发展乡村民宿业态和庄园经济模式。当城市居民的乡愁情结逐步转化成市场动能时,当乡村生活成为平行于城市的品质空间时,常态化的乡村休闲便具有了市场基础和现实可能。每逢周末和节假日,北京市民就会携家带口走进近郊的青山绿水间的传统村落,住民宿、品民俗,农民也在乡村休闲游的市场中谋发展、得收益,城市和乡村以休闲的名义实现了融合发展和现代化转型。2019年"十一"黄金周,北京市怀柔区就实现了精品民宿户均收入3.7万元、平均出租率80%的可观效益。在新型城镇化的进程中,要对乡村的生活环境特别是公共服务体系进行现代化提升,营造高品质的休闲环境。从美丽风景到美好生活是国内旅游的发展趋势,也是农村休闲发展的宏观基础。通过基础设施建设、农村环境整治、美丽乡村建设等配套完善,农村的文化休闲开始向城市社区看齐,越来越多的农民住在村里就能享受城市的文化场景。主客共享的美好生活和休闲氛围的形成,构建了乡村休闲和乡村旅游长远发展的现实基础。

我们还要看到,非均衡的公共供给、不充分的商业服务、传统的治理体系还在制约城乡融合和休闲共享。片面追求投资增量与硬件扩充的粗放发展方式,造成了城市生产、生活与休闲空间的隔离。为了留下主政者的印记，有的城市盲目追求标志性建筑、大而无当的公共空间、宽阔笔直的街道。一届政府一张图，拆了建建了拆，城市功能破碎了、文脉断裂了、生活与休闲空间脱节了，宜居宜游的休闲空间也就不存在了。有的城市无视城市发展的历史基础和现实条件的差异，你有的我也要有，你上的我也上，同质化发展和恶性竞争现象明显。有的城市过于倚重历史文化等传统资源禀赋，忽视微观层面的居民与游客共享休闲空间的营造，导致项目建设有空间无项目，有项目无内容，有内容无消费场景。

我们还要看到，城乡规划分割体制造成了休闲供给的结构性失衡，制约了城乡融合和共同富裕。重城市、轻乡村的规划体系，导致资源、项目和服务既无法流通，也无法共享。城市规划体系包含公园、绿地、影剧院、图书馆等文化和休闲设施，乡村规划则普遍存在有新房没新村、有新村没新貌的现象，基础设施、休闲场所和公共服务布局整体上缺乏科学指引。以规划为指引的项目和资金不到位，客观上导致了休闲供给的空间失衡。过分倚重城市而忽视农民的基本休闲需求，导致了城乡休闲市场的非均衡发展。农村的休闲发展，长期以城市居民为市场目标，很少顾及农民自身的休闲需求。调查表明，农民休闲活动种类单一，看电视、打牌、走亲访友、串门聊天成为主要的休闲内容；休闲方式低俗化倾向明显，村口小卖部成了"休闲中心"，打麻将、推牌九，围观者数十众，甚至赌博成风；大部分农村虽根据国家规定建设有文化站、图书室、村活动室等文化馆所，大多无人问津、处于空置。农村居民无法通过积极休闲提升生活品质，只能通过消极休闲打发时光，进一步强化了文化洼地的位势。由于缺乏本地休闲市场的需求，乡村旅游休闲目的地建设呈现出明显的"钟摆效应"，旺季门庭若市，淡季则门可罗雀。

三、培育城乡融合、主客共享的休闲生活新空间，助力旅游业高质量发展

在国家文化和旅游业"十四五"发展规划、世界级旅游城市、世界级旅游景区和度假区、国家级旅游休闲城市和街区建设体系中，进一步提升国民休闲的战略摆位，进一步彰显旅游休闲的关联带动作用。随着大众旅游的全面发展，我们即将迎来小康旅游和国民休闲的新时代。当旅游成为人民群众的日常生活选项时，休闲更是以不可逆转的态势加速融入新型城镇化和乡村振兴的发展体系。休闲时间的增加、休闲消费的升级和休闲品质的提高，已经成为全面小康时代美好生活的重要指标，这是国民经济持续健康发展的必然结果，也是全面建设社会主义现代化国家的内在要求。此次新冠疫情发生以来，早期的居家防控阶段，出门休闲被阻断，人们只能以线上线下相结合的方式居家休闲。中期的防控型复工阶段，远距离出游趋于谨慎，国民休闲和周边游成了人们亲近自然、舒缓疫情带来的焦虑情绪的主要方式。人民对文化消费、精神享受和旅游休闲的美好新生活的向往，如同春天播下的种子，已经在这块美丽的土地上展现出旺盛的生机和活力，田园荒芜的时光一去不复返了。

国民经济和社会发展的综合管理部门正在制订面向新时代的国民休闲发展规划，文化和旅游、体育、电影、广播电视、新闻出版等行政主管部门也在总结和提炼地方和企业的发展经验，并加强对各地国民休闲的指导工作。城市的休闲供给不只为城市居民服务，农村的休闲供给也不只为农民服务，城镇和乡村是互促共进、共生共存的有机整体，休闲供给要共建共享。粤港澳大湾区、长三角、京津冀、长江中游、关中、中原和成渝等城市群已经成为休闲市场培育、产业链条延展、生态系统创新的重点区域。在国民休闲规划颁布实施后，宜抓紧研制城市群休闲协同发展规划，重点解决城市和村镇公共服务均等化、休闲服务品质和休闲治理体系现代

化等现实课题。

坚持城乡融合、主客共享的新发展理念,切实做好城乡休闲的空间开放、交通互连和服务链接。立足大众旅游全面发展、智慧休闲落地生根的新阶段,坚持城乡融合、主客共享的新发展理念,面向国内大循环为主体、国际国内双循环相互促进的新发展格局,稳步有序地推进国民休闲大发展。在满足城市居民的休闲基础上,城市要以更加包容的态度对待农民的城市休闲需求。在承接市民休闲溢出的乡村旅游发展体系中,更加注重农村居民的休闲意识觉醒、休闲权益保障和休闲服务供给。重点做好外地居民的休闲增量与本地居民的休闲需求存量的叠加趋势,统筹推进自然环境与社会环境的融合、村容村貌和公共卫生的现代化改造、公共文化的建设、非物质文化遗产的传承与利用工作。需要指出的是,推进国民休闲高质量发展,并不意味着一定要走小众、高端、奢华路线,而是紧紧依托城乡居民的日常生活,打造一批可亲近、可感受、可触摸的休闲新空间和新场景。多元共生的价值观和生活方式,将成为城乡融合和共同富裕的新引擎。

以城乡居民的获得感和满意度为导向,稳步推进城乡融合和休闲共享。旅游目的地是生活环境的总和,城市和乡村的空间布局、基础设施、公共服务、生态环境等社会要素,都影响着休闲环境的品质、休闲服务的获得感和游客满意度。城乡融合好不好,休闲品质高不高,老百姓最有发言权,要耐心细致地倾听基层和一线的声音。为此,要做好休闲需求的统计、调查和研究工作,千万不能弄成"你给的不是我要的,我要的你却给不了"的局面。空间融合后的城市与乡村不是对立的,也不是都市以摊大饼的方式对乡村空间的蚕食,而是看得见山、望得见水、记得住乡愁的组团式布局和融合式发展。城市的交通、科技、教育、文化、新基建等基础设施和公共平台向乡村延伸,医疗和社会保障互联互通,如此一来,农村将不再是城市的对立,而是另一种高品质的生活空间。对于粤港澳大湾区这样的城市群而言,休闲规划的重点不在于"有没有""缺不缺",而在于"好不好""精不精";休闲发展的突破口不在于场馆和设施,而在于内容和品质;休闲创新的方向不在于增量拉动,而在于存量优化。要相信人民群众的判断力,更要相信市场力量和企业家精神,一旦政策指明了方向,数据昭示了发展的前景,供给就会满足需求、创造需求和引领需求的。为此,我们需要静下心来倾听市民的声音和游客的诉求,充分发挥市场的力量,释放更多的休闲新需求,培育更多的休闲新业态。

一个国民休闲的时代已经到来,它是人民的权利,它是政府的责任,它也是投资机构和市场主体的机遇。无论是旧资源,还是新物种,只要与民族复兴和人民幸福的中国梦相向而行,都将大有可为,大有作为!

珠海横琴新区管委会、新疆维吾尔自治区文化和旅游厅
"新发展阶段的国民休闲"座谈研讨会
2021 年 8 月 2 日

论旅游产业化的理论内涵与发展路径

习近平总书记对贵州旅游业发展特别关心并寄予厚望，每次对贵州工作作系统指示时都谈到了旅游，把发展旅游业作为最能体现贵州生态环境优势、推动绿水青山转化为金山银山、守好发展和生态两条底线的重要途径。2014年3月，总书记参加全国两会贵州代表团审议时指出，"贵州自然名胜资源十分丰富，素有'公园省'之美誉"，要"充分发挥这一优势，把旅游业做大做强，使旅游业成为重要支柱产业"。2015年6月，总书记视察贵州时说，贵州发展旅游业具有得天独厚的条件，"要把旅游业做大做强""推动新型工业化、新型城镇化、农业现代化、旅游产业化四个轮子一起转"。今年春节前夕，习近平总书记再次视察贵州并做出指示，"丰富旅游生态和人文内涵，实现旅游业高质量发展。"习近平总书记关于旅游业的重要论述和批示指示精神是科学的、系统的、全面的，为贵州和全国旅游业找准新发展阶段的比较优势，培育新发展理念的理论动能，推进新发展格局的高质量发展，指明了前进方向和实践路径。

贵州在我国旅游发展格局中居于重要地位，也是举世闻名的山地旅游目的地，旅游产业化发展水平对于推进旅游业高质量发展具有十分重要的意义。这次受贵州省的邀请和全国经济社会理事会的委派，经文化和旅游部领导批准，我和中国旅游研究院的团队向各位领导和同志们汇报学习习近平总书记关于旅游产业化的批示指示精神，推动旅游产业化和高质量发展的研究成果,深感责任重大,既有压力也有动力。借此机会,我就不同视角下的贵州旅游发展现状评价、当前旅游市场形势研判、旅游产业化的理论内涵和表现特征、推进旅游产业化和高质量发展路径谈些个人的思考,请各位领导和同志们批评指正。

一、自我定位:多彩贵州与山地公园

长期以来,旅游、文化和宣传部门介绍本地的旅游发展优势时,习惯说山水如何秀美、文化多么丰富,贵州也不例外。"这里是瀑布的天堂(黄果树)、溶洞的王国(织金洞)、绿色的家园(茂兰、赤水)、活着的古镇(青岩古镇、镇山古村、隆里、福泉古城),有众多的名胜古迹(梵净山、甲秀楼、天龙屯堡、增冲古楼)、多彩的民族文化(西江千户苗寨、侗族大歌)",还有遵义会议、茅台酒、爽爽的贵阳,真是三天三夜也说不完的多彩贵州。① 多年以来,山地风光加民族风情成为贵州旅游的自我定位,也是旅游产业发展的资源依托。近年来,我们认识到山地旅游的市场价值,开展挖掘避暑旅游的气候资源、研学旅游的科普资源。② 贵州正在以美丽风景和美好生活的复合空间吸引海内外游客的到访,为旅游产业化积累了宝贵的资源优势。

过去十年是贵州旅游高速发展的十年,也是资源优势持续转化为市场优势的十年。自2010年起,贵州省旅游一直保持着快速增长的势头(2020年受疫情影响除外),旅游总人数、旅游总消费、国内游客数量、国内总消费、入境人数、入境消费都有明显增长。根据地方旅游行政部门提供的数据:2019年,贵州省旅游总收入为1.23万亿元,同比增长

---

① 贵州省人民政府新闻办公室.多彩贵州[M].贵阳:贵州人民出版社,2002.
② 天眼、大数据、高速公路的高架桥,代表了现代化进程中的贵州,也是新型旅游资源,但是从总体上看,仍然停留在资源输出的前产业化阶段。

30.1%；旅游总人数突破10亿人次，达到11.35亿人次，增长17.21%；入境过夜人数161.31万人次，增长10.07%。"十三五"期间，除2020年受新冠疫情影响外，前四年接待省外游客人次和旅游总收入均保持30%以上的增长速度，旅游及相关产业增加值占全省GDP的比重达到5.59%，高于全国平均水平，旅游业已经成为贵州的支柱产业。

过去十年贵州在高速公路等基础设施、大数据等新基建领域的投资，在完善公共服务和提升治理体系现代化方面的努力，为旅游产业发展奠定了市场基础。"一码游贵州"全域智慧旅游平台覆盖415家A级景区、酒店、文化场馆……创造出了大数据与实体经济深度融合推动传统产业转型的贵州样板。[1]黔南州重磅打造的"中国天眼"景区，培育了"旅游+科技"的新品牌。六盘水这样因煤而生、因煤而兴，也因煤而痛的城市也在转型旅游的过程中为经济发展开辟了一条新路径。六盘水市A级景区从2013年的1个增加到2019年的27个，省级旅游度假区从无到有，达到9家。六盘水夏季旅游接待人数和旅游总收入持续高速增长，旅游业增幅连续7年位居全省前列，正在迈向国际一流避暑度假和山地户外运动目的地。[2]近年来，贵州还以"多彩贵州满意旅游痛客行"活动、"黔菜改革"行动、厕所革命、旅游行业不合理低价游专项整治行动等，全面提升贵州旅游服务质量。贵州还培育了贵州旅游投资集团等一批有影响力的市场主体，转化了文化、科技和数字化新动能，拓展了旅游产业发展新空间。

---

[1] 国家网信办（http：//www.cac.gov.cn/2020-06/14/c_1593685437023158.htm）

[2] 案例参考：天眼新闻（https：//baijiahao.baidu.com/s?id=1678629085382239703&wfr=spider&for=pc）

表1 2010年—2020年贵州省旅游业主要经济指标

年份	旅游总人数（万人次）	同比（%）	旅游总收入（亿元）	同比（%）	国内游客（万人次）	同比（%）	国内旅游收入（亿元）	同比（%）	入境人数（万人次）	同比（%）	旅游外汇收入（亿元）	同比（%）	汇率
2010	12 913	23.70	1061	31.80	12 863	23.70	1053	33.03	50.01	25.20	8.59	17.30	6.82
2011	17 019	31.80	1429	34.68	15 961	31.86	1421	34.95	58.51	17.00	8.78	2.33	6.46
2012	21 401	25.75	1860	30.16	21 331	25.76	1849	30.12	70.5	20.49	10.67	21.53	6.31
2013	26 761	25.05	2371	27.47	26 684	25.09	2358	27.53	77.7	10.21	12.47	16.87	6.19
2014	32 135	20.08	2896	22.14	32 049	20.11	2883	22.26	85.5	10.04	13.32	6.82	6.14
2015	37 630	17.10	3513	21.30	37 536	17.12	3500	21.40	94.09	10.05	12.36	-7.21	6.25
2016	53 148	41.24	5028	43.13	53 038	41.30	5012	43.20	110.19	17.11	15.6	26.21	6.64
2017	74 417	40.02	7117	41.55	74 291	40.07	7098	41.62	126.79	15.06	18.9	21.15	6.75
2018	96 858	30.16	9471	33.08	96 712	30.18	9450	33.14	146.55	15.58	21.5	13.76	6.44
2019	113 527	17.21	12 319	30.07	113 356	17.21	12 296	30.12	161.31	10.07	22.83	6.19	6.89
2020	61 758	-45.6	5790	-53	61 779	-45.5	—	—	11.61	-92.8	—	—	6.89

资料来源：中国旅游研究院（文化和旅游部数据中心）数据分析所根据国家和地方旅游统计数据整理计算。

之所以取得全国瞩目的发展成就，还因为贵州具有促进旅游产业化和高质量发展的制度优势。贵州省委、省政府始终把发展旅游业摆在十分突出的位置，以钉钉子的精神，把旅游发展这张蓝图绘到底。贵州已经连续15年举办全省旅游发展大会，连续5年举办国际山地旅游暨户外运动大会，率先开展旅游资源大普查并高度重视旅游统计和大数据分析工作，奠定了科学决策和统筹规划的工作基础。贵州各级党委和政府高度重视旅游业发展的中长期规划和红色旅游、山地旅游、民族旅游、乡村旅游、避暑旅游等专项规划的编制工作，采取切实有效的措施抓好旅游宣传和市场推广工作。贵州还发起成立了国际山地旅游联盟，成为国际旅游组织的重要一员。与有形的基础设施相比，这些也是为旅游产业化和高质量发展打基础、立长远的制度基础和社会优势。

推进旅游产业化和高质量发展离不开省委的坚强领导和各级政府的科学部署，从近期一系列的会议、文件和讲话来看，贵州旅游产业化已经破题，高质量发展已经在路上了。2021年6月7日，贵州召开全省旅游产业化发展大会，李炳军省长提出了推进旅游产业化和高质量发展的总体要求：坚持以市场为导向、以效益为中心，优化产业发展的组织经营方式，创新投融资方式，延伸旅游产业链条，促进多产业融合发展，加快由扩张数量、规模向提升品质、效益转变，不断把资源优势转化为产业优势、经济优势，奋力实现旅游大提质。围绕上述总体要求，着力实施"四大行动"，即大力实施市场主体培育行动，全面提升旅游产业市场水平；大力实施业态升级行动，更好地满足游客日益多样化的旅游需求；大力实施服务质量提升行动，持续提高游客对贵州旅游的满意度；大力实施盘活闲置低效项目攻坚行动，切实提高旅游产业投入产出效益。思想是行动的先导，贵州各级党委政府把旅游产业化放在更加突出的位置，资金、政策、用地、人才等要素向旅游产业汇集就是水到渠成的事情，我们有理由相信贵州旅游产业必将在"十四五"时期迎来新一轮的跨越式发展。

二、他者审视：游客还有什么不满意？企业有什么投资新要求？

旅游目的地建设是旅游产业发展的基础，更多的游客到访和更高的满意度评价则是旅游目的地建设水平的最直观，也是最有效的观测指标。多年以来，我们习惯以星级旅游饭店、A级旅游景区、国家级旅游度假区、优秀旅游城市、全域旅游示范区等供给要素发力，推动旅游目的地建设，取得了有目共睹的成就。在全面建成小康社会，开启全面建设社会主义现代化国家新征程的今天，大众旅游进入小康旅游新阶段，美丽风景和多彩人文仍然是广大游客的基础需求，但是美好生活已经成为新时代的核心诉求。无论是要素扩张、动能转化、市场主体培育，还是完善基础设施、提升治理水平，都必须把握游客需求、扩大旅游消费，以需求侧管理刺激供给侧改革。为系统把握旅游市场需求和游客诉求，中国旅游研究院（文化和旅游部数据中心）依托国家哲学社会科学重大项目，在原国家旅游局、文化和旅游部的支持下，从2009年起连续50个季度对包括贵阳和遵义在内的全国60座城市进行游客满意度监测[①]。接下来，我们通过历史数据的纵向比较和其他城市的横向比较，来看一看外来游客眼中的贵州，看一看贵州旅游产业化市场基础的努力方向。

从2013年以来的历史数据看，以贵阳和遵义为代表的贵州省游客满意度总体上保持稳中有升、稳中向好的趋势。[②]2018年以前，尽管贵州旅

---

① 以游客满意度为导向，从旅游消费入手，建构国内旅游、入境旅游和出境旅游统筹兼顾、需求侧和供给侧相互促进、宏观调控和微观监管相互协调的旅游经济分析系统，一直都是中国旅游研究院（文化和旅游部数据中心）的学术范式和理论框架。

② 本文涉及的全国和贵州游客满意度数据由中国旅游研究院（文化和旅游部数据中心）数据分析所何琼峰博士的团队提供，特致谢意。

游的市场知名度、游客接待数不断增长，但是游客评价一直在"一般满意"（70~75分）区间，即全国平均线以下徘徊。过去三年时间，贵州的游客满意度有明显增长，稳步进入"满意"（80~85分）区间，进入国内样本城市的第二序列的中等偏上水平。这么长时间跨度的专业监测，成千上万的游客样本，没有任何做工作的可能性，考虑到贵州的基础设施建设和经济社会发展水平，能够取得这样的成就，应当说并不是件容易的事情。

表2 贵阳、遵义游客满意度综合得分（2013—2021年）

城市	2013年	2014年	2015年	2016年	2017年	2018年	2019年	2020年	2021年一季度
贵阳	71.45	72.80	73.47	74.73	73.11	73.53	79.91	80.21	81.81
遵义	70.09	72.89	71.53	68.09	70.65	70.79	76.98	79.01	81.74
全国	74.88	74.10	76.01	75.67	76.01	77.91	80.28	80.95	82.32

表3 贵阳、遵义游客满意度综合排名（2013—2021年）

城市	2013年	2014年	2015年	2016年	2017年	2018年	2019年	2020年	2021年一季度
贵阳	34	36	46	37	37	38	29	33	30
遵义	48	35	53	57	53	54	54	47	33

当然，我们既要从历史数据看到贵州旅游服务质量的长足进步，也要从横向比较中看到进一步的努力空间。那些游客满意度靠前的城市，往往也具有世界范围的城市旅游竞争力和产业影响力。当且仅当游客带来的高水平消费叠加到本地居民的休闲消费之上时，市场基础变得更加稳固和坚

实,分工和专业化推动的产业创新和经济增长才有了现实的可能。① 从这个意义上说,欲实现旅游产业化,必扩大旅游消费;欲扩大旅游消费,必提升游客满意度。换句话说,游客满意度提升是贵州旅游产业化的基础工程,也是现实可行的突破口。

企业是价值的发现者,也是利润的捕获者。没有需求引导的市场、通过交易而增值的资源、要素共享和价值共创的业态、法治化的营商环境,就不会有真正的市场主体,有了也长不大,长大了也留不住。从全国范围来看,旅游市场主体的培育主要有国有资源驱动和国有资产集中、国际品牌导入、大集团战略进入和民营经济创新拉动四种途径。总体而言,国有资源驱动和国有资产集中是各地市场主体发展的主要路径,也是基本模式。主要做法是国家所有和地方管理的山水人文资源,主要是3A级以上旅游景区转移到国有旅游集团的平台上,实现集中管理和专业经营,如黄山旅游、陕西旅游、山西文旅、湖北旅投等。上海、北京、广州、天津等一线城市和区域中心城市,则是政府控股的酒店等住宿资源、旅游汽车等交通资源和餐饮企业合并同类项组建大型旅游集团,首旅集团、锦江国际、岭南国际、天津旅游集团、浙江旅游集团等,这是各地目前旅游企业做大做强的主要路径。有的同志认为这样的旅游集团大而不强,可能导致国进民退,主张市场主体就应该完全交给市场。持这种言论和看法的同志可能对国情和旅情缺乏足够的了解。在国有旅游资源整合的基础上,推动国有旅游资产的专业化经营,相机探索混合所有制改革,是特定约束条件下的最优解。

对于贵州这样经济社会欠发达的西部地区来说,推进旅游产业化和高

---

① 其理论内核即是经济学的斯密定理,市场范围越大,分工与专业化程度越深,反之亦如此。这也是本文在讨论旅游产业化之前要花费如此多的精力研究旅游消费,包括总量、结构、行为和满意度评价的原因之所在。

质量发展，既不能国进民退，也不能国退民进，必须国民共进。如果没有省和市州两级拥有一定规模和影响力的旅游集团，而是坐等央企、外资入黔和本土民营企业、社会资本的创业创新，贵州很大可能就变成上个世纪六十年代夏威夷那样的"旅游飞地"①，容易陷入被低水平增长"锁入（Lock in）"的状态。对于人力、科技、文化和教育等新旧动能尚没有完成现实转换的地区，要想实现旅游产业化的发展目标，不能过于依赖市场这只"看不见的手"，必须理直气壮地发挥政府这只"看得见的手"的积极作用。当然，积极作为并不意味着盲目、冲动和乱作为，要尊重旅游业发展规律。有的省引入大型互联网平台公司强行推进各级各类旅游资源的数字化，导致本土企业失去了成长空间，很多创业团队也因为"大树底下不长草"而消散了。在旅游产业化和高质量发展的过程中，务必要注意培育本地的产业生态体系。要通过产业链条的延展，带动本土创业创新，促进大型旅游企业的现代化建设和中小微旅游企业的数字化转型。发挥规模经济、范围经济和密度经济的优势，把旅游价值链、产业链培育成旅游产业生态体系，以分散灵活的供给去满足碎片化和多样性的需求。

三、理论逻辑：工业化、产业链与产业生态

在经济学理论中，产业化与工业化具有相同或者至少是近似的内涵。发展经济学意义上的工业化（Industrialization）是作为现代经济增长的过程看待的，指国民收入或者地区收入中制造业和第二产业所占比例提高

---

① 1962年东京奥运会后，日本出境旅游进入高速增长期，游客乘坐全日空和日航的飞机到夏威夷休闲度假，住在日资酒店和度假村，吃在日餐厅，去免税店购物，导致夏威夷虽然接待了越来越多的日本游客，但是除了阳光、沙滩和海水等3S资源，资本、技术、品牌和营销渠道均由日资企业控制，事实上成为日本旅游产业的飞地。

了，以及在制造业和第二产业就业的劳动人口的比例随之增加，结果致使国家和地区的人均收入提高的过程。在这个过程中，生产方法、新产品的式样不断变化，进而带来城镇人口、资本形成、新技术应用、消费预算和消费结构的变化。① 纵观不同国家、不同地区、不同领域的工业化过程，都具有资本主导土地和劳动力自然力要素，经由分工与专业化提升生产效率的特征。生产的过程变得迂回了，交易和消费实现的过程变得复杂了，经过初次和二次分配的收入就会有明显的增长。由是观之，很多地方强调自然资源和历史文化资源的丰富性，认为旅游业"投资少、见效快""永远的朝阳产业"，把开发重点放在高等级旅游景区建设，把市场重点放在旅行社带游客买门票的模式，而不是从价值共创、产业链延伸和产业生态培育的角度发展现代旅游业，自然就成了旅游产业化的革命对象。

产业革命（Industrial Revolution）滥觞于十九世纪八十年代，目的是解释工业化的成因并设法找出实现增长的最低限度的关键条件，以帮助那些还没有实现工业化的国家和地区实现不可逆转的经济增长或者"起飞"。② 根据前人的理论探索，产业革命需要持续增加生产性投资、工业体系中出现一个或者几个领先性的部门或者企业、科学技术经过实验室经济阶段而在市场上得以广泛应用，以及营商环境的改善。为此，企业家在全球范围一次又一次地采取"丛生策略"（Cluster Strategy）以获得所有

---

① 参见约翰·伊特韦尔、默里·米尔盖特、彼得·纽曼编《新帕尔格雷夫大辞典》第二卷第 861 页，"工业化"词条。作为面向公众的讲稿，不允许过于掉书袋，所以对词条中的库兹涅茨、门德尔斯等不同经济学家的理论不作进一步的思想史视角下的辨析，而是追求"创造性转述"，以节省精力对新时代的旅游产业化命题宏观建构。

② 同上。对这一领域做出重大理论或者思想贡献者包括历史学家汤因比（Arnold Toynbee）的《产业革命讲稿》、发展经济学家罗斯托（W. W. Rostow）的"起飞"理论，以及管理学家熊彼特（J. A. Schumpeter）的长周期创新理论。

可能的新材料、新技术与新型商业模式。从迪士尼、环球影城、默林等全球性的主题公园品牌创新,以及方特、欢乐谷、长隆野生动物园、海昌海洋公园和银基、建业、融创等本土主题公园的创设来看,资本、技术和文创已经取代了传统的旅游资源,而成为旅游产业化的全新动能。这一现象已经广泛覆盖到室内萌宠乐园、主题酒店和分享住宿、旅行服务等商业形态,以及夜间旅游、休闲街区、度假区等大型商业空间的场景营造和内容创造。事实上,产业革命或者说产业化需要政府的规划和行政的推动,更需要消费市场的扩大、旅游资源和创新要素的市场化。如果那么多的自然资源、文化场所和休闲空间都控制在政府手中,成为不可交易也无法投资的公共资源,国有企业又无力营造一个多元丛生的产业生态,产业革命连星星之火都没有,又何以燎原呢?

具体到旅游产业化,我们或许可以借助价值链(Value Chain)、产业链(Industry Chain)和产业生态(Industry Eco-system)的概念深化理解。如同生产者和消费者可以转化一样,游客就是体验了异国他乡的风景和美好生活再回归惯常环境的居民,居民则是等待下一次出行的游客,这个循环往复的转化过程无缝嵌入了日常生活和经济体系,并形成了纵横交错的价值链条。成为游客之前,居民会通过报纸期刊、广告电视、商业广告和旅行商推广等途径获得目的地信息,经过复杂的选择过程最终确定某个国家、某个省市或者某条线路作为自己的最终选项。围绕这个阶段的需求,目的地推广机构、传媒公司、广告商、会展商、旅行商会发现无数的价值空间,并不断催生业态创新。接下来会选择远程交通工具,比如飞机、高铁、邮轮或者自驾车,需要购票、买旅行保险和金融支付,办理旅行证件和购买旅行装备,以及确定从常住地到航空港或高铁站的交通工具。以游客的身份踏上行程以后,更是会产生中转、休息、餐饮、住宿、购物、体验、求援等众多的需求,并为企业的价值创造带来无尽的价值想象空间。

效率导向的价值创造过程一旦展开,像任何一个节点比如民宿又会产生创意、设计、建筑、推广、销售、质控、财务、人力资源等新的价值链条。酒店行业就是一个典型的外包和众创的行业,投资者、开发商、业主、管理公司各司其职,一些国际酒店集团除了持有品牌和会员体系外,具体的经营管理都是委托第三方进行的。加上客源地、中转地和目的地的商业环境和公共服务系统,就会形成多元异构的旅游产业生态。

在一个散客、自助出行的大众旅游时代,旅游目的地或者旅游经济体之间竞争,早已不是几个高等级景区或者明星企业之间的竞争,而是产业链条、产业集群和产业生态之间的竞争。① 这也是旅游城市转向城市旅游的内在逻辑,一旦从产业化到产业生态的逻辑自洽了,资源型旅游目的地也就没有任何竞争优势了。

四、旅游产业化的实践路径:市场扩容、主体培育与动能转换

党的十九届五中全会公报、《国民经济和社会发展第十四个五年规划和2035年远景目标纲要》和国务院重点规划对旅游业做出了全新的战略部署,明确了加快旅游业发展、推动文化和旅游融合、推进大众旅游和智慧旅游等发展方向,提出了建设一批富有文化底蕴的世界级旅游景区和度假区、打造一批文化特色鲜明的国家级旅游休闲城市和街区、发展红色旅游和乡村旅游等重点任务,要求旅游业在坚持旅游为民,实施旅游带动方面做出更大努力。贵州要主动与国家旅游发展战略和"十四五"规划对标对表,以国家战略指导旅游产业化和高质量发展。

1. 发挥"山地+"的资源优势,以入境市场提质带动国内旅游市场扩容

贵州是欧洲、北美、东亚、东南亚游客入境访问的重要旅游目的地,

---

① 戴斌. 旅游 复苏[M]. 北京:旅游教育出版社,2021:119.

从统计数据上看，外国人的数量远高于港澳同胞和台湾同胞。从规模、结构和历史比较数据来看，贵州都应当也可以将入境市场作为主要着力点，并以此带动周边和国内游客到访。国际旅游发展经验表明，来自发达国家和地区的消费增量，可以加速市场主体发育和产业化进程。

表4 贵州入境接待游客构成及其变化（2010—2019年）

年 份	来黔境外旅游人数（万人次）	外国人（万人次）	港澳同胞（万人次）	台湾同胞（万人次）	平均每人逗留天数（天/人）	平均每人每天消费支出（美元/人天）
2010年	50.01	18.61	13.64	17.76	1.43	171.76
2011年	58.51	23.62	16.91	17.98	1.39	168.68
2012年	70.50	30.42	20.85	19.23	1.43	167.13
2013年	77.70	31.98	22.92	22.80	1.41	181.05
2014年	85.50	35.94	24.55	25.01	1.44	180.65
2015年	94.09	39.83	27.06	27.20	1.51	201.01
2016年	110.19	51.83	29.13	29.24	1.85	189.29
2017年	126.79	64.86	31.00	30.93	2.15	203.11
2018年	146.55	79.57	35.74	31.24	2.08	231.90
2019年	161.31	102.11	24.26	34.94	2.70	181.41

资料来源：中国旅游研究院（文化和旅游部数据中心）数据分析所根据国家和地方旅游统计数据整理计算。

从历史数据看，贵州省旅游外汇收入结构还有进一步优化的空间，长途交通、商品销售、住宿、餐饮占比相对较高，而观光、购物、休闲娱乐、邮电通信、市内交通和其他服务还有进一步增长空间。

表 5 贵州省外汇收入结构及其变化（2010—2019 年）

单位：万美元

年 份	旅游外汇收入	长途交通	游 览	住 宿	餐 饮	商品销售	娱 乐	邮电通信	市内交通	其他服务
2010 年	12 957.88	5001.74	596.06	1399.45	997.76	2410.17	583.10	362.83	220.28	1386.49
2011 年	13 507.18	5200.26	540.29	1701.90	729.39	3241.72	634.84	324.17	108.06	1029.55
2012 年	16 893.60	5084.97	658.85	1756.93	1114.98	4983.61	929.15	439.23	388.55	1537.33
2013 年	20 143.41	5881.90	1087.70	2598.50	1631.60	5398.40	725.20	543.90	745.30	1530.90
2014 年	21 671.20	5981.26	931.86	2383.84	1625.34	5894.57	1516.99	476.77	671.81	2188.79
2015 年	20 111.94	5144.37	1148.28	1594.18	1091.67	6421.88	612.98	616.73	394.65	3087.20
2016 年	25 270.74	6463.61	1442.81	2003.77	1372.06	8068.14	770.68	775.73	495.26	3878.67
2017 年	28 326.58	9381.93	1690.54	2387.49	1565.25	9446.99	848.21	814.98	525.32	1665.87
2018 年	31 762.59	12 962.31	476.44	5740.02	4872.38	2493.36	1013.23	101.64	1191.10	1912.11
2019 年	34 503.00	14 687.93	562.40	7255.98	3771.18	2984.51	1255.91	113.86	1411.17	2460.06

资料来源：中国旅游研究院（文化和旅游部数据中心）数据分析所根据国家和地方旅游统计数据整理计算。

千方百计扩大到访游客特别是入境旅游者的人均消费水平，持续优化旅游消费环境和消费结构，为旅游产业化和高质量发展奠定坚实可靠的市场基础。受新冠疫情影响，入境旅游暂时还处于停顿的状态，但是从发展趋势来看，民族复兴、人民幸福的中国梦正在成为入境旅游发展的新动能，中央将以更大决心、更大力度发展新发展格局下的入境旅游，贵州要提前做好市场推广、线路规划和产品研发方面的准备工作。要以新发展理念、构建新发展格局，加速推进旅游业高质量发展。在过去的一年多时间里，旅游业有效应对了新冠肺炎疫情的冲击，正在从有序复苏走向全面振兴。虽然目前新一轮疫情影响了中远程旅游市场的消费意愿，但旅游业的基本面还是向好的，日渐增长的国民的、大众的旅游消费，将在国内大循环为主体、国内国际双循环相互促进的新发展格局中扮演更加重要的角色，发挥更加积极的作用。

2. 以游客满意为导向，强化文化赋能、科技创新，不断扩大国内游客入黔的人次规模，持续提升国内游客在黔的消费水平

随着我国全面建成小康社会，旅游日益成为人们日常生活的重要组成部分，成为全新的生活方式、学习方式和成长方式。当前，大众旅游已经进入全面发展的新阶段，小康旅游的特征已经很明显了。不仅城镇居民每年多次出游，越来越多的农村居民也成为旅游大军的一分子。旅游发展的成果进一步为广大人民群众所共享，初步实现了旅游权利普及化、国民休闲均等化，老百姓有得游、玩得起，旅游需求呈现出品质化、多样性的新特点，红色旅游、乡村旅游、研学旅行、避暑旅游、康养旅游等新需求带动的新业态也获得了快速发展。

2018年以来，本着"宜融则融，能融尽融，以文塑旅、以旅彰文"的工作方针，文化和旅游系统持续推进机构改革，完善体制机制，旅游行业在产品创新、服务创新、业态创新和市场创新等方面稳步推动融合发展，取得了有目共睹的成绩。各类旅游企业注重强化与文化、教育和科研机构的战略合作，形成了一批兼具文化内涵和服务品质的旅游产品。在各方共同努力下，旅游演艺、特色小镇、夜间经济、文创商品、数字文旅等业态获得了快速发展。无论是传统的山水实景演出，还是现在的沉浸式演出；无论是夜间旅游，还是非遗活化，文化和旅游融合发展都已经从概念导入成功走向了商业实践，不断拓展了旅游产业化的成长空间。在文化强国的建设进程中，文化和旅游融合发展的方向将会更加明确，空间将更加广阔。

随着数字产业化和产业数字化蓬勃发展，数字经济已经成为我国经济社会发展的新引擎，科技成为旅游产业化和高质量发展不可或缺的全新动能。随着疫情防控常态化，预约旅游也随之成为常态，"云旅游"得到了更大范围的消费认同，互联网线下场景化成为科技创新和旅游投资的新共识。近年来，贵州大力发展数据产业，但是如何让大数据从抽象的概念和基础工程成为游客可以消费的产品，如何让数字化真正赋能旅游产业，客观地讲，我们还没有真正地破题。

3. 多措并举，促进旅游市场主体发育、成长、壮大

很多国有旅游市场主体还是以资源、宾馆等资源依托型为主，不少是政府派出机构和事业单位转制而来，有企业之名而无企业之实，这种局面必须给予充分的重视，并以务实的举措加以改进。旅游产业化的市场主体既要重视外部引进，更要重视本土培养。我注意到省政府很关注中国旅游研究院发布的"中国旅游集团20强"，提出了"今年，每个市（州）至少要引进一家全国涉旅百强企业"的目标。我们出去招商，企业来黔投资，当然看党委和政府重视不重视，更会看当地的营商环境和市场前景，尤其是产业生态体系的发育、传统要素的积聚和新动能的应用程度。外地企业来了主要跟谁谈，还是要找本地的企业，企业家和企业家的共同话题比企

业家和政府之间的话题更多。因此，除了政府的文化、旅游和招商部门，还要充分发挥国资委、工商联、旅游商会协会、外地的贵州商会的作用，他们会用彼此听得懂的语言讲述彼此感兴趣的故事。很多时候，以商招商要比以政招商更有效、更持久。

"所当乘者势也，不可失者时也。"今天的旅游产业体系和发展格局正在发生急剧的变革，无论招商引资，还是本土企业的培育，都要树立大旅游、新格局的视野。在连接旅游供给和消费的过程中，传统的概念是旅行社，所以我们要引入百强旅行社。后来携程、去哪儿、驴妈妈起来了，马蜂窝、小红书起来了，现在美团、抖音、快手也成为链接外来游客和本地生活最为活跃的平台了。如果我们还是延续传统旅行社，而不是现代旅行服务商的视角，就可能无法理解旅游价值链、产业链和现代化的问题。更多自由行的游客来到贵州，要吃、要住、要玩，要体验本地风情，分享本地生活，只靠传统的星级饭店、A级景区、定点餐饮和定点购物是无法实现的。怎么办？住的需求得靠星级饭店、经济型酒店、乡村民宿、分享住宿等广义旅游住宿业加以满足，这些年成长起来的新型市场主体，如家、汉庭、七天、亚朵、东呈、途家、斯维登等，并不是星级酒店，但是旅游住宿业。就是高端酒店，也不再是四季、凯悦、喜来登等国际品牌的天下，开元酒店以森泊、芳草地等新品牌已经进入度假酒店的第一方阵，浙江西塘的良壤度假酒店也是艺术、商业与地方文化结合的样本。

4.培育产业新要素，拓展旅游产业发展新空间

如果说山水文化资源是地方旅游发展的名牌，那么走出贵州的企业，特别是客源地居民日常消费的可以感知的项目则是旅游产业的名片。可以说，日常生活孕育着旅游产业化的新要素和新动能。还是回到游客视角，2021年第一季度的游客网络评论的分项数据显示，贵阳和遵义两座城市的居民态度、推荐度、餐饮、交通评价还是比较高的，但是住宿、休闲、购物等典型旅游业态的满意度和目的地形象、旅游行业管理仍有提升空间。

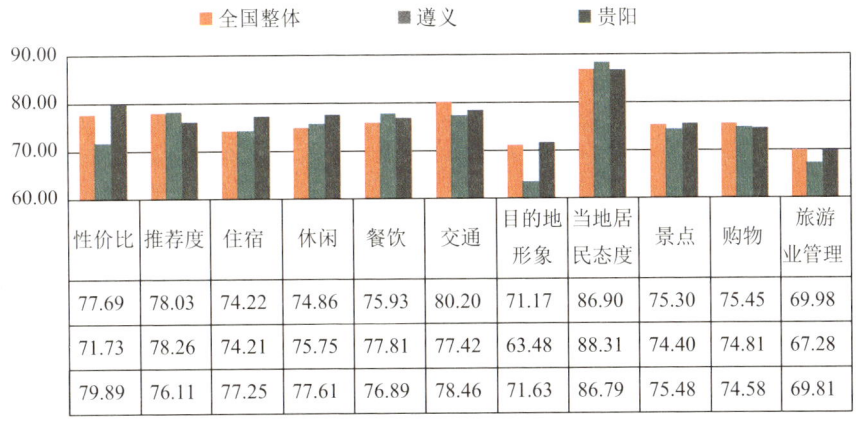

	性价比	推荐度	住宿	休闲	餐饮	交通	目的地形象	当地居民态度	景点	购物	旅游业管理
全国整体	77.69	78.03	74.22	74.86	75.93	80.20	71.17	86.90	75.30	75.45	69.98
遵义	71.73	78.26	74.21	75.75	77.81	77.42	63.48	88.31	74.40	74.81	67.28
贵阳	79.89	76.11	77.25	77.61	76.89	78.46	71.63	86.79	75.48	74.58	69.81

图1 贵阳、遵义与全国游客网评满意度分项比较（2021年第一季度）

在自然资源和历史文化资源存量既定的前提下，旅游产业化发展水平主要是由主客共享的商业形态所决定的。大型主题公园、公共文化场馆、商业演艺项目、创意休闲空间，正在与传统的A级景区共同构成游客当地玩乐的新场景和主客共享的美好生活新空间。各级党委和政府特别是主要旅游城市的领导者，要积极引导本地的公共文化和商业休闲场所向游客开放，把外来游客的增量消费叠加到本地市场的高频存量消费上去，以市场空间吸引社会投资，以商业环境促进市场主体的创业创新。

旅游产业化和高质量发展，既要外地游客走进来，也要本地企业走出去。不少北京人因为五道口的黔稻道、德胜门的胡同四十四号、中关村的二贵、蓝色港湾的笋笋、回龙观的三江芦苇荡等特色门店的酸汤鱼，还有贵州大厦的红油米豆腐、中关村赶场子店的毕节包浆小豆腐、泉味道的带皮牛肉和丝娃娃而爱上黔菜，并对贵州心向往之。相对于央视的形象宣传片和旅游交易会上字正腔圆的推广文字，这些有触感、可记忆的消费场景才是旅游目的地形象建构和旅游产业化发展的牢固基石。

"论旅游产业化的理论内涵与发展路径"专题讲座
2021年9月15日于贵州省政协办公楼议政厅

冰雪旅游是现代产业,更是当代生活

尊敬的哈尔滨市委王兆力书记,
尊敬的黑龙江省委宣传部贾玉梅部长,
各位嘉宾,朋友们:

今年论坛将发布两项特别有意思的研究成果:十大冰雪经典和十大冰雪时尚。在我的心目中,前者是充满敬意地回望祖辈先民的历史,后者是满怀喜悦地注视着年轻人的未来。

我们的祖辈先民在冰上留下了冬季生产场景。吉林查干湖和黑龙江杜尔伯特为代表的冬捕,穿林海、渡雪原的冬猎,阿勒泰史上最早的兽毛皮滑雪板,传承了北方的冬季生产生活方式,解决了食材来源问题。哈尔滨的采冰、松花江和黄河中的开冰,表示了特定节气的来临和劳动的开始。历史上,这些项目并不是休闲活动和旅游项目,而是严酷的自然环境下的生存挑战,绝大多数今天可以称为文化遗产的冰上项目,是吾土吾民的生活记忆。当然,除了劳作的艰辛,也有很多温暖的记忆。每当冬季来临,祖国各地冰封的江河湖泊随处可见男女老少溜冰的身影,随时可闻大人小孩欢快的笑声。小方凳下面加几条铁丝,拿根铁棍甚至树枝就土法上冰了。一进入数九寒天,北京什刹海就成了冰上民俗画卷。各地少年儿童放学回家在冰上哗啦啦滚动的铁环,让无数人的心中留下了无忧无虑的终生念想。

我们的祖辈先民在雪中镌刻了风雅多姿的记忆。千里冰封、万里雪飘的景象,激起一代伟人"数风流人物,还看今朝"的豪情,不由得让人纵情高歌"我爱你,塞北的雪"。楼船夜雪、瓜州古渡,胡天八月即飞起的雪,激起了多少仁人志士抗敌报国的雄心。送别董大、天下识君的那场雪,断桥残雪、湖心亭看雪,还有诗人徐志摩在西湖边写下的《梅雪争春》,已成中华文脉的山川溪流和挥之不去的乡愁记忆。白居易的那首"绿蚁新醅酒,红泥小火炉。晚来天欲雪,能饮一杯无?"早已成为众多夜归之人的温情记忆和前行力量。

面对厚重又风雅的历史,我们需要保持必要的敬意。冬捕冬猎、冰上宿营不是哪个人策划的结果,也不是晒朋友圈的凡尔赛文学,它们是承载祖辈先民一路走来的文化遗产,更是中华民族五千年生生不息的历史记忆。全面建成小康社会的今天,冰雪旅游不再只是去雪地上撒点儿野那么简单,而是要让国民在旅程中领悟文化之美,增强文化自信。无论是目的地形象宣传、旅游线路设计,还是具体的项目策划和产品设计,都在系统整理并深入研究当地的历史文脉,培育一批文化底蕴深厚、文化特色鲜明的冰雪旅游目的地、冰雪旅游线路和人民群众喜闻乐见的冰雪旅游产品。在三亿人上冰雪、十四亿人迎冬奥的今天,冰雪休闲也不再只是移植欧洲北美的高山滑雪和冰上运动那么小众,而是要发展更加广泛的群众体育和国民休闲,不断增强人民对美好生活的获得感和满意度。三亿人上冰雪,关键是"上",要想方设法降低有关项目的技术门槛和价格门槛,先解决老百姓"有没有""缺不缺"的问题,再解决"好不好""精不精"的问题。

无论我们愿意不愿意,时代总要进步的,日子总要向前的。工业革命对小亚细亚生产方式的冲击,科技创新对生产生活方式的影响,都是不可避免的。今天的人们不再需要于刺骨的风中砸冰下网,不再需要冒着生命的危险去打猎,不再需要住撮箩子、木刻楞,穿鱼皮衣服以标记自己的民族符号。我们会回顾过去，但是不可能回到过去；我们会展望未来，也会创造生活。从这个意义上讲，冰雪旅游是新发展阶段的当代生活，也是新发展格局中的现代产业。

年轻人正在培育属于他们的冰雪世界。在观看和参与体育赛事的过程中，在出国旅游对冰雪休闲项目的实地体验中，充满生机和活力且有较高支付能力的年轻人，很快就融入高山滑雪、冰上速滑、冰上舞蹈、雪地温泉等项目。正是由于受众群体而非竞技体育群体的扩大，加速了现代冰雪项目在中国的落地。奥运会不仅是半个月的赛事，更是因为圣火采集与传递、开幕式、文艺创作、学术研讨，以及大众传媒的介入，让"更快、更高、更强"的奥运精神在世界各地得到广泛的传播。依然记得多年前中央电视台体育频道播放的一档春节特别节目《人活天地间》……对生命极限的挑战和生活自由的向往，让成千上万的人因此而走上了冰雪。这是一个年轻人主导的观念输入、概念导入和市场扩散的过程，也是一个地方政府跟进、投资机构和市场主体广泛参与的过程。一旦人民群众的积极性调动了起来，就没有创造不了的人间奇迹。我们看到一批融合传统与现代、科技与艺术、表演与参与的新型冰雪休闲项目被创造了出来，漠河找北、雪中摇滚、高山温泉，以其活力、时尚和动感赢得了年轻人的喜爱，形塑了冰雪旅游的未来。

年轻人正在创造面向未来的冰雪文化。从元旦假日冰雪旅游的市场数据来看，散客、自助和自驾成为主流的旅游方式。不愿意被定义的个性化需求不仅具有市场意义和商业价值，对文化传承与创造而言，也是一支不可忽视的力量。年轻人痴迷于科技和艺术，喜欢一些新潮而时尚的事物，高山滑雪、雪地摩托车、冰上越野、雪中摇滚、无人机、灯光秀、炫丽的北极光、夜间休闲、电子竞技等项目都在小众的市场上自由地生长。年轻人也注重家庭和亲情的守护，亲子、研学、老年旅游与冰雪的结合，让大众旅游和智慧旅游有了更多的想象空间。不用担心后浪在创新的道路上走得太远,总想着用前浪的生命轨迹和人生经验去手把手地示范。须知,没有经历的人生是不完整的,没有探索的未来是没有想象空间的。前年在挪威冬奥滑雪场访问的时候,有个场景给我留下了深刻的印象:学龄前儿童腰上系了带子由父亲牵引着,在雪道上蹒跚前行,经常跌倒在地,父亲前行两步拎着后领起来立于滑板上,继续前行。那一刻,我开始重新思考冰雪旅游是什么,是永远争第一的竞技运动吗?是阶层向上流动的标签吗?都不是。对人类而言,冰雪是长存的生活方式,是家庭和亲情,是爱与和平。

冰雪旅游满足了全面小康社会人民的美好生活新期待。为迎接明年的冬奥会,实现三亿人上冰雪的目标,我们要创造更多的项目,营造更多的场景,让国民大众更为方便地接触冰雪,了解冰雪,爱上冰雪。早些年,奥运冠军叶乔波在北京开设的滑雪场让市民在家门口就可以享受上冰雪的乐趣,培育了现代冰雪运动的参与者和爱好者。自那时起,方兴未艾的亚布力、长白山、崇礼、牙克石、新疆等地的滑雪场,构成了当代冰雪运动、冰雪休闲和冰雪旅游的空间格局。在地方政府文化、体育和旅游部门的共同努力下,哈尔滨冰雪节、长春瓦萨滑雪节已然成为经济效益和社会效益双赢的冰雪消费季。让更大范围的城乡居民走上冰雪,参与冰雪,有利于市民和游客了解山河壮丽、四季缤纷的祖国,热爱历史悠久、人文昌盛的祖国,有利于人民生活水平的提高和综合素质的全面提升。新中国成立后很长一个时期,群众体育工作的指导思想是,发展体育运动,增强人民体质。培育人民群众的冰雪意识和运动精神,增强人民群众对冰雪旅游的参与度和获得感,进而促进人的全面发展和社会文明的提升,将是一个长期的普及提高的过程。

冰雪旅游蕴含了现代文化产业体系和现代旅游业体系的新要素。无论

旅游&信心·中国故事

二十世纪八十年代的入境旅游，还是二十一世纪的国民旅游，在大众旅游的早期阶段主要依托自然资源和历史人文资源。哈尔滨冰雕、吉林雾凇、雪乡蘑菇屋、冰雪那达慕，以及各地星罗棋布的民居、民俗都成为吸引海外游客到访的独特资源。很多来自南方的游客到了黑龙江，一下车就撒欢打滚啊。随着全面小康社会的建成，大众旅游进入新发展阶段，只靠传统的资源就有些力不从心了，必须导入新要素、新动能，才能满足新需求，升级传统产业。冰雪旅游消费的扩容与升级，为现代旅游产业体系的完善和产业链的延展提供了看得见摸得着的市场基础。我们看到新的演艺项目融进来了，甘肃飞天舞团的室外演出已经成为兰州冬季旅游的靓丽风景。我们看到市场主体扩大了，调查表明，全国以冰雪旅游休闲为主营业务的企业已有6600家，而且每年都在以两位数持续增长。作为异地生活方式的冰雪休闲和冰雪旅游，需要滑雪板、滑雪服、护目镜等装具装备，需要越野车、服务区、度假地的建设，也需要安全救援、交通运输等新型服务的配套。就在这个冰雪季，很多从北京去崇礼滑雪的游客，由于高铁车厢不能放置装具而不得不放弃行程。做好冰雪旅游需求侧的管理，加强冰雪旅游供给侧的改革，将有利于巩固国内旅游人市场为主体、国际国内旅游市场双循环相互促进的新格局。从现在起就要系统研究冰雪旅游市场的增长潜力和消费需求，系统谋划北京和张家口冬奥会承办地比赛场馆的赛后利用问题。这个是世界性的难题，突破口在于激发本地休闲和外来游客的双重需求，以此推进建设城市化进程中的主客共享美好生活新空间。

冰雪旅游培育了科技创新体系和融合发展必不可少的新场景。在这次专题调查的过程中，旅游经济重点实验室的研究团队告诉了一个很有意思的数据——参与答题和填写问卷最多的省份是广东。这再次验证了之前的猜想：冰雪旅游的自然资源集中在东北、华北和西北，而冰雪旅游的客源市场则在华南、华中和华东。从广州、郑州银基国际旅游度假区的室内冰雪项目来看，传统观念里没有什么资源的城市消费潜力反而最大。这些大型冰雪休闲项目的研发、设计、建造和运营，需要制冷等高端装备制造、集成和控制技术，需要水资源、环境保护和安全防控等领域的技术创新，需要沉浸式演出的舞台装置、光影技术和表演艺术的结合。市场主导的消费场景创新和商业驱动的休闲空间创造，为航空航天、深海探潜、自动化、生命科学、极地科学等领域的成果转化提供了广泛的应用空间。

从冰雪旅游正当时，到向上的奥运和向下的市场，再到生活方式的普及和现代产业体系的构建，三亿人上冰雪的梦想已经照进了十四亿人全面小康社会的现实。让我们团结在大众旅游的旗帜下，在智慧旅游的道路上，把冰雪旅游推向健康、人文和可持续发展的未来！

中国冰雪旅游论坛主题演讲

2021年1月5日于北京

书生意气的研学　家国天下的旅行

在终身教育体系中，无论是常识的获得，还是价值观和人格的建立，相对于制式教育，家庭、社会和自然都比我们想象的要重要得多。青少年时代所阅读的书、所体验的文化，以及旅行中所接触的人和事，对个体综合素质的提升无疑具有"扣好第一粒扣子"的重要作用。国内外讨论研学旅行的意义也多是从个体着眼，从课程、服务的标准化和组织、制度的正规化入手。问题是如果一开始就陷入个体的视角，很可能沦为"家长争名、商家争利"的境地；如果在意义和价值观没有建构之前就强调标准和规范，则可能出现"部门争权、机构逐利"的现象。尚处于起步阶段的研学旅行市场已经出现了争名、争利、争权的迹象和苗头了，国家有必要对此给予足够的重视，并从发展理论和指导思想上确保研学旅行从一开始就沿着正确的方向前行。从全球范围来看，凡是研学旅行做得好的国家和地区虽然都会把中小学生作为重点人群，但是都以构建国民终身教育体系为导向。全面建成小康社会的中国，全面开启社会主义现代化国家建设新征程的中国，必须坚持有中国特色的新时代研学旅行指导思想：以青少年群体为重点，构建全体国民的终身研学体系；既不能游而不学，把研学旅游变成观光旅游，也不能学而不游，简单地把课堂教学场景搬到校园之外；既要强调研学参与者的科学精神、环境保护和公民意识，更要涵养广大青少年家国天下的大格局、大情怀。

一、在地研学是传承中华民族传统文化和提升国民素质的场景支撑

读万卷书,行万里路,自古以来就是中华民族的优良传统。这里有个顺序,就是读万卷书在先,行万里路在后。无论是九年义务教育还是高等教育,都是人才培养、知识传承和文化创造的主渠道。有了制式教育的基础,研学旅行才可能行稳致远,并在知识验证、视野拓展、体魄强健和社会交往能力提升等方面获得不同程度的精进。如果基础教育的底子不扎实,却寄希望于各种各样的课外班和移动课堂去弥补,只能是极不现实的幻想。

全面建成小康社会以后,我国全面开启社会主义现代化国家建设新征程,特别是新型城镇化和乡村振兴推动了基础设施的完善和公共文化事业的发展,进而构建了城乡居民的社会教育的基础支撑。据文化和旅游部统计公报:2020年,全国共有公共图书馆3212个,阅览室座席数126.47万个,图书总藏量11.79亿册;共有博物馆5452个,美术馆618个,文物藏品5089万件(套);共有国家级非遗代表性项目1372项;共建成村级综合性文化服务中心575 384个。[①] 如此丰富又近在咫尺的文化、艺术和科技场馆,过去想也不敢想啊!现在的年轻人不仅可以在青青校园从白发先生那里系统学习知识,也可以在图书馆安静地阅读,可以在博物馆里与文物面对面对话,或者是徜徉于美术馆的画廊中,让书卷气不知不觉沾于衣角之上,融入举止之间。还有越来越多的少年儿童在老师的带领下,在家长的陪伴下,去科技馆接受物理、化学、天文、地理、工程等科学知识的启蒙,去植物园、动物园、园艺馆、海洋馆感受生物多样性,一颗颗科学的种子就这样埋下了。

---

① 《2020年文化和旅游发展统计公报》,见文化和旅游部官方网站。

过去我们一说旅游，就是乘飞机、坐火车或者自驾远行，到很远很远的地方去看山看水看风景，近处无风景嘛。新冠疫情让我们放缓了步伐，开始领略身边的美丽风景，参与本地的文化活动，重新发现日常生活的美好。从数据上看，旅游业承受了一半以上的损失，但是从长期来看有利于高速度增长转向高质量发展。不要一说高质量发展就认为是供给侧的事情，没有高素质的游客，就是有了高品质的产品和服务，也不可能持久。每至节假日，都会有各种不文明旅游行为引发舆情，"黑名单"制度也不能禁止，不由得令人感叹：不是游客不文明，而是不文明的人出来旅游了。游客教育说到底还是国民教育，如果出来旅游之前通过义务教育和当地的文化参与，养成遵纪守法和尊重公序良俗的习惯，那么不文明旅游的行为一定会少之又少。从这个意义上讲，好的旅游并不是与生俱来的，而是需要学习的。

希望各地的文化、艺术、文物、教育、科技部门在场馆建设、空间营造、藏品收集和专题展陈的同时，能够进一步扩大对城乡居民，特别是对中小学生群体的宣传推广，吸引更多的观众进场，把社区、村镇和城市培育成社会教育的大课堂。在城市更新和乡村振兴的进程中，把更多空间留给公共文化、公共艺术和公共体育，让艺术重归生活，让艺术真正地属于人民。希望老师和家长多陪孩子们去这些地方学习知识、感受科技、感悟文明，让孩子们从小就有了文化自信，任何时候都能感受文化之美。根据文旅融合、主客共享的理论，这样的社会教育空间一旦建立起来，这样的文化氛围一旦培育起来，自然就会吸引异国他乡的游客到访，并通过口碑相传和市场培育而成为高品质的研学旅行目的地。

二、外出旅行是培养国家认同和人类命运共同体意识的现实路径

正如毛泽东同志在《人的正确思想是从哪里来的》文中所言，人的认

识过程包括"由客观物质到主观精神的阶段,由存在到思想的阶段",以及"由精神到物质的阶段,由思想到存在的阶段",这就是把第一个阶段得到的认识放到社会实践中去,看这些理论、政策、计划、办法等是否能够得到预期的成功。家国情怀、国家认同和人类命运共同体意识,当然需要阅读思考、课堂教育和系统宣传,更需要我们走出家庭与学校,与山川河流对话,与历史人文互视,让中华民族的优秀传统文化和精神谱系渗透到灵魂里。纸上得来终觉浅,绝知此事要躬行。不到西北,不知中国疆域之大;不到西南,不知中华民族文化之多元;不到华东华南,对新中国城市和乡村的经济社会发展成就不会有发自内心的自豪感,对新时代的民族复兴和人民幸福的中国梦没有感同身受,也不会有真正意义的家国情怀和人类共同体意识的自觉认同。人们在游历过程中不仅可以验证既有的知识,还会创造全新的文化现象和时代思想。

西方的"大游学(Grand Tour)",中国古代的科举考试,都伴随着读书人的远程游历,可以视为研学旅行的萌芽。"槐花黄,举子忙",忙什么?忙着去省城、京城赶考,忙着各种长途旅行的准备。在工业革命之前,旅行和旅游无论对谁都要郑重其事地准备,说走就走的旅行是智能通信技术广泛普及以后的事情了。无论是"三十功名尘与土,八千里路云和月",还是"到中流击水,浪遏飞舟",没有经历风霜洗礼,是写不出大块文章的,搞不好还会成为精致的利己主义者。新时代的研学旅行,要学习和传承中华民族五千年文化演化进程中积累的优秀传统文化,也要赓续红色血脉,弘扬红色文化,还要学习和研究承载民族复兴和人民幸福中国梦的社会主义先进文化。事实上,支撑说走就走的旅行的基础设施、公共服务和商业环境,本身就是科技进步和商业创新的结果,就是研学旅行的重要内容。特别是城市旅游,更是分分钟都离不开科技进步和文化创意。"运用大数据、云计算、区块链、人工智能等前沿技术推动城市管理手段、管理模式、管理理念创新,从数字化到智能化再到智慧化,让城市更聪明一些,更智慧一些,是推动城市治理体系和治理能力现代化的必由之路,前景广阔"。① 一个更聪明、更智慧的城市本身就是当代研学旅行的场景空间,也是内容支撑。

习近平总书记寄语青年人,"未来属于青年,希望寄予青年。新时代的中国青年要以实现中华民族伟大复兴为己任,增强做中国人的志气、骨气、底气,不负时代,不负韶华,不负党和人民的殷切希望"。② 要实现这个目标,广大青少年就要努力学习,就要在壮游和研习中建构家国天下的大格局、大情怀和大视野,而不只是小时代、小确定和小欢喜。少先队员、共青团员们,要知一个从黄山到黄河,山河壮丽的中国;爱一个从诗经到红楼,风雅多姿的中国;知一个从积贫积弱到全面小康,自强不息的中国;爱一个从广场舞到说唱新时代,人民幸福的中国;知一个从嫦娥到天眼,仰望星空的中国;爱一个从"一带一路"到人类命运共同体,和平发展的中国。

三、研学旅行的价值取向必须是,也只能是促进人的全面发展

研学旅行要充分利用红色资源和中华优秀传统文化,在研学旅行中感悟文化之美,增加文化自信,培育青少年群体的家国情怀,持续提升国民的综合素质。新时代研学旅行必须坚持国之大者的战略导向,万不可只是将其当作一门生意来做,也不可任由资本的意志和市场的力量把研学旅行导入无锚之境。从中国旅游研究院研学旅行课题组的专项调研来看,多数业者认为研学需要在特定的空间展开,并为此建设了数量众多的基地和营

---

① 2020年3月31日,习近平总书记考察浙江杭州城市大脑运营指挥中心时的讲话。
② 习近平总书记在庆祝中国共产党成立100周年大会上的讲话。

地，还出台了一些团体和企业标准。① 正如教育家叶圣陶先生所言："善读未写书，不守图书馆。天地阅览室，万物皆书卷。"从人的全面发展出发，万物皆可研学。从城市到乡村、从工厂到学校、从戏剧场到菜市场，祖国的每一寸土地、每一秒时光，都可以成为研学旅行的时空场景。需要指出的是，正如大众旅游越来越趋于散客、自助、个性和品质一样，研学旅行的非团队化和非标准化也是清晰可见的趋势。

研学旅行要充分利用当代文化、科技和教育资源，让外来游客尤其是散客和亲子旅游者能够自然而然地融入本地的品质生活，并有更多的机会与本地人交往和互动。杭州市文化广电旅游局从2019年开始建设"杭州书房"，目前已经建成68家，今年更是推出了"书房+景点"的服务模式。它们可能是传统文化的阅读空间，如虎跑公园内的梦泉书院在茶香中传播宋韵文化；也可能是年轻人的社交和成长空间，如隐士音乐书房在咖啡氤氲的氛围中成为高新企业园区就业和创业的年轻人的精神家园。四季文旅推进城市文化会客厅而建立四季美术馆，中央美术学院的教授将书法写进了北京三源里菜市场。这些依托公共文化资源，面向市民和游客的高颜值的城市书房，几乎全部成为主客共享的网红阅读打卡地。② 我们不能只盯着文化遗址、博物馆、美术馆、非物质文化遗产、历史文化街区，也不能只盯着科技馆和名师大家的授课。对于研学旅行的组织者和参与者来说，那些与城乡居民生活息息相关的文化、艺术和科普同样是城市研学的重要内容。

研学旅行要重视国际市场的开发，大力发展入境研学旅行，也要重视出境研学旅行，以拓展国民的全球视野。这涉及海外游客来华研学和中国游客出境研学两个方面，政府要有规划，业界要有布局，国家要有协调推

---

① 张杨、柴焰等，《中国研学旅行发展报告2021》，2021年11月于绍兴发布。
② 潘卓盈.想开一家书房吗？我们帮你圆梦！[N].都市快报，2021-07-09（1）.

进。讲故事是国际传播的最佳方式，从底层逻辑开始包装，探索建立中式叙事体系，可以从小众影视作品和社交平台着手，以受众有感和易接受的方式打开青少年细分市场。从渠道来说，从 AMC 为代表的电影院线到网飞（Netflix）、HBO 等主流媒体，都是入境研学的内容创新和市场推广的重要渠道。与旅游业一样，国际广告和传媒业的市场结构和竞争格局已经发生了革命性的改变，再也回不去电影院独大的年代了。我们希望世界各国各地区的人民多来中国研学旅行，也愿意推动有条件的人群，特别是大学生和研究生多出去看看外面的世界。从目前的情况来看，MBA、MTA、MPA 等专业硕士培养，对海内外的"移动课堂"都是很重视的。在三个月前的荷兰驻华大使馆的中欧旅游研讨会上聊起艺术家梵高，我说他是荷兰的，也是法国的，更是属于全人类的，所有的自然和文化遗产都可以作如是观。中国是世界的一部分，我们应以更加开放包容的心态，借鉴和吸纳人类文明的一切先进成果，也要为人类、文明的发展做出中国的贡献。

"走读浙江"系列主题推广活动启动仪式
暨中国研学旅行报告绍兴发布研讨
2021 年 11 月 8 日

大湾区旅游的未来与学术共同体的责任

尊敬的澳门旅游局副局长许耀明先生，
尊敬的澳门旅游学院副院长罗曼仪女士，
各位学界同仁，
上午好！

在国家战略的推动下，粤港澳大湾区正在进入发展提速期，内地、香港与澳门各界对此给予了高度关注。旅游在大湾区城市群的经济发展、文化交流和科技创新中应当，也可以扮演更加重要的角色，发挥更加积极的作用。澳门旅游学院联合香港理工大学、中山大学，发起大湾区旅游研究论坛并轮流举办年度活动，体现了学界的责任与担当。

一、粤港澳大湾区是国家经济社会发展的战略所系，也是旅游业高质量发展的使命所在

湾区既是世界经济强国的重要引擎，也是国际旅游消费中心，更是国家经济社会创新发展的增长极。全球60%的经济总量、75%的大城市、70%的工业资本和人口集聚在距海岸100公里的范围内。美国纽约湾区作为世界金融中枢，人口与制造业产值占美国的20%和30%。东京湾区汇聚了日本三分之一的人口、三分之二的经济总量和四分之三的工业产值。旧金山、悉尼、伦敦等湾区每年吸引大量的商务、会议、展览、奖励、休闲和研学游客，到访游客为其经济增长、社会就业和多元文化生长做出了

不可替代的贡献。湾区首位城市还将所吸纳的数以亿计国际国内客流辐射至周边地区，具有明显的客流溢出和消费拉升效应。

粤港澳大湾区建设，是习近平总书记亲自谋划、亲自部署、亲自推动的重大国家战略。"一个国家、两种制度、三个关税区、三种货币"框架中的湾区建设，开世界未有之先例。《粤港澳大湾区发展规划纲要》发布以来，大湾区城市群不断加快硬连接、软连通，不断探索区域协调发展新机制新路径，不断向制度创新和改革开放新高地迈进，不断丰富"一国两制"内涵。今年9月出台的《横琴粤澳深度合作区建设总体方案》和《全面深化前海深港现代服务业合作区改革开放方案》，是中央推动新时代"一国两制"实践的重大部署，为大湾区建设发展注入了强大动能。截至今年7月，前海和横琴累计推出1200多项制度创新成果和改革创新措施，超过60项在全国复制推广。[1] 随着港珠澳大桥、广深港高铁等标志性工程建成通车，覆盖11个城市的立体交通网络越织越密，基本形成了"一小时生活圈"，对于大湾区的人员自由往来、更多的国际游客到访和旅游业发展提供了前所未有的战略空间。

在这片5.6万平方公里、8000多万人口的土地上，2020年创造了超过11万亿的经济总量。大湾区的香港、澳门、广州、深圳、珠海、东莞、中山等城市国际知名度高、可进入性强，基础设施和公共服务体系完善，特别是商业环境、法治环境、市民素质和生活品质等都市旅游的核心吸引力强，完全有可能成为世界级旅游目的地集群。当前和今后一个时期，持续扩大香港、澳门与内地的旅游交流和产业合作，是国家发展战略所系，也是粤港澳旅游发展的使命所在。如何满足大湾区城乡居民的不断增长的旅

---

[1] 新华社广州2021年10月21日电，《湾区立南海，当惊世界殊——习近平总书记谋划推动粤港澳大湾区建设谱写"一国两制"新篇章》，记者徐金鹏、吴涛、苏万明。转引自国家发改委官方网站。

游休闲需求，如何吸引更多的区域外特别是国际游客的到访，如何用好文化创意、科技创新和大众创业推进旅游业高质量发展，是各级政府、产业界和学术界必须回答的现实课题。

二、旅游合作在粤港澳大湾区建设和城市群融合发展进程中将发挥愈发重要的促进作用

旅游交流合作与基础设施的互联互通、公共服务的相互促进，共同构成大湾区城市群融合发展的基础架构。粤港澳大湾区拥有辐射全球的海港与空港群、联通全国的高速铁路和高速公路网络，以及便利内部通联的港珠澳大桥与城市轨道交通。立体化的快速交通网络为大规模的游客集散奠定了基础。疫情前的大湾区城市群每年吸引国际游客3200多万人次[1]，区域内互访游客规模达1.6亿人次[2]。游客的空间移动及其所带动的消费需求叠加和产业要素转移，也为基础设施的建设与利用提供了显而易见的需求空间。在中央统筹和特区与地方政府的重视下，旅游业在大湾区发展体系中的战略摆位也在日渐提升。香港特别行政区行政长官林郑月娥10月6日在特区立法会发表施政报告，将实施《北部都会区发展策略》，明确提出要加快构建包括大鹏湾/印洲塘生态康乐旅游圈在内的"双城三圈"发展格局，以促进香港与内地的密切合作。[3]

旅游往来促进了内地与港澳居民之间的文化交流、协同创新和青少年

---

[1] 2016年广东省主要城市接待国际游客845万人次（广东省旅游局统计数据），香港接待国际游客1388万人次（香港旅游发展局统计数据），澳门接待国际游客1050万人次（澳门旅游局统计数据）。

[2] 2015年广东省接待香港游客7384万人次、澳门游客2285万人次；香港接待广东省及经广东省过境游客3857万人次、接待澳门游客102万人次；澳门接待广东省及经广东省过境游客1721万人次、接待香港游客653万人次（数据来源同上）。

[3] 引自香港特别行政区政府驻京办2021年10月6日《行政长官2021施政报告》专题网页。

的国家认同。内地是香港和澳门最大的旅游客源市场,有力支撑了香港的繁荣发展和世界旅游休闲中心的建设。港澳也是内地,尤其是广东省最为重要的客源地和基础市场。旅游在增进内地与港澳地区相互理解,特别是青少年群体的国家认同方面具有无可替代的作用。香港中文大学相关研究显示,香港居民尤其是青少年到内地旅游经历越丰富,对于"中国发展前景""内地与香港融合发展"的感受就越积极。中国旅游研究院(文化和旅游部数据中心)出境旅游者满意度调查显示,内地游客对香港的综合评价在过去二十多季度呈波动上升和稳中向好的态势,2017年更是以79.60的高分位居内地游客出境旅游目的地的首位。[1] 随着城市群的融合发展,大湾区在国际国内旅游市场已经成为相对独立的旅游目的地,更多"一程多站"线路开始为旅游市场所接受。

旅游合作是推动大湾区产业融合和创新发展的重要载体。粤港澳地区在旅游市场、资本与管理模式合作的探索,奠定了我国旅游业乃至全国对外开放的初步格局。上个世纪八十年代早期,国务院侨办、港澳办、公安部允许广东省居民赴港旅游探亲,成为之后中国公民出境旅游市场的雏形。内地与香港合资的广东省白天鹅宾馆从破土动工到发展经营的过程,推动了中外资本合作经营体制的变革。2003年之后,在CEPA协议框架下,粤港澳成为中国旅游领域对外开放程度最高的地区,香港和澳门与内地其他城市一道共同分享过去二十年旅游业繁荣发展的历史机遇。粤港澳大湾区建设进入国家战略以后,区域内部人员和要素自由流动会步入全新的发展阶段,必然要求广东省、香港特别行政区、澳门特别行政区扩大开放并加速融合。一个人员自由往来、物资和信息自由流动、市民和游客共享的开放空间将有力促进大湾区文化和旅游融合、科技应用和高质量发展。

---

[1] 数据来源:中国旅游研究院(文化和旅游部数据中心)全国游客满意度调查报告,内部资料。

三、旅游研究要面向大湾区经济增长、文化交流、科技创新和社会发展主战场,面向旅游业重大需求,走中国特色的新型智库发展道路

加强旅游统计和数据测算,为大湾区旅游交流提供高质量的分析报告和政策建议。2008年7月之后内地居民赴港澳地区实行一地一签、一签一行,导致2007年底以来内地赴港澳"个人游"城市停止扩容[①],影响了大湾区的旅游市场扩容和产业融合。受限于现行的签注和就业政策,高层次专业人才和职业工人双向流动的自由度还有待于加强。市场创新和制度创新需要广泛的社会共识,需要研究机构的市场调查、数据支撑、经济分析、政策仿真和绩效评估,需要专业智库对于公共政策的持续关注,并承担共同而有区别的责任。本次论坛期间,中国旅游研究院(文化和旅游部数据中心)和澳门旅游学院签署了战略合作协议,发挥各自的政策研究、数据生产、人才培养和社会服务的优势,共同推进大湾区旅游交流的制度创新和市场创新。

加强公共政策研究,为大湾区旅游合作提供高质量的智库成果。密切关注大湾区相关的旅游政策、法律法规和产业动向,参与编制大湾区城市群旅游发展规划,明确主要城市的旅游定位、发展目标和重点任务。在CEPA和RCEP等框架内构建更加开放和更有灵活性的旅游合作机制,推动旅游消费和产业要素的自由流动。重点研究内地居民持第二代身份证往来港澳、内地144小时入境免签与香港、澳门免签证政策的相互衔接、"一地两检、单边放行"通关模式、邮轮游艇的便利停靠、电子支付的互联互通等政策储备,最大限度促进国际国内游客在大湾区范围内的自由通行。

---

① 自2003年7月至2007年底,内地开放北京、上海以及广东省等22个省(自治区、直辖市)的49个城市居民个人赴港澳地区旅游,该政策涉及约2.5亿人口。

推动大湾区城市的差异定位与协同发展。改革开放以来，香港、澳门与广州、深圳、东莞、佛山等珠三角城市错位发展，形成了既有合作又有竞争的发展格局。澳门世界旅游休闲中心、广州世界消费中心、深圳特色社会主义先行示范区、香港北部都会区、前海和横琴合作区，将为大湾区的经济增长、贸易往来和包括旅游休闲在内的社会发展带来全新的机遇。"十四五"期间，如何形成以中心城市为主导、多圈层协同发展和大湾区旅游市场外溢的新格局，也是需要研究机构和专业智库重点关注的课题。

加强与投资机构和市场主体的沟通交流，为大湾区旅游产业搭建多元化交流平台。完善的市场商业环境、充满生机活力的市场主体、富有创业精神和专业能力的人力资源，都是都市旅游目的地竞争力的底层器件和关键要素。多年以来，受益于自由竞争、法治精神、经济增长和"一国两制"，香港的世界旅游目的地和国际消费中心地位愈发巩固，澳门世界旅游休闲中心和中国—葡语国家经贸平台地位日益彰显。在此进程中，香港旅游发展局、香港总商会、香港酒店协会、澳门世界旅游经济论坛的专业运作，迪士尼度假区、海洋公园、半岛酒店、美高梅、信德集团等市场主体的高效运营，香港理工大学、澳门旅游学院等高等教育的人才支撑，还有环境保育组织和社区义工都做出了有目共睹的贡献。内地旅游业的发展成就与港澳客源市场、资本市场和品牌管理是分不开的。岭南商旅集团及其名下的花园、中酒、广之旅，长隆集团及其名下的广州、珠海野生动物园项目，深圳华侨城集团及其名下的欢乐谷系列、东部华侨城，都已经成为大湾区旅游合作不可或缺的市场主体。旅游院校、研究机构和专业智库应当，也必须与充满生机和活力的市场主体在一起，与千千万万的业者在一起，想他们之所想，急他们之所急，而不是简单视之为调研对象或者国际发表的素材。

澳门拥有世界文化遗产，以及众多世界级的度假村、酒店、购物中心和娱乐项目，是推动大湾区旅游融合和创新发展的增长极。澳门是全国旅游教育最密集的城市，每100名澳门居民就有1名旅游管理本科及以上在读学生，并拥有促进澳门建设粤港澳大湾区旅游教育培训基地联盟、大湾区旅游研究论坛等平台，完全有能力在大湾区旅游发展进程中发挥更大的作用。中国旅游研究院愿意与澳门旅游学院和大湾区旅游学界同仁一道，在与业界同行对话和服务的过程中，构建中国风格、中国气派的旅游管理学科体系、学术体系和话语体系，为国际旅游业的复苏振兴和繁荣发展贡献中国的智慧。

粤港澳大湾区旅游研究联盟论坛

2021年11月5日

演讲结束后，戴院长就与会者提出的问题作答。实录如下：

问：中央政府驻澳门联络办公室于2011年6月委托中国旅游研究院开展《澳门建设世界旅游休闲中心研究》等专项课题研究，为此，您之前多次来澳门实地调研，您能否介绍一下澳门建设世界旅游休闲中心的战略意义以及如何在大湾区旅游发展进程中发挥更大的作用。

答：建设世界旅游休闲中心和中国—葡语国家经贸平台是中央从"一国两制"和澳门经济社会可持续发展全局提出的战略任务。在特别行政区政府和社会各界的共同努力下，澳门的老城区更新、历史文化遗产活化、旅游基础设施建设、旅游市场推广、横琴新区建设和内地合作各方面都取得了长足进展。对于澳门经济多元化发展、文化创意、科技创新、教育发展和青年人才培养起到了积极促进作用。在大湾区建设的过程中，进一步夯实澳门世界旅游休闲中心地位，将有力促进澳门、珠海、大湾区其他城市与内地客源市场建立更加紧密的合作互动关系，也会促进旅游休闲相关的基础设施、公共服务、产业政策和人员往来便利化等领域的制度创新。澳门可以进一步发挥教育、人才、制度和国际交流的优势，推进大湾区旅游休闲业的高质量发展。

问：您刚才提道，"中国旅游研究院愿意与澳门旅游学院和大湾区旅游学界同仁一道，在与业界同行对话和服务的过程中，构建中国风格、中国气派的旅游管理学科体系、学术体系和话语体系"。能否请您具体阐述一下"中国风格、中国气派的旅游管理学科体系、学术体系和话语体系"。

答：从指导思想明确并坚持以人民为中心的学科建设思想，为人民旅游权利、为旅游业高质量建言献策，为国家旅游治理体系和治理能力的现代化出谋划策。不能只想着学者个人的名利，而是要把论文写在祖国的大地上，把成果应用到旅游实践的进程中。

研究方法上要从实践中来，到实践中去，而不是在图书馆和实验室中做文章，只想着写给同行者。实践之树常青。只有与行政主体、市场主体和大众游客在一起，才可能有大思路，并写出无愧于时代的大块文章。

写作风格上，要吸收中华民族的历史文化营养，要有使命感，有学理支撑，更要让受众读者听得懂，用得上。

要站在中国市场，讲好新时代的中国旅游故事，加强国际学术交流，为旅游复苏和繁荣贡献中国智慧、中国力量。

京杭大运河文化旅游带
怎么建、如何融？

京杭大运河是文化之河，也是旅游之河；是国家战略，也是地方任务；是历史文化，也是当代生活。随着大运河被列入世界文化遗产名录，特别是中央将大运河列入国家文化公园建设的国家战略，沿线省市迎来了全新的发展机遇。近年来，国家和地方陆续发布了专项建设规划，搭建平台、推进基础设施建设和项目投资、扩大宣传和合作交流，形成了一批规模和影响力兼具的项目，如京杭运河对话会、北京通州大运河森林公园、扬州大运河博物馆、苏州大运河文化博览会，取得了若干可圈可点的成就，形成了一批可复制可推广的经验。杭州运河集团投资200多亿元建设的大运河世界文化遗产公园，由京杭大运河博物院、大运河滨水公共空间、大城北中央景观大道、大运河杭钢工业旧址综保项目、大运河未来艺术科技中心、大运河生态艺术岛六个项目组成，已经列入国家文化公园标志性工程清单。相对于国家文化公园的文物保护工程、文化地标建设和公共服务体系完善，大运河文化旅游带的建设思想、旅游休闲项目和度假区建设、旅游宣传和市场推广、游客满意度评价及其数据表达等，还需要进一步提高政治站位和战略摆位，进一步明确重点任务和实施要点。

旅游&信心·中国故事

一、大运河文化旅游带是家国情怀，也是人间烟火

建设大运河文化旅游带，要以习近平新时代中国特色社会主义思想为指引，学习贯彻习近平总书记关于文化建设、旅游发展的重要论述和批示指示精神。在实施大运河国家文化公园的建设规划过程中，要结合沿线省市的经济社会发展条件，因地制宜，有序推进。从公开发布的信息看，中央明确要求"围绕京津、燕赵、齐鲁、中原、淮扬、吴越等大运河沿线文化高地，拓展特色文化体验和展示空间，构筑多元一体的大运河国家文化公园体系，展现大运河丰富多彩的特色地域文化"。除了遗产保护和文化展陈，大运河还要关注沿线省市的经济发展和民生改善。2020年11月，习近平总书记在江苏视察期间指出，大运河是两岸人民的致富河、幸福河，是畅通南北经济循环的生命线，要把大运河文化遗产保护同生态环境保护提升、沿线名城名镇保护修复、文化旅游融合发展、运河航运转型提升统一起来，为大运河沿线区域经济社会发展、人民生活改善创造有利条件。

大运河沿线有众多节点城市，应当也可以错位发展，形成特色。不能一说遗产保护和文化传承，就比着建规模越来越大的博物馆，比着开规格越来越高的研讨会。不能一说旅游发展，就比着开发高等级景区和度假区。也不能一说文化和旅游融合，就比着投资大型旅游演艺、历史文化街区、夜间文化和旅游项目。这些项目和活动不是说不能建设，而是要看财力允许不允许、市场支撑不支撑，特别是当地有没有内生性的文化休闲和旅游消费需求。在空间规划、发展规划和项目建设过程中，要以中华民族的文化地标为导向，也要满足城乡居民和外来游客对美好生活的新追求。坚持以人民为中心的发展理念，就要时时刻刻把本地人民的生活品质挂在心上，不断提高其文化获得感和休闲满意度。经济增长了，文化发展了，本地人生活幸福了，对国际国内游客吸引力自然就有了。相对于山水林草

等自然资源和遗址遗产等历史资源，源于生活、面向当下的文化，吸引力更大，持续更长久。须知，万丈红尘最温暖，幸福生活客自来。

优质文化资源和旅游要素的高位嫁接、有机整合，是实现文化与旅游融合发展的基本途径，也是建设大运河文化旅游的题中之义。今年年初，中国旅游研究院和杭州市余杭区文化和广电旅游体育局联合发布了首份文旅融合指数。在关注各地政府推进国家文化公园、文化强国和旅游业高质量发展的同时，该成果更加强调本地居民和外来游客的感知。没有家国天下的情怀，旅游不可能形成事业发展的大格局；没有人间烟火的关注，文化也不可能传得开留得下。人民群众广泛参与的旅游市场，让文化产出和艺术作品传播更广、受众更多、场景更丰富。从这个意义上讲，大运河文化旅游带就是家国天下和人间烟火的有机统一。

二、大运河文化旅游带要有历史文化的自觉传承，也要有国际视域的当代表达

近年来，以文塑旅、以旅彰文，培育主客共享美好生活空间，已经形成广泛的社会共识。从实践来看，文化和旅游还处于融合发展的初级阶段，相对于遗迹保护、文博展陈、非遗传承，面向当代生活的内容创造和场景营造还有待于加强；本地居民和外来游客参与文化活动的频率在增加，但是文化获得感还有待于加强。各地还不同程度地存在重资源、轻市场，重建设、轻运营，重历史记忆、轻当代感知的现象。游客要的是触手可及的温暖，我们总是无休止地诉说逝去的繁华；游客要的是说走就走的旅行，我们总是一条接着一条规划那些想当然的线路；游客要的是真诚的情感连接，我们总是高高在上的说教和戏剧化的表演。

建设大运河文化旅游带，要尊重文化事业、文化产业和旅游业发展的客观规律，充分发挥社会投资机构和市场主体的积极性、主动性和创造

性。文化旅游带的建设,要树立保护优先意识,对大运河文物本体及环境实施严格保护和管控,对濒危文物实施封闭管理。这就要求各级党委和政府在建设过程中要牢牢守住生态安全和生产安全的底线,牢牢守住意识形态的红线,同时把更多可以市场化运作的项目留给投资机构和市场主体去做,在文化产业和旅游产业领域更应当如此。从南京的市场实践和企业案例看,江苏大剧院原创的舞剧《红楼梦》是文化创新,南艺后街、熙南里、南京喜事、长江传奇也是文化创造,是依托当代生活且为人民喜闻乐见的文化建设和旅游发展项目。事实上,高大上的项目固然需要建设,小而美的项目也是不可或缺的,都可以成为运河沿线城市的文化地标和旅游空间。

大运河文化旅游带的建设要以更加开放的姿态融入国际旅游市场,向全球讲好大运河的历史故事和当代意义。今天,运河已经成为世界文化交流和旅游合作的显话题。各级文化和旅游部门可以大运河为年度主题,以民族复兴和人民幸福的中国梦为动能,加上宣传推广力度,吸引世界各国各地区的游客访问大运河沿线城市和乡村。京杭大运河是世界文化遗产,在我国历史文化和当代生活中都有极高的辨识度,更是杭州的"城市金名片"。我们有理由为此而骄傲和自豪,同时也不能过于强调自己的独特性甚至唯一性,否则终有一天要把自己弄得没朋友的。在这个世界上,法国米迪运河、比利时中央运河、加拿大里多运河、英国庞特基西斯特水道桥与运河、荷兰阿姆斯特丹十七世纪运河区五条运河先于京杭大运河被列入世界文化遗产名录,还有苏伊士运河、巴拿马运河虽然没有被列入世界遗产名录,至今仍在扮演着国际航运枢纽的角色。我们要用好联合国教科文组织、世界旅游组织、世界运河组织、内河航运组织等平台,以及东亚文化之都、中日韩文化和旅游部长会、双边文化和旅游年等双边多边机制,加强运河领域的学术研究、文化交流和旅游合作。政府部门和教育科研机构要走出去,等疫情控制住了,也要鼓励更多的游客去看看世界各地的运河,不断增加国民大众的人类命运共同体意识。

三、大运河文化旅游带建设,要听专家怎么说,也要听游客怎么想,还要看看市场怎么做

数据表明,虽然共享大运河的文化遗产,但是那些经济社会发展水平高,在国际国内旅游市场拥有较高知名度和美誉度的城市,如北京、杭州、苏州、无锡、南京等,更容易在文化和旅游融合发展的过程中获得本地居民和外来游客的认可。中国旅游研究院课题组编写的《2020年大运河(江苏段)文化和旅游发展报告》,通过对38个涉旅指标的全方位分析,构建了大运河文化和旅游发展指数,苏州、南京、无锡等苏南地区的指数分值都在81以上,处于领先地位。只有系统把握运河沿线城乡居民和到访游客对大运河文化的时代诉求,才能制定有针对性的文化传承和旅游利用规划,才能有序推进文化和旅游发展各项工作。

按照"河为线,城为珠,线串珠,珠带面"的思路,以京杭大运河和浙东运河为骨干(含河北雄安新区白洋淀与大运河连通部分),联动隋唐大运河,通过"连点""成线""展网",共同构筑大运河文化主轴,发挥文化引领作用。应当说,这些规划思路和发展目标都是很赞的,问题是点如何连、线如何成、网如何展?这就需要引入游客的视角和旅游的思维。

我想和大家分享一些关于大运河的游客评论,它们来自中国旅游研究院游客满意度调查数据库。"推荐武林门码头—拱辰桥—小河这条游览线路,既可以感受京杭大运河,又可以参观典型的江南民宿,杭州比国内其他省的景区做得好太多""中国大运河博物馆,100分推荐的景点,绝了。交通超级方便,展览内容太有意思了,1-3号馆真的用心了,体验VR,

还可以穿上汉服拍照。太爱这个博物馆了。""著名的无锡美食蟹粉小笼包，酒酿圆子非常好。""扬州的大运河公园——扬州三湾公园占地面积非常大，又是一个惠民的公园。""京杭大运河上游船，走累了可以坐船出游，到了晚上灯笼亮起，会很美。"这些都是游客心中的大运河啊！有人文、有风景、有书卷气，也有烟火气。从这个意义讲，人民对文化和旅游融合的新需求，就是大运河文化旅游带的建设方向，也是发展动能，更是建设标准。

2021 中国大运河文化带京杭对话

2021 年 10 月 22 日于杭州

国内市场全面复苏,旅游经济景气回升

各位旅游业界同仁、媒体朋友,

上午好!

根据年度工作计划,中国旅游研究院(文化和旅游部数据中心)将恢复研究成果和数据报告季度发布制度。我的同事胡咏君博士和数据分析所团队对一季度旅游经济运行的相关数据进行了专题发布,并主持了企业家和专家学者的专题对话。下面,我就第一季度旅游经济运行、上半年市场趋势和发展策略谈几点个人意见。

一、一季度复苏进程好于预期

受益于疫情防控形势和政策利好影响,刚刚过去的第一季度的旅游经济运行好于预期,复苏向上的基本面更加稳固。中国旅游研究院自主研发并运行了50个季度的旅游经济景气指数(CTA-TEP),在四个季度的深度萧条后重新冲出100点的荣枯线,同比和环比分别上升了36.8和20.4个百分点,达到105.72点,步入景气区间。从统计数据看,旅游经济景气指数去年第一季度断崖式下降后,从第二季度就开始了小幅上升态势。任何时候,信心都比黄金更重要。只要能够制止恐慌和蔓延,旅游业就一定能够战胜任何困难。每当看见这条景气线坚韧不拔地向右上方迸发的样子,就仿佛看见万千游客和业者的笑脸,由衷地高兴啊!

消费信心的恢复是拉升旅游经济景气的首要动能。虽然承受了元旦、春节期间局部地区疫情反弹的压力，旅游市场还是以国内市场大循环为主体，稳步走在 U 形右侧的复苏通道上。元旦假期三天，全国国内旅游出游 5540 万人次，实现国内旅游收入 273 亿元。随着新冠疫苗的接种和春运的开始，旅游景区接待人数 1 月底开始稳步上升，工作日和周末分别稳定在 600 万人次 / 天、1000 万人次 / 天。春节假日七天，全国国内旅游出游合计 2.56 亿人次，同比增长 15.7%，恢复至 2019 年同期的 75.3%；实现国内旅游收入 3011.00 亿元，同比增长 8.2%，恢复到 2019 年同期的 58.6%，游客满意度达到 83.6 的满意水平。经过春节假日高峰后的平稳期，旅游景区进园人数从三月份开始进入了稳步上扬的新通道。需要说明的是，从春节假日七天的日监测数据来看，全国 A 级景区的游客人数和全国旅游接待人数有着高度一致性。全国"两会"以后，受接连释放的利好政策影响，包括入出境市场在内的市场先行指数和企业家信心呈稳步上扬态势。

预计 2021 年第一季度旅游市场的主要指标如下：国内旅游人数 6.97 亿人次，同比增长 136%；国内旅游收入 0.56 万亿元，同比增长 150%。入境旅游人数和收入会有 5% 的正增长，而出境旅游仍然处于同比下降通道。需要说明的是，国内旅游市场的高增长是相对于去年第一季度的深度萧条而言的，无论是与 2019 年的同比，还是与 2020 年第四季度环比，当前旅游经济仍然处于复苏期，还远没有达到繁荣阶段。因此，无论是元旦、春节、清明等假日旅游市场指标，还是第一季度和上半年的旅游经济指标，我们都会公布同比、环比，还有与疫前同期比较的数据，就是为了能够对旅游经济运行有更加全面的理解。从微观面来看，消费心理仍然偏于谨慎，但是与去年同期和上一季度相比，已经开始趋于积极，人们愿意出游并为每次旅游消费付出越来越高的预算。从旅游组织方式看，虽然各地不再限制组织和接待团队旅游者，但是旅游市场仍然以散客、自助、自驾和近程游为主。

二、上半年发展形势趋于乐观

第二季度是传统的出游旺季,而且内含了清明、五一、端午三个公众假期,很可能会成为旅游抗疫的战略转折点。从清明节假期三天的数据来看,全国国内旅游出游1.02亿人次,按可比口径同比增长144.6%,恢复至疫前同期的94.5%。实现国内旅游收入271.7亿元,同比增长228.9%,恢复至疫前同期的56.7%。游客平均出游半径172.5公里,目的地平均游憩半径12.3公里,同比和环比均有较大幅度的增加。值得关注的是,跨省游游客比例达17.3%,较春节假期高出5个百分点,创下疫情发生以来假日旅游新高。假期游客满意度达89.3,继续处于较高的"满意"水平。将来回望历史的时候,2021年的这个清明节将是国内旅游市场从有序复苏走向全面复苏的重要节点。

中国旅游研究院的专项调查显示,第二季度的居民出游意愿为83.19%,同比和环比分别增长4.93和1.02个百分点。城乡居民的旅游消费心理开始从谨慎转向积极,近郊旅游和跨省旅游意愿分别为43.48%、34.04%。从旅游目的地搜索量、航班和酒店预订量等先行指标来看,国内旅游有望在五一节假日期间接近或者恢复或者超过2019年同期水平。旅游与旅行产品将从目前的"价量双低"走向"价低量高",局部地区和个别行业可能会出现"价量齐升"的情况。企业家信心指数的上升和行业乐观预期的增加,毫无疑问会拉升旅游投资、产品创新和服务品质。随着市场恢复和政策利好因素的叠加影响,市场主体活力有望进一步增强。随着"十四五"旅游发展规划的落地实施,长城、长征、大运河、黄河国家文化公园、世界级旅游景区和度假区、国家旅游休闲城市、京张体育文化旅游带的建设,以及政府主导的旅游基础设施和公共服务投资,都会进一步带动社会投资旅游的积极性。航空和高速交通网络的完善,乡村振兴和新型城镇化将进一步优化旅游供给的空间布局。成都三星堆考古挖掘、北

旅游 & 信心·中国故事

京环球度假区等大型文化和旅游项目投产运营,将会成为旅游业的热度话题。

纪念建党100周年庆祝活动的展开,将持续丰富主客共享的群众文化生活,进一步增加高品质旅游供给和优质服务。在3月22日的中共中央新闻发布会上,文化和旅游部部长胡和平介绍,围绕中国共产党成立100周年,实施舞台艺术精品创作工作和主题性美术创作项目;结合党史学习教育开展好红色旅游,为群众提供更加优质的产品和服务,推出"建党百年红色旅游百条精品线路",组织红色研学旅行,让更多游客选择红色旅游,接受革命传统教育。[①] 受此利好消息影响,第二季度红色旅游市场将逐渐升温,并在七一前后形成高峰。随着更多人加入红色旅游进程,文明旅游有望得到进一步提升。

交通、教育、体育、文化、旅游等相关领域的政策趋于全面宽松,持续释放的市场需求将为旅游企业纾困解难带来可持续发展的新机遇。政策千万条,市场第一条。随着市场复苏进程的加快和新基建等固定资产投资的增加,旅游经济有望很快依托国内市场大循环而进入新一轮的繁荣期。资本和人力资源等传统要素会重新聚集,技术、文化、创意等新动能会持续入场,旅游企业会逐渐以内生力量摆脱疫情带来的困境。在当前和今后一个时期,政策的侧重点应从企业纾困转向员工救助,让一线员工有实实在在的获得感。各级党委和政府要密切关注旅行社、OTA、星级饭店、A级旅游景区、主题公园、旅游车船等传统业态,特别是导游、领队、驾驶员、服务员等一线从业人员的生存状况。

尽管有航班恢复、"疫苗护照"、无隔离入境等政策利好预期,但是宏观政策转化为行政措施需要时间,市场效应有一个滞后显现的过程,入出

---

① 2021年3月23日国新网,中共中央召开2021年首场新闻发布会介绍中国共产党成立100周年庆祝活动情况。

境旅游市场在上半年大概率会是谨慎观望的状态。我们注意到主要旅游目的地国家、地区和城市希望在群体免疫基础上,尽快落实与中国的"疫苗护照"计划,启动"气泡旅游"即点对点包机(船、列)直达和团进团出的旅游模式。从可以预见的疫情防控政策来看,短期内只可能有确定的路线图而非清晰的时间表。除澳门特别行政区等近程市场外,上半年的入出境旅游市场仍将处于冷启动的市场准备期。

由于国内国际旅游市场双循环还没有启动,国内旅游市场也没有恢复到疫前水平,我们将会在暑期对全年旅游经济形势做出总体预判。个别自媒体文章说"2021年旅游经济将恢复甚至高于2019年水平",甚至直接给出全年全国旅游总收入将超过6万亿元的预测数据,我们可以理解为美好的愿望吧。根据中国旅游研究院(文化和旅游部数据中心)的专题预测,2021年上半年旅游市场的主要指标如下:国内旅游人数17.22亿人次,同比增长85%;国内旅游收入1.28万亿元,同比增长102%。受商务、留学、探亲动机的上升影响,入境旅游人数和外汇收入增幅会进一步上升,出境旅游的降幅会有所收窄,总体上还在为复苏做准备。

三、奠基"十四五",献礼建党100周年

当前和今后一个时期,要重点做好文化和旅游系统"十四五"规划,特别是国务院旅游发展专项规划的宣贯工作。在习近平新时代中国特色社会主义思想的指引下,深入贯彻旅游的人民性和旅游业的现代化新发展理念,立足全面建成小康社会、新型城镇化和乡村振兴新发展阶段,稳步构建国内市场大循环为主体、国内国际双循环相互促进的旅游业发展新格局。旅游系统和旅游行业必须深刻理解全面建成小康社会以后,旅游市场在规模、结构和动能方面的新变化,高举大众旅游、智慧旅游的旗帜,坚定不移地走文旅融合、主客共享的道路,任何想回到过去的想法都是不现

实的。在一个开放、融合、创新和共享的旅游经济体系中,在一个国内旅游市场大循环为主体、国内国际旅游市场双循环相互促进的新格局中,坚持旅游为民、创新驱动、有效市场和有为政府的发展战略,不断满足广大游客对品质化和多样性的需求,加快建设现代旅游业体系,推进旅游业高质量发展。

当前和今后一个时期,要重点抓好旅游基础设施、公共服务和重点项目投资,着力推进智慧旅游和产业数字化战略。贯彻落实党的十九届五中全会精神、"十四五"国民经济和社会发展规划,中央和地方将在国家文化公园、世界级旅游景区和度假区、国家级旅游休闲城市和街区等领域加大投资力度,为旅游业高质量发展奠定更加坚实的供给模块和产业基础。要重点关注航空枢纽、高速铁路、高速公路、城际铁路、轨道交通、港口码头等交通网络的完善,还有新型城镇化和乡村振兴进程对旅游业的影响。从影响旅游业发展速度和发展质量的角度看,国民经济和社会发展的现代化程度,特别是高品质生活环境、时尚化的商业环境的重要性,远比我们想象的要大。放长历史的眼光,站在全局的高度看,旅行社、旅游景区和星级酒店的一些话题可能仅仅具有新闻性,而没有产业发展的导向价值。

当前和今后一个时期,要重点建设文化特色鲜明的旅游休闲街区,培育主客共享的美好生活新空间。作为异地生活方式的旅游,正在为市场主体的创业创新、产业资本和科技应用的跨界导入提供了更多的现实可能。上海淮海路、重庆解放碑、成都春熙路、广州天河路等时尚商圈,北京南锣鼓巷、成都宽窄巷子、天津五大道等历史文化街区,泰安老街、济南泉世界等新型生活街区,以及融创中国的新消费、微度假的娱乐型街区,品类众多的休闲街区极大丰富了城市居民和外来游客的美好生活新空间。环球影城、默林娱乐、融创广旅、四季文旅、洛宝贝等文化驱动型旅游休闲项目为城市旅游发展、文化休闲提供了全新的体验内容和消费场景，并成为市场亮点和投资热点。不要以为旅游休闲街区建设只是宏观规划和政府的事情，它与旅游消费主体和旅游市场主体、与我们每个人息息相关。有了消费需求，有了市场空间，自然就会带动场景、内容和产品研发的创新。

当前和今后一个时期，要创新发展红色旅游，让广大游客对文化建设有更多获得感，对旅游发展有更高的满意度。为贯彻党的十九届五中全会和全国"两会"精神，文化和旅游部确定的"一个工程、七个体系"是相互支撑的有机整体。人民性是大众旅游的理论基础和价值取向，现代化是智慧旅游的市场转型和产业升级，深化文化和旅游融合发展是主线，推进旅游业高质量发展是方向。纪念建党100周年，是推动红色旅游创新发展的有利契机，这不是做几个规划、发几份文件、评几条线路、组织几场讲解员大赛那么简单，而要在科学研究和大数据的基础上，讲好红色旅游故事，吸引更多的年轻人、市场主体和社会力量发自内心地认同，全方位地参与。在规范市场秩序的同时，政府和公共机构要以专业理性引导文化和旅游投资。旅游市场数据终将恢复并高于疫前水平，但是旅游业态和发展模式却不可能回到过去了。随着市场复苏，整治不合理低价游可能会面临更加严峻复杂的局势。各级旅游行政和市场监管部门在重点整治无旅行社资质经营旅游业务的同时，进一步加强传统旅行社和线上旅行商的监管，鼓励有条件的地区探索导游自由执业制度。还要从需求侧加强游客教育，营造理性消费、文明出游的社会环境。

当前和今后一个时期，要系统研判双边和多边国际合作、港澳台旅游交流中各方的政策诉求，做好入出境旅游市场恢复的准备工作，包括时间表和路线图。为落实新发展格局对旅游工作的要求，构建旅游业的新发展格局，我们不仅要抓好国内市场大循环，还要抓好国内国际双循环相互促进。随着各国疫情防控工作的有序进展，特别是疫苗接种人群达到一定规模后建立起群体免疫屏障，跨国旅游旅行的重启工作将随之提上议事日程。旅游目的地推广机构要及时启动海外宣传推广体系，包括但不限于国家和城市旅游形象传播、广告投放、线上路演、旅游交易会、双边旅游年、多边合作机制重启、高官对话、线路产品服务等内容分发，以及旅行商沟通交流。枢纽城市、航空公司、大型旅游集团、旅行服务商也要相向而行，加强与合作伙伴的沟通交流工作，及时有效地做好入出境旅游市场的复苏准备工作。

2021年第一季度研究成果发布会上总结演讲

2021年4月9日于北京

从美丽中国到真正的亚洲

各位旅业同仁、商界朋友,

上午好!

自上个世纪九十年代开始,马来西亚就是中国公民出国旅游的首选目的地。很长一段时间里,"新马泰"——新加坡、马来西亚和泰国,就是出国旅游的代名词。中国也是三千万马来西亚人民,特别是华人华侨观光休闲和商务旅行的主要目的地国家。在疫情之前的十年时间里,中马双边互访游客和旅游消费均保持着持续增长的态势,双向游客往来年均增长超过5.8%,其中中国公民赴马来西亚的游客年均增长9.9%。2019年,中国访问马来西亚的游客达到创纪录的311.4万人次,旅游消费超过36亿美元。马来西亚访问中国的游客为138.4万人次,旅游消费近20亿美元。[1] 2019年,访问中国的马来西亚游客的满意度为81.73,在全球客源国排名第13位。[2] 游客普遍认为中国居民的态度友好,排名各分项指数的第一位,给出了89.06的高分。统计数据和直观感受充分表明,中马两国互为重要的旅游客源市场和国际旅游目的地,具有"民相亲、心相通"的广泛民意

---

[1] 数据来源:中华人民共和国文化和旅游部2019年文化和旅游发展统计公报。(Data Source: Statistical Bulletin on Culture and Tourism Development in 2019, Ministry of Culture and Tourism of the People's Republic of China.)

[2] 数据来源:中国旅游研究院(文化和旅游部数据中心)游客满意度调查数据库。(Data Source: Visitor Satisfaction Survey Database, China Tourism Academy (Data Center of the Ministry of Culture and Tourism.)

基础。

受益于两国的政治互信、文化交流和地缘相近的优势，中马两国的投资、贸易和经济往来更加频繁。2020年，中国连续第12年成为马来西亚最大贸易伙伴，也是马来西亚最大出口目的地和进口来源地。在过去的一年中，尽管有新冠疫情的影响，中马两国贸易额仍然同比增长了5.7%，达到1311.6亿美元。其中，中国对马出口564.3亿美元，占马来西亚进口总额逾五分之一；中国自马进口747.3亿美元，占马来西亚出口总额近六分之一。① 中国对马贸易逆差183亿美元，其中旅游服务贸易对逆差的贡献接近9%。从投资领域来看，截至2020年底，中国对马来西亚直接投资累计172.6亿美元。投资领域更趋多元化，涵盖产业园区、基础设施、装备制造、信息通信、数字经济等。据马方统计，中国已超越美国、新加坡等国，连续四年成为马来西亚制造业最大投资来源地。

旅游有扩大消费、增加就业和拉动经济增长的产业属性，也有提升素质、增进理解、满足人民对美好生活需要的文化属性。全面建成小康社会的中国，出境旅游者越来越关注目的地国家和地区的生态环境，越来越愿意深度参与目的地国家和地区的品质生活，也越来越看重旅游业在人文交流方面的功能与作用。2019年5月15日，习近平主席出席亚洲文明对话大会并发表主旨演讲时指出，"激发人们的创新创造活力，最直接的方法莫过于走入不同文明，发现别人的优长启发自己的思维。中国愿意同各国实施亚洲旅游促进计划，为促进亚洲经济发展，增进人民友谊贡献更大力量"。围绕这一目标，需要中国、马来西亚和亚洲各国各地区的相向而行。

---

① 数据来源：中国商务部和海关的公开统计数据。（Data Source：Open Statistics from the Chinese Ministry of Commerce and Customs.）

各位旅业同仁、商界朋友！

受新冠疫情的影响，亚洲和全球旅游业都经历了前所未有的萧条和最为艰难的复苏，都保持了难能可贵的信心和创业创新的勇气。根据马来西亚旅游部最新公布的数据，2020年赴马来西亚观光的国际游客达433万人次，同比下降83.4%；旅游总收入达127亿令吉（约194.79亿元人民币），同比下降85.3%。截至2021年10月，前往马来西亚的国际游客仅约5万人次。中国的入出境旅游市场也处于全面停滞的状态，今年的前十个月，访问马来西亚的游客不到4000人。[①] 尽管如此，统计数据和跟踪调查表明，人们一天都没有停止对美好生活和出境旅行的向往，旅游推广机构、航空公司、酒店和度假村、旅行服务商的交流合作的意愿一天比一天强烈。在过去的几个月里，从一系列双边和多边旅游活动来看，专业智库、行业协会、投资机构和市场主体开始关注疫情防控常态化形势下国际旅游市场的复苏前景。除了签证、海关、移民、安全、"疫苗护照"等公共政策的议题，业界还加强了旅游市场规模、消费结构和消费行为的预研预判，以及生态、研学、邮轮、度假、自驾车、温泉康养等专项旅游产品的研发和市场导入方案。

旅游业的复苏、繁荣和可持续发展，从来都离不开公共领域的制度创新，也离不开私营机构的投资、贸易和商业合作。即将于2022年1月1日起生效的RCEP（区域全面经济伙伴关系协定）是一个全面、现代、高质量和互惠的自由贸易协定，也是全球人口最多、经贸规模最大、最具有发展潜力的自由贸易协定。我们知道，货物贸易是与包括旅游在内的服务贸易相辅相成和相互促进的。就服务贸易而言，各成员国在RCEP项下的开放水平都显著高于各自的"10+1"水平。中国在世界贸易组织承诺的基

---

① 数据来源：马来西亚旅游部官方网站。（Data Source：Official Website of Ministry of Tourism Malaysia.）

础上，新增开放22个部门，提高了37个部门的承诺水平。其他成员国也在中方关注的建筑、工程、旅游、金融、运输、物流等领域，承诺提供更大程度的市场准入。

可以预期，RCEP将为中马两国的文化交流和旅游合作带来全新的机遇。这些机遇包括但不限于：免签、落地签以及配套的旅游、餐饮等消费优惠将给中马两国人民在区域内的旅行带来更多便利；超过90%的产品实行零关税，将为旅游购物提供更多的消费选择；统一而透明的投资规则将极大优化区域内营商环境，大幅降低私营机构在投资和经贸往来方面的制度成本；中马两国均承诺在RCEP框架下对于域内各国投资者、公司内部流动人员、合同服务提供者、随行配偶及家属等各类商业人员，可能获得一定的居留期限，享受签证便利，开展各种贸易投资活动。当然，我们也需要关注自贸协定的批准、协调、落实和完善进程的诸多挑战。

各位旅业同仁、商界朋友！

中马两国要进一步深化文化交流和旅游合作，持续巩固双方互为重要的旅游客源地和旅游目的地。文化交流不能只有传统的项目，还要有现代的内容，特别是面向青少年群体的当代生活方式，都是新时代要着力传递的内容。没有高品质的生活方式、全球化的要素流动和法治化的营商环境，就不会有高质量的旅游交流和跨境投资。政府间旅游合作的重点要从团队游转向个人游，统筹观光旅游和商务旅行，实施更为便利的签证政策和购物免退税政策，比如RCEP框架下的签证互认，以及商务旅行和休闲度假的便利化政策。中马两国还可以联合东盟和RCEP的其他成员国，面向全球市场开发"一程多站"的跨国旅游线路，让"美丽中国（Beautiful China）"携手"马来西亚，真正的亚洲（Malaysia, Truly Asia）"成为经典的跨国旅游线路。

中马两国要进一步扩大地方交流和城市合作，有效缩减出境旅游者的决策过程和旅行成本。随着国民出境旅游经验的丰富，城市作为独立的旅游目的地形象更加凸显。中国游客说起兰卡威、吉隆坡、马六甲、沙巴、槟城等城市，以及神山、姆鲁国家公园、双峰塔、玲珑谷等景点，如同马来西亚人说起中国的北京、上海、广州、深圳、厦门等城市和故宫、土楼、黄山、兵马俑、广州塔等景点一样熟悉，仿佛随时可以过去串个门。为适应旅游目的地从国家到城市再到景点的空间尺度不断缩小的趋势，要进一步凸显城市在海外旅游推广体系中的功能和作用。广告、路演和专题推广可以再下沉一些，直接指向社区居民和消费终端。为迎接更多的国际游客到访，我们还需要在城市之间加密定期航班和旅游包机业务。

中马两国进一步研发生态旅游产品和康养旅游项目，以满足游客对安全和健康的追求。随着中国旅游经验的成熟，旅游者的脚步自然就会慢下来，从拍照打卡式的线路串烧转向对某个城市和度假区的深度体验。经过这次疫情，旅游更是回不到过去了。人们的旅行方式、决策机制和消费结构都将会发生重大的改变，生态、健康和亲情在出游动机和目的地选择中开始变得越来越重要。出境旅游者不仅要有阳光、沙滩、蓝天、白天，还要有美食、住宿、娱乐和购物等高品质的生活环境。只有适应这些变化的旅游目的地才可能在全球旅游目的地竞争中胜出，只有适应这些变化的旅游项目才会有可持续发展的可能。

中马两国要进一步促进旅游领域的项目投资、创业创新、自然人流动、中小微企业的数字化转型，以及教育、科技、数据和智库合作。面对消费需求和市场环境变化，无论是投资机构、跨国公司，还是服务游客出行和接待的中小微企业，都需要更大力度的政策支持和商业生态的创业创新。在此进程中，加强公共和私营机构之间的交流合作，扩大案例和数据的分享,以及专业人员的往来,将是我们共同的责任。中国旅游研究院(文化和旅游部数据中心)愿意与马来西亚商会加强合作,携手同行,为中马两国旅游业的复苏、创新和可持续发展的美好明天而努力奋斗。

第十一届马中企业家大会

2021 年 11 月 21 日

世界格局

札记·世界格局

四十年前，海外入境旅游者助力中国成为世界旅游大国。二十年前，出境旅游者让中国旅游市场成为中坚力量。今天，推进旅游业高质量发展，我们需要更加广阔的全球视野和更为系统的战略布局。

世界级旅游景区和度假区、世界级旅游城市和休闲中心、世界级旅游集团等旅游空间规划和市场主体建设，彰显了中国高水平建设世界旅游强国的意志和决心。在全球旅游业的复苏进程中，我们应当，也能够与世界各国各地区分享中国经验。在全球旅游业可持续发展的创新实践中，我们应当，也能够为世界各国各地区贡献中国智慧。

世界级旅游度假区的建设思想与实践进路

党的十九届五中全会提出"建设一批文化底蕴深厚的世界级旅游景区和度假区",全国人民代表大会通过的《中华人民共和国国民经济和社会发展第十四个五年规划和2035年远景目标纲要》将这一目标确定为国家意志。对此,"十四五"旅游业发展规划、文化和旅游"十四五"发展规划均做出了重点部署,并作为专项任务加以落实。从前期研究成果和公开信息来看,制订标准、项目入库、投资完善、考核验收、公开发布,将是各级政府建设世界级旅游度假区的常规动作。我们的主张是从需求侧入手,从人民群众对全面小康时代的旅游度假的新需求出发,深刻理解和系统把握世界级旅游度假区与世界级旅游城市、国际生态旅游目的地、国家级旅游城市和街区、旅游产业化等旅游业高质量发展的专项任务之间的关系,借鉴世界各国各地区发展旅游度假区的经验,尊重旅游经济发展规律,发挥市场主体和社会各界的积极性,稳步推进海滨、海岛、山岳、森林、湖泊、历史文化名城、主题公园等类型的世界级旅游度假区的建设。[1]

---

[1] 本文主要观点得益于黄璜博士和《世界级旅游度假区研究》课题组的研讨与互动。所引数据如未特别说明,均来源于中国旅游研究院(文化和旅游部数据中心)的旅游经济监测与预警、城乡居民休闲行为调查等专题数据库。

一、人民需要什么样的度假产品,我们就建设什么样的旅游度假区

与欧美国家的夏季海滨和冬季滑雪的集中休假不同,中国居民更倾向于选择外出旅游、本地休闲和多样化度假。受疫情影响,微旅游、微度假成为近年来人们调节身心的现实选择。调查数据显示,城乡居民的工作时间近年来稳中有升,休闲时间稳中有降。有意思的是,城乡居民对休闲时间的节点选择变得更加灵活,在非周末也会利用下班时间参与休闲活动。2017年的国民休闲专题调查表明,选择在工作日、周末和节假日外出旅游、休闲和度假的受访者分别为8.4%、22.1%和42.2%。数据表明,国民休闲度假市场呈现出明显的时间不确定性,淡季趋平、旺季更旺的特征十分明显。丰富多样的国土面貌、气候气象和历史人文,使得休闲度假空间呈现出非集聚特征。乡村、古镇、海滨、海岛、湖泊、森林、草原、主题公园,任何地方都可以作为国民的休闲度假地。随着老龄化和深度老龄化社会的来临,多数旅游度假区的客源结构的老年人比重上升,使一些地方的度假产品开始呈现康养化趋势。

全面建成小康社会的中国,包括旅游度假在内的积极休闲成为人民对美好生活的新追求。党的十九届五中全会决定要建设一批文化底蕴深厚的世界旅游景区和度假区,基于中国的文脉地貌向中国人民和各国各地区的游客提供世界级的度假体验。"十四五"期间,各级各类旅游度假区应当兼顾本地居民和旅居者的社区休闲需求、都市居民的郊野游憩需求,以及异国他乡旅游者的度假需求,构建旅游者、旅居者和本地居民共享的美好生活新空间。每个旅游市场都有不同层次的旅游需求,消费不同档次的旅游产品,既不能只关注本地居民的休闲度假而无视远程市场,也不能想当然地认为远程市场就比近程市场更为高端。从海南国际旅游岛、烟台仙境海岸、苏州太湖、上海松山等国家旅游度假区建设实践,银基国际旅游度

假区、融创雪世界、建业电影小镇等休闲度假项目，特别是迪士尼、环球影城、地中海俱乐部（Club Med）等国际度假品牌的运营经验来看，目标市场和产品组合都是随着度假市场的演化而迭代升级的。

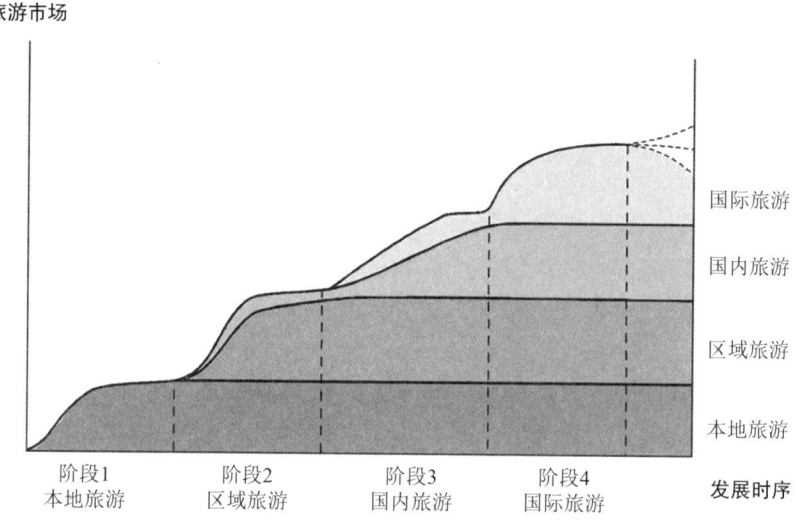

图1 旅游度假区市场范围发展演进时序图

资料来源：黄璜博士和《世界级旅游区研究报告》课题组，中国旅游研究院文献中心。

由于度假市场的层次性、多样性和演进性，加上度假区所在区域经济社会发展水平处于不同的发展阶段，行政主体没有办法使用一套放之四海而皆准的模式，或者一套固定的标准去指导全国各地的旅游度假区建设。多数情况下，我们只能给出指导思想、集成要素，划出安全与生态红线，充分发挥投资机构和市场主体的积极性、主动性和创造性。

二、旅游度假区建设的国际经验和发展理论，应当也可为我所用

旅游度假区当然要依托海滨、海岸、海岛、湖泊、山地、森林等自然环境，以及温度、湿度、冰雪、雾凇、紫外线、负氧离子等气候气象条

件。很多地方旅游度假区建设的可行性分析，首先讨论的也是这些自然生态要件。正如中国旅游研究院的避暑旅游和冰雪旅游课题组在持续十年的研究之后所得出的结论那样：自然环境和气候气象只是地方旅游发展的本底资源，而非决定性条件。景观之上是生活，是文化，是价值观。文化是旅游度假区形成特色的重要组成部分，也是吸引游客到访的长期因素。规划、投资和建设者要系统梳理所在区域的文化遗产、生活习俗、意识形态和价值观，以及地方愿意展示和游客也愿意体验的当代文化。意大利圣托里尼、法国普罗旺斯对老城古镇风貌的珍视，美国夏威夷的活力ALOHA，日本轻井泽的天人合一，还有加勒比海和南太平洋岛国的一站式全包价度假服务，无不蕴藏着深厚的文化底蕴，无不洋溢着鲜明的文化表现。

与短期停留的景区和拍照即走的景点不同，旅游度假区是游客较长时间停留的异地生活空间。不管是世界级、国家级，还是省级的旅游度假区，还要满足游客居停生活所需要的基础设施、公共服务和商业要素。这些要素包括但不限于度假品牌酒店、大型购物中心、美食餐厅、游乐场、运动设施、水疗中心、娱乐会所、公园、绿道等项目和服务。旅游目的地是生活环境的总和，在自然资源和文化底蕴确定之后，商业环境就是旅游度假成功与否的关键因素。国际知名的旅游度假区面向主要客源，更加注意在道路标识标牌、问询系统、免税购物、国际支付等旅行和消费过程中提供高度专业化的服务。这些服务的品质和游客满意度往往是由国际品牌的酒店与度假村、米其林餐厅、特色餐饮、免税品运营商和签约演出团体加以保证的，本地居民对待游客的态度、企业员工的专业素质和科技水平也扮演了越来越重要的角色。任何时候都不能忘记：最美丽的风景是人，人的链接才是最好的旅行。

世界级旅游度假区的建设离不开规划引领，离不开政府和社会力量的共同参与，并始终贯彻环境友好和社区共享的发展理念。韩国普门湖对度假区配套设施建设的高度、离湖面的距离、广告牌是否可以用等都有明确而具体的规定。世界级旅游度假区的建设者和运营方更加关注国际航空港或邮轮母港的国际通达性，强调以人为本的公共服务，对入境游客给予免签证、落地签证、一签多行、在线签证等通关便利。在旅游度假区建设和发展的进程中，政府需要重点做好目的地推广、基础设施建设、公共服务完善和社区利益协调等治理体系现代化等基础性工作，而投资、建设、研发和运营等商业实现过程，还是交给市场去做更为适宜。

三、世界级旅游度假区建设重在思想引领和过程指导，而非标准导向的评定性验收

引导旅游度假区与社区融合发展，推动新型城镇化建设和乡村振兴。绝大多数世界级旅游度假区并不像封闭式景区一样有物理空间边界，而是包含了旅游城市、旅游小镇、旅游村落等行政区，以及国家公园、世界文化遗产等旅游景区。只有从区域的视角统一规划、共同发展，才能够增强旅游度假区的可进入性、吸引力和接待能力，进一步完善旅游度假设施和产品体系，增强旅游度假区的可持续发展能力，最大化旅游度假区发展带来的经济、社会和生态效益。

引导旅游度假区以游客满意度为导向，推动旅游业高质量发展。建立以人为本的产品研发和服务理念，任何时候做任何事情都要想想游客的需要和感受，而不是我有什么就供给什么。旅游度假区所有的基础设施、公共服务和商业项目都应当让人感受到平等、自由和无限的可能，哪怕是残障人士、亚文化群体和数字化生存不便者都能够感受到生活的温暖和向上的力量。中国服务从来都不是面向强者服务的力度，而是弱势群体感受的温度。

引导旅游度假区增加文化内涵和科技应用，推动文化和旅游融合发

展。通过充分挖掘本土文化和民俗风情,并开发形成富有文化底蕴的旅游要素、旅游产品,能够在旅游度假区形成浓郁本土文化氛围,进而在全球旅游目的地激烈竞争中形成核心竞争力。重点抓好文化和旅游资源普查、非物质文化遗产的活化利用、旅游演艺、夜间旅游、文化景观建设等项工作。

引导旅游度假区从产品到项目再到综合度假区,推动旅游领域的共同富裕。建设分时度假、公寓式酒店、目的地俱乐部、第二居所等旅居设施,实现度假酒店和旅居设施融合发展,能够体现旅游度假的短期生活特征,满足旅居者的异地生活需求,形成可持续的投资发展模式。培育世界级度假产品集群,大力发展休闲购物、健康旅游、体育运动、海洋旅游、商务会展等度假产品。拓展城市休闲、郊野游憩、乡村旅游和生态旅游空间,以满足本地居民休闲需求、旅居者生活需求和旅游者度假需求,整体提升游客满意度。

引导旅游度假区夯实人才、数据等工作基础,推动旅游业可持续发展。建设世界级旅游度假区发展高端智库,建立游客满意度调查和评价机制,为外地和境外的专业人士和创业者提供工作许可、居留生活和国际旅行的便利条件。加大金融、财税支持和建设用地保障,切实优化营商环境。搭建多元化、跨领域的旅游度假区交流合作平台,构建旅游推广营销网络,实施全球度假市场营销计划。

2020 年 9 月 18 日于烟台、丽江

世界级旅游城市的
数据审读、游客视角和进阶方略

一、城市、城市旅游和旅游城市,我们说的是一回事吗?

虽然有北京发起的世界旅游城市联合会,还有郑州每两年举办一次的世界旅游城市市长论坛,更有上百座城市号称要打造国际或者世界旅游城市,但是到目前为止,我们还没有广为接受的世界级旅游城市的概念界定和技术性定义,也没有像世界自然和文化遗产名录那样由联合国教科文组织这样的官方机构加以评定,或者像世界人居奖、奥斯卡奖那样由公认的基金会或者非政府组织评审并有相应的指标。这并不妨碍我们对这一主题进行理论研究和实践探索,并将此作为前行的方向和奋斗的目标。在现有的政策语境中,如同世界一流大学、世界级旅游景区和度假区等概念,世界级旅游城市主要从导向和目标的角度提出发展要求,列举若干样本城市加以对标,形成共识后通过中长期规划加以落实。在具体工作中,很多地方希望国家旅游行政主管部门能够出台标准或者建设评估文件,地方申报、专家评估、政府授牌,最终获得世界级旅游城市的荣誉。问题是由于冠名是"世界级",而非"国家级",导致这条传统的申报路子走不通,总不能我们自己关起门来列几个指标,就自己说自己是世界级旅游城市了吧?世界一流大学都不能这么建,何况世界级旅游城市呢?

旅游&信心·世界格局

既然国际上没有人评，国内不好评，一个可行的路径就是锚定一个"世界级旅游城市样本群"，通过一段时间的努力而成为它们中的一员。问题是确定进入这个样本群的标准，是以旅游为主导产业的城市，还是所有对游客开放的城市？如果是前者，筛选出来的样本城市将主要是威尼斯、圣托里尼、黄山、张家界这样的中小城市，甚至日本轻井沢、新西兰皇后镇、意大利五渔村、荷兰羊角村等微型度假地和休闲乡村也会进入评价视野，那桂林已经是世界级了。如果是后者，纽约、巴黎、新加坡、香港、东京就会因为城市旅游而进入旅游城市的"一揽子"样本，以这些城市为参照系，桂林可能永久也成不了世界级。事实上，是不是旅游城市，是不是世界级，多是游客的口碑决定的。当然我们也可以通过对清单上的城市进行定性和定量的分析，倒也可以拉出若干条特征，还可以在其演化的历史中描摹出逻辑的线条来。需要注意的是，不是所有的事情尤其是涉及人与社会的复杂系统，都可以通过"逆向工程"进行拆解再现的。优秀的文学评论家就算是解构了《红楼梦》《百年孤独》的所有密码，依然写不出同样优秀的作品。从这个意义上说，政治家和企业家是世界级旅游城市的创造者，学者和理论工作者更多时候扮演的是文艺评论家的角色。

一个可资借鉴的指标体系是世界经济论坛（WEF）发布的城市竞争力评价（CCI：City Competitiveness Index）、旅行和旅游业竞争力指数（TTCI：Travel & Tourism Competitiveness Index）。前者评价的是城市，而非旅游目的地。后者评价的是旅游目的地，但它是以国家和地区而非城市为评价对象，而且也不区分国家和地区的面积大小、人口多少和经济发达程度，统一对全球140个国家进行评价和排名。旅行和旅游业竞争力指标体系侧重于对旅游目的地综合环境因素的影响，共包括赋能环境、旅游和旅行政策与赋能条件、基础设施、自然和文化资源等四项二级指标和14

个观测指标组成。这些指标体系有助于我们理解那些一流的旅游目的地国家和地区,包括新加坡这样的城市国家和中国香港这样的城市经济体,它是如何构建旅游接待体系,赢得全球旅游和旅行者的青睐,进而提升其旅游业的可持续竞争能力。

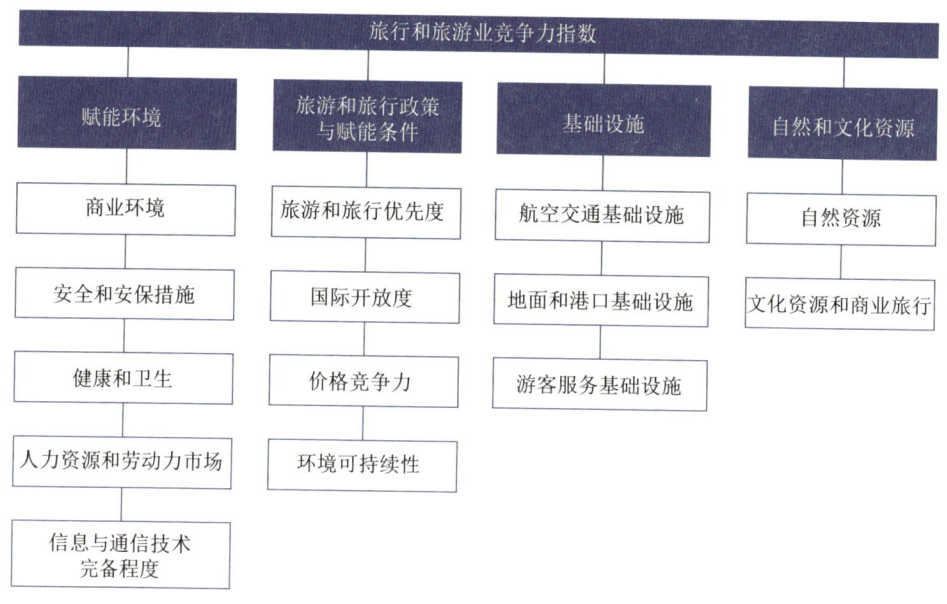

图1 世界经济论坛旅游目的地竞争力指标体系

资料来源：中国旅游研究院统计调查所、规划与休闲所根据世界经济论坛网站资料和数据整理。

在过去十年中,中国旅游研究院在澳门建设世界旅游休闲中心、世界旅游城市联合会旅游城市评价体系、西藏打造重要的世界旅游目的地等研究项目中,我们抽象出世界级旅游目的地若干特征,使之成为地方旅游的发展目标和努力方向。这些特征包括但不限于：世界级的旅游资源吸引力、沟通世界的交通网络、全球化的游客市场、特色而包容的文化、高游客满意度、高位稳定的旅游产业景气和经济社会贡献率。有了这个类似于经济学的充分竞争假定,我们就好对包括桂林在内的旅游城市发展现状进行定量和定性的评价，并制订相应的行动方案。考虑到地方发展的需要，本文主要从国际国内游客到访量、旅游收入及其增长趋势等指标加以数据审读，从游客满意度评价、变化趋势和横向比较的视角，结合国家战略和具体市情，对桂林建设世界级旅游城市的进阶方略加以阐释。①

二、数据审读：桂林离世界级旅游城市有多远？

"十二五"和"十三五"时期是桂林旅游业持续稳定增长的十年，国内旅游接待人次从2010年的2097.71万增长到2019年的13 519.07万，增长了544.47%。同期全国的国内旅游出游人次分别为21.03亿、60.06亿，增长了185.59%。从数据来看，桂林的国内旅游市场增长速度明显要快于全国平均水平。从入境旅游市场来看，2010年桂林接待海外游客148.62万人次，2019年这一数据为314.56万人次，增速虽然明显高于全国数据，但总体处于自然增长态势。2019年，入境过夜游客人均每天花费为268.84美元，扣除物价因素，与十年前相比，仅有微弱的增长。这个数据无论与北京、上海、广州、苏州等入境旅游目的地城市比，还是与纽约、巴黎、东京等世界城市比，与日内瓦、威尼斯、坎昆、多米尼加、迪拜、奈良等世界中小型旅游城市比，与改革开放初期桂林在全国入境旅游格局的地位，以及新发展阶段国家入境旅游战略对桂林的期待相比，都有十分显著的提升空间。

---

① 在本文的前期研究和写作过程中，中国旅游研究院数据分析所所长何琼峰博士、统计调查所所长马仪亮博士协助整理了相关数据，副院长唐晓云博士、政策所所长宋子千博士、规划与休闲所李雪博士、黄璜博士在审读中提出了宝贵意见，一并致谢。作者对文稿的框架、模块、观点及其展开过程独立负责。

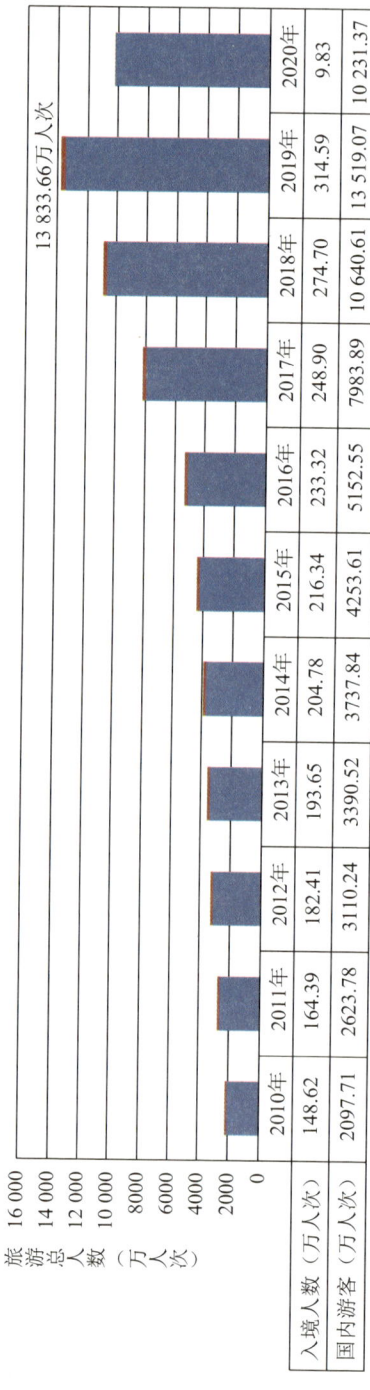

图2 桂林接待国内、入境旅游人次（2010—2020年）

资料来源：中国旅游研究院（文化和旅游部数据中心）数据分析所根据桂林旅游部门历年发布的数据整理。

在过去十年中，访桂国内旅游者人均消费从639.62元增长到1280元，翻了一番。同期全国国内旅游人均消费从598.2元，增长到925.8元。应当说这是一组不错的数据，但是考虑到北京、上海、广州、深圳、重庆、成都、武汉、苏州、杭州、哈尔滨、青岛、大连等直辖市和副省级城市、口岸城市，以其经济、科技、教育、贸易、金融等综合优势发展城市旅游并稳居第一方阵的现实，桂林在国家旅游城市竞争力的版图中的位置与四十年前、三十年前和二十年前相比，还是呈明显的后移趋势。从年游客接待人次、旅游总收入和增长速度等经济数据来看，桂林也能明显感觉到来自三亚、海口、黄山、张家界、洛阳、郑州、拉萨、敦煌等省会城市和重点旅游城市的追赶压力。

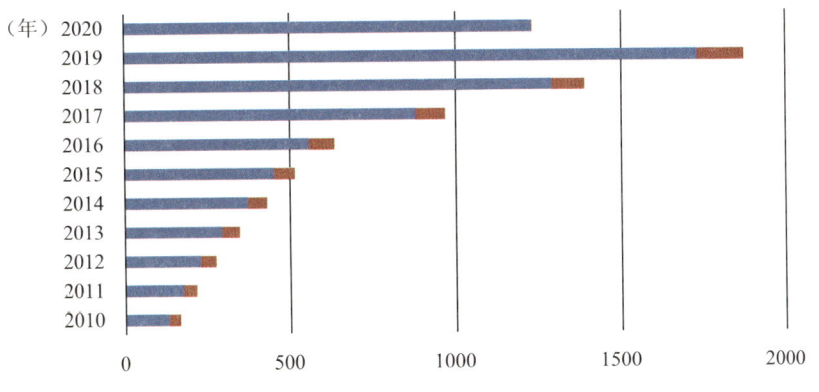

图3 桂林市国内、国际旅游收入（2010—2020年）

注：蓝色部分为国内旅游收入（亿元人民币/年），红色部分为国际旅游收入（亿美元/年）

资料来源：中国旅游研究院（文化和旅游部数据中心）数据分析所根据历年桂林旅游部门发布的数据整理。

根据中国旅游研究院于2021年4月发布的《世界旅游城市发展报告》，竞争力位于全球前二十位的旅游城市是：伦敦、东京、纽约、巴黎、洛杉矶、北京、莫斯科、首尔、马德里、新加坡、都柏林、上海、罗马、阿姆斯特丹、柏林、香港、悉尼、大阪、多伦多和慕尼黑。上榜城市的共性特征包括但不限于全球辐射力的航空枢纽、国际贸易中心、商业消费中心、文化中心、科技创新中心、现代化的治理能力,政府对旅游、休闲、会展领域的重视和投入,以及由专业人员组成、市场化运作的全球旅游推广机构。与世界级城市的旅游发展成就相比,桂林在一些基础指标上还有很大的赶超空间。

接下来,让我们以访问桂林的入境旅游者为例,看看他们的钱都花哪儿了。长期以来,访桂旅游者的长途交通和购物项目各占总消费的三成左右,住宿、餐饮和娱乐分别约占到10%、6%和5%,景区游览消费占6%~7%。这样的消费结构意味着桂林还是典型的观光旅游,而非休闲度假旅游目的地,更不是国际旅游消费中心。这组数据还预示着桂林旅游业高质量发展的空间和供给侧结构性改革的方向,那就是进一步延伸国际国内游客的在桂停留时间,有效提升广大游客在本地居停期间的休闲消费,而不是来了、看了、走了。

表1 桂林入境过夜旅游者消费结构(2014—2019年)

年 份	人均天花(美元)	长途交通(%)	住宿(%)	餐饮(%)	景区游览(%)	娱乐(%)	购物(%)	市内交通(%)	邮电通信(%)	其他(%)
2019	268.8	12.6	9.7	6.4	6.2	3.1	22.9	5.8	1.4	32.0
2018	245.1	7.5	10.6	4.8	5.6	4.5	32.8	3.8	1.1	29.3
2017	236.3	31.8	13.2	5.8	5.1	2.4	19.2	2.8	2.0	17.6
2016	257.9	34.8	14.1	6.2	6.0	3.2	17.9	3.0	1.7	13.2
2015	237.0	35.9	13.0	6.4	5.6	3.4	17.4	2.9	1.6	13.6
2014	228.4	24.7	11.7	5.1	7.1	6.7	31.3	2.9	1.9	8.6

数据来源:中国旅游研究院数据分析所根据入境旅游抽样调研资料和桂林市文化和旅游相关数据整理。

进一步引入节假日旅游市场数据，及其占全年旅游接待人次和旅游收入比例加以分析，国庆节假日七天接待游客数量自2016年之后保持了持续高速增长态势，2020年接近300万人次，增幅远超"十三五"期间访桂游客的年均增幅。春节假日旅游市场也大体是这个趋势，意味着节假日对桂林旅游市场的重要性在增加。

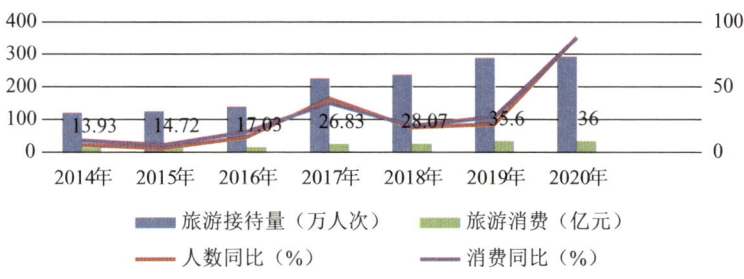

图4　桂林国庆节假日旅游市场（2014—2020年）

资料来源：中国旅游研究院（文化和旅游部数据中心）数据分析所根据桂林市文化和旅游主管部门假日数据整理。

图5　桂林春节假日旅游市场（2014—2020年）

资料来源：中国旅游研究院（文化和旅游部数据中心）数据分析所根据桂林市旅游主管部门假日数据整理。

对比世界级旅游城市的工作日、周末和公众假期的市场数据可以看出,尽管会有春节、圣诞节等少量的消费高峰期,总体上还是比较平稳的。到访游客在时间和空间维度上的常态分布,有利于形成城市公共和私营部门及社会各界形成稳定的市场预期,进而高效率地做好游客接待和安全生产工作。节假日游客密集到访和集中消费,非节假日却相对冷清的城市,很难保证服务质量和游客满意度在高位运行。

三、游客视角:他者眼中的世界级旅游城市及其应该有的样子

走向高质量发展的桂林旅游,建设世界级旅游城市的桂林,必须对"游客满意度高不高""市场主体竞争力强不强""旅游业发展动能新不新"念兹在兹,不断提升。其中,游客满意度是衡量旅游业发展质量的重要指标,也是决定一座城市能否建成世界级旅游目的地的重要抓手。与经济社会发展的其他领域不同的是,无论我们有多少自以为稀缺的资源,有多少规划出来的精品线路、产品和服务,没有游客的到访和认同,就不可能有旅游城市的任何可能。自2009年创设全国游客满意度项目以来,中国旅游研究院(文化和旅游部数据中心)已经连续52个季度对包括桂林在内的全国60座城市开展游客满意度调查。在此,我愿意与各位领导和同志们分享国际国内游客对桂林的满意度评价数据,并从历史比较和横向比较等维度对桂林旅游业的高质量发展进行系统研判。

2013—2020年,桂林游客满意度整体保持上升趋势,从"基本满意(75~80分)"升至"满意(80~85分)"区间。在纳入测算的60个国内主要旅游城市中,桂林的游客满意度排名国内处于中等偏上水平。除2013年进入前十位和2016年跌入后二十位以外,其余年份的全国排名基本在15~25位之间。值得关注的是,2016年之后,游客对桂林的满意度评价低于全国平均分数。从区内来看,桂林的游客满意度一直高于南宁和北海,

但是北海近两年的游客满意度提升较快，与桂林的差距在逐渐缩小，去年已经基本持平。

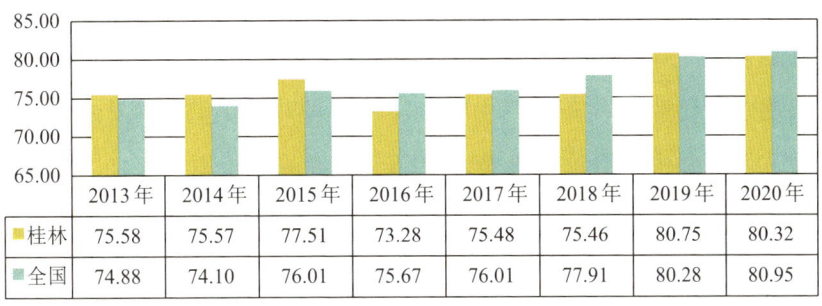

图6　桂林市游客满意度调查指数（2013—2020年）

资料来源：中国旅游研究院（文化和旅游部数据中心）历年来全国游客满意度调查报告。

最新的游客网络评论数据显示，桂林各项指标满意度水平仍然高于全国平均水平。其中，旅行社服务、当地居民态度、预订满意度评价较高，性价比、推荐度、餐饮、景区、购物满意度居中，住宿、目的地形象和行业管理则有较大提升空间。

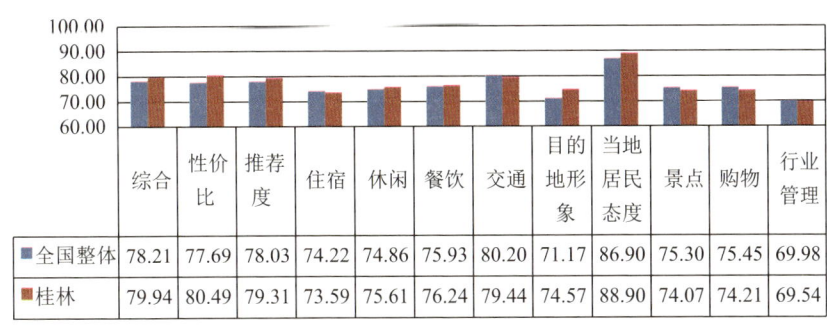

图7　2021年每一季度游客对桂林的线上评论数据

资料来源：中国旅游研究院（文化和旅游部数据中心）历年来全国游客满意度调查报告。

游客对"桂林山水甲天下"印象深刻，对依托山水资源的景点往往会给出极高的评价。游客眼中的遇龙河"常年水质清澈，水流缓缓，有28道堰坝，景点百余处，没有任何所谓现代化建筑，没有任何人工雕琢痕迹，没有任何一点都市喧嚣，一切都是那么原始、自然、古朴、纯净，实为桂林地区最大的纯自然山水园地"。更不用说标志性的漓江了，"从桂林到阳朔大型游船全程需要四小时，那是一种对游览漓江风光的享受，像是走进了一幅画中，而这幅画会永远印刻在你的脑子里"。

游客对桂林的历史文化遗产和民族风情充满了无限向往。桂林的文化本底是中原文化，地方剧种桂剧、彩调、文场子均以北方官话体系的桂林话传习。"青色瓦、白色墙、尖屋顶、石板街，整条街道古香古色、古朴典雅，地方特色浓郁，可以品尝到当地特色小吃及美食，可以挑选有民族元素的手工艺品、纪念品""享受美食的同时，还有背着吉他的年轻歌手献艺，整条街道洋溢着欢乐的气氛"。

桂林人的好客给异国他乡的游客留下了深刻的印象。无论是阳朔的啤酒鱼，还是桂林米粉，店家的好客、热心肠都是桂林旅游的加分项。游客评论道："胜利米粉店到底在哪里啊？想吃找不到啊！""外面特别冷，店家将我们带到室内暖和的地方，桌底下又给我们放好暖气。鱼是新鲜的，现场帮我们搁锅里煮。菜太多我们两个人吃不完，就帮我们打包带走，走的时候欢送我们。"

从评论来看，游客还期待桂林旅游的现代化治理、亲切有感的待客之道，以及更高品质的生活方式。"作为一座世界知名的旅游城市，公共标识系统能否请专业人员把关，而不是盲目相信机器翻译，比如把'公共卫生间'硬是译成'Between Public Health'，直把外国旅游者看晕了""滨江路上的旅游者想看一眼这座城市的地标（象鼻山），却被枝繁叶茂的榕树、天竺桂、蒲葵树严严实实地挡住了视线""旅游行业乱、景点质量差，但凡人会多看两眼的地方就圈起来收费""走遍大街小巷，除了啤酒鱼就是特产店，还有其他一些全国各地都可以看到的东西，特产店里也都是鱼还有罗汉果干""唯一的感受就是无论去哪里都要收钱，大街小巷停车收钱，去玩也收钱，有些政府标明免费的景点也有人自发地堵在门口去收钱"。游客的评论可能有些刺耳，甚至让我们有小题大做、以偏概全之感。可是作为一种生活方式的旅游，作为主客共享的城市品质，不正是由细节和日常构成的吗？无论我们是国家级，还是世界级，都须时刻牢记游客所要的触手可及的温暖。

四、城景融合、主客共享与高质量发展：世界级旅游城市的进阶方略

1. 坚持大众旅游的人民性，构建城景一体、城乡共荣、主客共享的现代化城市新空间

2021年4月26日，习近平总书记考察桂林时指出，"老百姓的幸福感来自哪里？就来自良好的生活环境。""要坚持以人民为中心，以文塑旅、以旅彰文，提升格调品位，努力创造宜业、宜居、宜乐、宜游的良好环境，打造世界级旅游城市"。① 城市首先是市民的城市，当地老百姓有了经济社会发展的获得感，有了幸福感满满的高品质生活，异国他乡的游客自然愿意到访，乐于停留，城市才会成为主客共享的美好生活新空间。桂林历史悠久、人文底蕴深厚、商贸发达，长期居于广西和周边地区的经济社会和文化中心位置，根据自治区和市"十四五"经济社会发展规划，将来会越来越好。

一是以建设世界级旅游城市先行示范区为抓手，推动国家层面的顶层设计和政策创新。世界级旅游城市与世界级城市建设和世界级旅游目的地

---

① 人民日报2021年4月29日头版，《"加油、努力，再长征！"——习近平总书记考察广西纪实》。

的发展密不可分，城市建设特别是主城区和县域中心城市的建设承担着旅游目的地主体形象塑造，航空港、高速铁路、高速公路等交通基础完善，公共服务和治理水平提升，商业环境和接待体系依托等重任。当代都市旅游目的地的竞争已经不再是传统的自然资源和历史遗产的竞争，甚至也不是景区、主题公园、旅行商等市场主体之间的竞争，而是经济社会发展、自然生态保护、治理体系与治理能力、文化辐射力和全球话语权之间的全面竞争。方方面面的协调，千头万绪的工作，没有更大力度的改革开放和更高能级的释放，很难实现预期的目标。建议在中央深改委的框架下，发布《关于支持桂林建设世界级旅游城市先行示范区的意见》及其实施方案，可以分三步走：到"十四五"末，将桂林建成旅游业高质量发展的国际化创新城市；到2035年，将桂林建设成为高品质的全球旅游消费中心和旅游强国的城市范例；到本世纪中叶，桂林要成为旅游竞争力、文化影响力和综合创新力位于一线行列的世界旅游发展的标杆城市。结合国务院"十四五"旅游业专项规划、文化和旅游部"十四五"文化和旅游发展规划，重新做好国家公园、国家文化公园（长征）、世界级旅游景区与度假区、国家级旅游休闲城市和街区、文化遗产（灵渠）、非物质文化遗产、文化和旅游融合发展示范区、夜间旅游消费集聚区等规划对接和政策落实工作。中国旅游研究院（文化和旅游部数据中心）愿意就平台搭建、专项研究和常态化合作机制等议题，与桂林做进一步探讨。

二是要重点推进文化底蕴深厚的世界级旅游景区和度假区建设。地域文化鲜明、主题资源突出、度假产品齐备是世界级旅游景区和度假区的内涵和要件，规划和管理机构无不统筹考虑当地自然和人文的本底资源与旅游市场的契合度。1972年，墨西哥政府以玛雅文化为主题资源，制定整体规划，开启高速路、国际机场、海港等基础设施建设，逐步完善酒店等度假产品，使坎昆旅游度假区从众多海岛旅游度假区中脱颖而出。在建设和发展过程中,城市管理者会统筹社会力量,强调社区共享。韩国普门湖度假区,早期的基础设施和部分服务设施由政府投资,后期通过免税、减息等优惠政策,吸引大量社会资本进入,丰富了度假产品体系。注重社区共享决定了度假区长远发展,法国阿尔卑斯山国际旅游度假区,农民将旅游业与农业结合起来,开创了阿尔卑斯山区家庭经营小规模旅游业的传统。环境友好是世界级旅游景区和度假区可持续发展的关键。从早期的规划管控到后期的保护措施,将生态、资源保护具体化、规范化、法制化。韩国普门湖对度假区配套设施建设的高度、离湖面的距离、广告牌是否可以用等都有明确的规定。世界级旅游度假区大多拥有国际空港或海港的枢纽支撑和快速交通接驳系统,同时,以免签证、落地签证、一签多行、在线签证等政策创新,为游客通达提供便利。在具体运营过程中,强调引进国际化品牌和专业化管理,以精细化服务提升体验舒适度。为提升游客的度假体验,普吉岛在产品设计上精细创新,引入一价全包式服务,将酒店和度假村营造成微型度假目的地。更多度假区面向主要客源,在标识标牌、问询系统、国际支付、免税购物上专项设计、精细服务,为游客营造轻松、惬意的度假氛围。

  三是要率先推进文化特色鲜明的旅游休闲城市和街区建设。商业街区是守护传统和彰显个性的现实空间,并成为一座城市、一个地区和一个国家的形象标志。纵观国内外街区的发展历史与实践经验,无论是狭长的线形空间、圆形的放射状区域、"申"字形和"国"字形的异构空间组合,还是综合利用地上、地面、地下的立体化空间区域,都有可能成为世界知名的商业街区,并吸引本地市民和外来游客的频繁到访。我们很难想象没有那条凯旋门延伸到协和广场的香榭丽舍大道,巴黎是否仍是世人心中的巴黎?没有了宽窄巷子的成都,没了横山路和南京路的上海,没有了大巴扎的乌鲁木齐,还是我们想象中的那座城吗?旅游休闲街区要挖掘传统文化，彰显本地文化自信并形成可视可触可感的生活环境与街区氛围，以时尚、健康和科技形塑街区的未来。纽约第五大道，除了是购物的天堂，还是众多作家、画家、演员等艺术家的居住之所，同时也是剧院、博物馆和艺术馆雅集之处，多元文化和谐共生。旅游休闲街区不能只想着建步行街、引老字号，还要植入当代生活方式、现代商业形态和产业服务，"离桂免税"等商业政策要尽快落实。

四是要着力建设相互依托、相互支撑的"都市—乡村"世界级旅游城市发展新格局。从客源地角度而言，要有效引导都市客源向近郊和乡村旅游目的地溢出，以都市旅游的消费升级助力乡村振兴，构建新发展阶段的旅游消费新格局。还要看到，只有初级资源，而没有高效能的生产要素，民宿、乡创和田园综合体等业态则无处依托，农民只能从乡村旅游者的低预算消费中获得有限收入。这样的乡村旅游是不可能有内生的消费升级和产业转型动力的，而缺少乡村支撑的城市，不可能建成世界级旅游目的地。在促进都市客源向乡村流动的同时，也要吸引资本、技术和人才到乡下去，形成落地生根、内生驱动的旅游产业体系。随着决胜脱贫攻坚转向乡村振兴，特别是广大农村居民可支配收入和文化需求的增长，农村和城镇开始成为出游人数增速快于都市的客源地，农村居民开始成为快速增长的消费主体。我们要高度重视农村旅游市场培育，并做好农村旅游者进城的各项准备。

2. 坚持先进文化的引领性，培育开放包容、互学互鉴的全球化新理念

世界级旅游城市得有吸引世界心向往之的文化地标和艺术氛围，只有"甲天下"的桂林山水，没有深厚的文化底蕴，是没有办法建成世界级旅游景区和度假区的。

一是要充分认识并传承利用好历史传统和文化遗产，特别是世界级文化遗产和国家级、省级非物质文化遗产，它们是世界级旅游城市建设的核心资源。习近平总书记多次强调，推动中华文明创造性转化和创新性发展，让收藏在博物馆里的文物、陈列在大地上遗产、书写在古籍里的文字都活起来。既要溯源历史，保护传承，也要在新发展阶段，以新发展理念创新文化遗产的生产和生活功能，塑造其时代价值。龙胜龙脊梯田是世界农业文化遗产[①]，以其秀美的山河、耕作的场景和温馨的烟火而成为现代化进程中挥之不去的乡愁记忆，吸引了成千上万的海内外游客到访，也带动了当地的民宿、餐饮和土特产品的销售。当我们为此而自豪的同时，也要思考这一遗产与现代文明特别是当代生活的关系。如果生活在这块土地上的人民不能从城市化进程和乡村振兴中获得现实的收益，以及未来发展的可能，那么文化遗产对旅游城市的建设将是不可持续的。作为全国百家非遗馆之一的桂林非物质文化遗产体验馆，集中收藏并在特定时间活态展示瑶族服饰、雕版彩色套印、草龙草狮等非遗项目，很是令人向往。公共文化场馆建设不易，利用和传播更难，如何与科技创新、现代生活、艺术和时尚相结合，是世界性的难题，也是世界级旅游城市建设必须要回答的现实课题。我一直呼吁乡村振兴中引入专业志愿者和驻村艺术家制度，更希望改革土地制度和开展新乡贤运动，以现代生产方式让传统文化走入当代生活，以现代生活方式让年轻人留下来。

二是弘扬红色资源及其承载的家国情怀和共同价值，为世界级旅游城市建设注入源源不断的强大精神动能。1934年11月，发生在桂林的湘江战役，是长征途中关系中央红军生死存亡的一战，对中国革命的前途和命运产生了深远影响，留下丰富的红色资源和宝贵的精神财富。2018年，

---

① 联合国粮农组织2018年在罗马授予了中国南方山地稻作梯田系统为全球重要农业文化遗产项目（GIAHS），该项目包括江西崇义客家梯田、福建尤溪联合梯田、湖南紫鹊界梯田、广西龙胜龙脊梯田。目前该项目全球共有50项，其中中国15项。见联合国粮农组织网站。

习近平总书记就规划建设湘江战役纪念设施做出了专门批示。2021年4月25日,习近平总书记来到位于桂林市全州县才湾镇的红军长征湘江战役纪念园,向湘江战役红军烈士敬献花篮。他指出,为什么中国革命能成功?奥秘就是革命理念高于天,在最困难的时候坚持下去,这样才能不断取得奇迹般的胜利。[1]纵观世界各国各地区的旅游城市,从莫斯科、布拉格、维也纳、马德里、伦敦,到华盛顿、渥太华、哈瓦那、布宜诺斯艾利斯,再到夏威夷、堪培拉、马尼拉,都有承载国家历史、民族文化和共同价值的纪念场馆,并设有基于史实和科学的艺术展陈、庄严肃穆的仪式和历史学家审定的多语种解说。在世界级旅游城市建设的过程中,我们需要以世界各国听得懂的语言,向国际游客讲述中华民族的家国情怀和共同价值,在这方面我们还有很多工作要做。

三是充分认识承载民族复兴和人民幸福的中国梦,是社会主义先进文化的重要组成部分,积极培育世界级旅游城市建设的全新动能。人往高处走,水往低处流。世界一流的城市旅游目的地,不应该也不可能无休止地向游客强调这里的山川如何秀美,曾经多么繁荣。那些世界一流的城市旅游目的地,吸引游客到访的固然有自然环境和历史文化的因素,更是因为它们有全球性的交通枢纽、现代化的城市布局和创新能力,国际化的商业环境和治理水平,以及面向未来的平等、自由和无限可能。相对而言,拥有多少世界自然和文化遗产并不是最重要的,更不用说中国特色的A级景区和国家级旅游度假区。近年来,随着短视频的崛起,重庆的轻轨穿楼、长沙市行人过马路的粉色爱心斑马线、成都的三星堆,甚至要进昆明参加COP15的大象群都会成为网红现象,吸引年轻人纷纷线上"种草",线下"打卡"。透过热闹的表象,我们看到的是广大游客对现代化进程中的城

---

[1] 《习近平谈湘江战役:中国革命成功的奥秘就是靠理念信念》,引自2021年4月26日"学习小组"公众号。

市的欣喜发现,城市的现代与我们每个人都有相关性。

3. 坚持要素和资源配置的市场化导向,着力构建创新驱动的旅游业高质量发展新格局

在建设世界级旅游城市的进程中,政府这只看得见的手和市场这只看不见的手都要发挥作用,充满创新活力和产业带动性的市场主体更是不能缺位,也不应该缺位。自在·桂林康养度假项目是我跟踪多年的项目。还记得六年前在大墟古镇,我从江边码头拾级而上,沿着弃用的铁轨缓行沉思:得有这么一个项目,一头牵着繁华的记忆,一头引着无限可能的未来。昨天去现场看了看,分三期开业的项目已经基本成型了,它不是传统的旅游项目或者度假酒店集群,而是引领东方生活方式、探索人类文明的桂林样本。这样的项目不是多了,而是少了。除了新项目,还要有新产品、新业态,特别是旅游服务商和导游等自由职业者。那么多游客到访,都由书记、市长、局长、科长接待,现实吗?还是得靠市场主体的高水平创新和高品质服务。

市场主体有活力了,旅游产业生态培育起来了,政府和公共机构做什么?一是落实世界级旅游城市的发展理念,就是向世界展示我们的生态文明成就、经济建设和社会发展成就,宣传社会主义先进文化。就是要吸引更多的外国人、港澳同胞、台湾同胞、华人华侨到访桂林,把桂林建设成为国际消费中心城市。二是城市营销,尤其是职业化、专业性的海外营销。可以借鉴芝加哥、迪拜、香港、新加坡、三亚等城市旅游推广的经验,组建独立于行政机构之外、非营利法人机构——桂林旅游推广局。三是旅游治理体系和治理能力的现代化。长期以来,我们的市场治理主要围绕旅行社和导游展开。现在是散客化、自由行、智慧旅游的时代,也是"(政府)法无授权不可为,(企业)法无禁止则可为"的时代,桂林要有改革的勇气,成为国家旅游治理现代化的实验区。四是抓好科技、教育和人才支撑。经此一疫，旅游业已经回不到"圈山圈水收门票，人山人海吃红利"的时光了。要以科技、艺术、教育、人才、研发创新的新动能，满足消费升级的新需求，进而为世界级旅游城市建设提供基础支撑和无限可能。

桂林建设世界级旅游城市专家研讨会

2021 年 6 月 11 日于桂林

世界旅游复苏需要更多亚洲智慧

尊敬的韩国文化观光研究院院长金大观阁下,
各位同事、旅游业界同仁、媒体朋友,
下午好!

  自2012年中国旅游研究院与韩国文化观光研究院签署战略合作协议以来,每年都会在两国轮流举办一次专题研讨会,已经成为国家级旅游智库合作的典范。因为疫情的原因,去年和今年的会议是在线上进行的,仍然如往年一样取得了多项共识,并成为两国旅游发展和政策创新的理论支撑。随着全球疫情防控取得阶段性成果,一些国家和地区的经济社会生活开始恢复常态,本地休闲和国内旅游稳步增长,分阶段、有保障地放开国际旅行限制,重振国际旅游市场的活力,已经具有广泛共识和全球愿景。因为疫情而中止了近两年的国际旅游市场,何时以及如何重启,应当也可以成为专业智库和研究机构的现实课题。

  我们很高兴地看到,随着疫苗接种规模不断扩大及接种速度加快,特别是应对危机的经验的丰富和措施的完善,国际旅游市场的外部环境正在发生积极的变化,国际旅游消费的信心正在恢复,国际旅游产业振兴的动能正在积聚。在政府和社会各界的共同努力下,加上世界卫生组织等多边机制富有成效的工作,绝大多数国家、地区和城市的居民已经走出了疫情发生之初无所适从的恐慌蔓延阶段,经济社会发展和日常生活已经基本恢复至疫前状态,对旅行、旅游和休闲的向往也日益迫切。根据中国文化和旅游部门发布的 2021 年劳动节假日数据，国内旅游出游人次已恢复到疫前水平，超过 2019 年同期 3 个百分点。截至 2021 年 9 月 4 日，中国大陆地区累计接种新冠病毒疫苗 21 亿剂次。美国、英国、德国等主要国际旅游客源国和目的地的疫苗接种比例也在不断提高。来自医学、公共卫生和科技界的相关研究表明，疫苗接种率的提高明显有助于新发疫情的可防可控。

我们很高兴地看到，促进入出境旅游市场复苏和国际旅游产业振兴已经成为全球共识，并形成若干可复制、可推广的创新政策和技术方案。随着疫情防控形势的稳定，越来越多的国家在经济增长、社会稳定和国际合作等多重因素影响下，倾向于放宽旅行限制。3 月，以色列恢复至纽约、法兰克福和巴黎等地的国际航班。5 月，欧盟理事会建议欧盟成员放松部分已接种疫苗的非欧盟旅行者入境的限制。6 月，芬兰、加拿大开始放松对部分已接种疫苗的国际旅行者的入境限制。7 月，"疫苗护照""旅游泡泡"和"旅游沙盒"开始成为外交、移民、海关和旅游部门讨论的热词。其中，"疫苗护照"是以签证和入境便利化为目标，为国际旅行者提供移民部门所认可的健康证明，也是统筹疫情防控和市场复苏的政策创新。2021 年 1 月，冰岛成为首个签发"疫苗护照"的欧洲国家，欧盟委员会随后公布了该政策的欧洲方案，7 月推出了数字疫苗护照。

匈牙利政府将疫苗接种作为旅游业复苏的重要引擎，将疫苗接种人数与解禁措施挂钩，实现阶梯式开放。2021 年 6 月底，该国疫苗接种人数已经达到 500 万，超过该国人口的一半，民众进入酒店、餐厅、浴场等公共场所不再需要提供免疫证明，文化和休闲活动基本恢复到疫前的正常生活状态，有效提振了旅游消费信心，有力促进了国内市场恢复。为进一步提振入境旅游市场信心，匈牙利政府持续推进国家间疫苗互认，7 月与欧亚十七国实现了疫苗互认，并执行欧盟的"疫苗护照"计划，以方便国家间人员流动,全力刺激入境旅游恢复。

我们很高兴地看到,受疫情防控形势好转和旅行政策阶段性宽松的鼓励,各国各地区旅游推广机构的宣传力度开始加大,线上线下的营销活动日趋活跃。5月29日,皇家加勒比海洋光谱号技术性停靠上海母港,全部400名船员的核酸检测结果呈阴性,验证了邮轮疫情防控策略的有效性。6月,瑞士、德国、突尼斯旅游机构在北京分别举办了2021年夏季媒体发布会、中国市场洞察网络研讨会和"魅力突尼斯"主题日活动。澳大利亚旅游局在苏州举办了旅游交易会,新加坡旅游局推出了"随心所往·心想狮城"的线上路演。就在昨天,中国旅游研究院和荷兰国家旅游会议促进局在京成功举办了中欧旅游合作的专题研讨会,并发布了系列研究成果。今年3月,中国推出了国际旅行健康证明,即中国版的"疫苗护照"。韩国近期宣布加快与防疫安全国家签署"旅游泡泡"协定,并尽快推进落地实施。中国旅游主管部门的高级官员也在金砖国家旅游部长会议上宣布,适时启动入境旅游市场恢复的研究工作。

各位同事、旅游业界同仁!

随着欧盟国家相互放宽限制,以"疫苗护照"推动国际旅游市场复苏,并在政治、经济和技术领域持续设置旅行旅游领域的国际话题,中国、韩国和其他亚洲各国正在面临国际市场开放和国内企业纾困的双重压力。文化交流和旅游合作是以人员的自由来往为前提的,国门不可能一直关闭,我们也不可能总是在虚拟世界里相互问候。旅行商、航空公司、酒店和度假村、博物馆和戏剧场也不可能总是靠财政扶持和金融支持而活着,政策千万条,市场第一条,只有市场恢复了,产业振兴和现代化转型才有现实的可能。无论是研究机构、旅游业界还是政府部门,都需要直面近两年国际旅游市场停滞所带来的挑战,而不是像鸵鸟那样把头埋在沙子里,那样无助于任何问题的解决。世界是一体的,开放是相互的,中国和韩国也同样面临着入出境旅游政策调整的窗口期，需要在系统研判和数据支撑的基础上，形成相应的政策储备和技术方案，根据疫情防控形势分阶段释放清晰可见的政策预期。我们需要展现负责任大国的作为和担当，坦率分享入出境旅游开放的各自立场、看法和应对措施，进而形成政策指向明确、分阶段推进、渐进式落实的国际旅游复苏亚洲方案。

国际旅游复苏的亚洲方案是基于理念共识的战略透明。我们需要分享统筹疫情防控和旅游复苏的成功经验，也需要以专业的态度表达对形势的看法和开放的预期。在此过程中推动疫情数据和市场信息的全面公开，保障国际旅游业界对信息获取的时效性。积极有序地加强与旅游业界、相关国际组织和旅游目的地的沟通协调，认真倾听并充分理解各方诉求和政策关切。我们注意到，欧盟在6月3日将中国纳入"安全旅行国家名单"，中国游客可以以非必要原因前往欧盟旅行，而无须遵守隔离检疫规定，同时也给出了"以互惠为原则，中国对欧盟对等开放"的附加条件。这是一个积极的信号，希望能够推动各国政府在技术层面做进一步的沟通和协调。有的国家只允许接种辉瑞、阿斯利康、强生和莫德纳疫苗的旅游者和访客入境，而科兴等中国疫苗则被排除在外，或者需要提供更多的证明文件材料。在积极推进旅行常态化和旅游复苏的国际合作进程中，任何人为设置的技术壁垒和其他泛政治化的查验标准，都不应当为智库和研究机构所倡导，也不应当成为政府部门的优先选择。

国际旅游复苏的亚洲方案是基于疫情防控的渐进式技术路线图。充分借鉴国内旅游分阶段、分区域的开放经验，按照客源地疫情防控措施有效、目的地边界清晰可控、风险处置预案完备等前置条件，选择邻近国家和地区或城市的点对点国际旅游开放试点。可以优先考虑中国海南、韩国济州、日本冲绳、泰国普吉，以及印度尼西亚、菲律宾、斯里兰卡、马尔代夫等海洋海岛型旅游目的地，中日韩等跨国邮轮旅游线路，并实施包机、包船专案。在适当时候选择疫情防控形势稳中向好的区域,在审慎评估的基础上开展边境旅游和跨境旅游作业。

国际旅游复苏的亚洲方案是国内跨部门协作基础上的国际合作,是人类健康共同体的旅游实践。当前,全球疫情防控还没有取得全面胜利,中国和韩国都面临国外疫情输入、国内疫情反弹的现实压力。分阶段、渐进式开放入出境旅游市场,需要旅游部门与边防、卫检、移民、海关和目的地政府形成疫情防控研判和突发处置机制,守好人民生命安全和身体健康的"安全门"。重点做好主要客源地、中转地和目的地疫情监测、风险排查和预警工作,推动解决国际健康码互认过程的技术问题,设立具体可行的评价指标和熔断机制。

各位同事、旅游业界同仁!

旅游是人民的基本权利,是人类长存的生活方式,没有什么能够阻止人们对旅行的向往,包括这次全球性新冠肺炎疫情。任何时候,保持战略定力、提供公共政策和引导产业发展,都是中国旅游研究院和韩国文化观光研究院这样的国家级专业智库的职责,危机期间更应如此。让我们携起手来,积极推动中国、韩国和其他亚洲各国各地联合起来,为推进全球旅游复苏贡献更多的亚洲智慧。

第八届中韩旅游合作研讨会(在线举行)
2021 年 9 月 9 日

为建设世界级旅游集团而奋斗

各位业界同仁,

下午好!

受疫情影响,报请主管部门批准,中国旅游集团化发展论坛首次采用"五个主会场、视频同时空"的方式进行。在各主办单位的研究、数据、会务、技术和文宣团队的共同努力下,圆满完成了各项议程,即将胜利闭幕。两天时间里,共有80余位政府领导和企业家发表独立演讲或者分享精彩观点,发布45项旅游集团化发展创新案例、文化和旅游融合创新项目、旅游科技创新项目,以及中国旅游集团20强年度入围及提名名单。会议获得了旅游业界和新闻媒体的广泛关注,400余名嘉宾在各地现场参会,线上注册参会10万余人次。在此,我代表论坛组织者中国旅游研究院(文化和旅游部数据中心)和中国旅游协会,向联合主办方山西文旅集团、携程集团、南京旅游集团、杭州运河集团、岭南商旅集团,向所有关心、支持、参与本届论坛的各位领导、企业家和媒体朋友表示衷心的感谢!

在过去的两年里,旅游业经受了最严峻的挑战,也在危机中发现了新机。自2020年春节以来,除澳门特别行政区往来内地市场,以及必要的商务、留学和边境旅游,入出境市场几乎全面停滞。尽管从去年暑期开始就恢复了跨省旅游,但是受阶段性多点散发疫情的影响,国内市场的中远程旅游活动和目的地消费明显收缩。2021年国庆节假期,游客平均出游距离141公里，目的地活动半径只有13公里；出行方式以自驾、自助和自由行为主，过夜游客比例比疫前大幅下降，55%的游客人均消费不足500元，导致传统的旅游作业方式几乎失去了市场基础。① 最近一篇自媒体文章基于A股上市公司数据测算了疫情以来的十大收缩行业，餐饮与酒店业居第六位，旅游与景区业居第四位。② 我们也注意到，城乡居民对美好生活的追求并没有因为疫情而改变，文化休闲和旅游消费的意愿日渐增长，市场下沉和消费升级的趋势更加明显。与此同时，部分出境旅游消费开始回流。工作学习之余，人们更愿意静下心来欣赏身边的美丽风景，体验日常的美好生活，消费结构更加多元化，并且愿意为安全、品质和健康付出更高的费用。新型城镇化、乡村振兴、精神享受和文化休闲的共同富裕，则为旅游业带来了长期的发展机遇。

在过去的两年里，旅游业经历了最漫长的复苏，也在变局中开创了新局。数据表明，从2020年劳动节假期开始，旅游业就步入阶梯形复苏进程。今年的劳动节假期，国内旅游出游2.3亿人次，超出疫前同期3个百分点。③ 随着旅游市场的复苏，先进制造、文化创意、光影科技、人工智能、大数据和产业互联网为旅游业带来了全新的发展动能，地方和海外旅游目的地推广的市场化运作则有效拓展了旅游业成长空间。在市场变革和产业重塑的进程中，固然有人黯然离场，但是更多的人在坚守创新，更有生生不息的创业新势能。无论是坚守创新者还是新进创业者，都着眼景观之上的美好生活，都秉持着"文化引领、科技创新"的思想，

---

① 中国旅游研究院（文化和旅游部数据中心）2021年国庆节假日旅游市场调查报告，非公开数据。

② 刘建中、陈汐、柳书琪，《2021十大收缩行业》，微信公众号"财经十一人"，2021年12月5日。

③ 中国旅游研究院（文化和旅游部数据中心）假日旅游市场专项调查数据，已公开。

建构消费场景，重塑产业格局，赢得了企业家应有的尊严。我在去年的论坛闭幕演讲中提出：经此一疫，旅游业再也回不到过去了。在旅行服务领域去旅行社化、在旅游住宿领域去星级酒店化、在旅游休闲领域去景区化，可能都是值得我们思考的趋势。很高兴看到这些观点经过业界严肃而认真的讨论，达成了日渐广泛的共识。其实，回不到过去就不要回去嘛！经此一疫，如果旅行社能够发展成为旅行服务商，星级酒店拓展为更加广泛的旅游住宿业，旅游景区进入主客共享的生活空间，不是更好吗？《庄子·大宗师》说，"泉涸，鱼相与处于陆，相呴以湿，相濡以沫，不如相忘于江湖"，也是这个道理吧。

在过去的两年里，旅游集团主动担当、积极作为，以巨大的创新勇气和卓越的专业能力，全方位推进融合发展、科技创新和企业改革。昨天下午，中国旅游研究院张杨博士、战冬梅博士和赵一静博士代表课题组分别发布了旅游集团化发展创新案例、文化和旅游融合创新项目、旅游科技创新项目的研究成果。北京环球影城的盛大开业，上海迪士尼的五周年庆典，春秋国旅的"建筑可阅读，城市微旅行"，中旅旅行的"童伴童行"研学项目，中国大酒店"消失的名菜"，以及墨林集团的大城小像，河南建业的"只有河南·戏剧幻城"，南京旅游集团的"长江传奇"等项目，都已经成为叫好又叫座的新产品。智慧旅游完成了概念导入和政策促进，步入场景构建、内容创造和产品迭代的新阶段。中国电信、中国联通、银联智惠、力方科技、三悦科技、良业科技、大连博涛、爱奇艺等科技企业和互联网平台对旅游的战略进入，带来了现代化转型的无限可能。珠海九洲的《九洲船说·相约大海》、大连博涛的巨型仿生装置、力方科技的艺术装置、旅游装备等项目，均是科技感满满，未来味十足。过去一年中，旅游集团还在思想建设、战略重组和机制改革、人才建设等方面取得了新进展。浙江旅投的战略重组、携程集团的乡村振兴、陕旅集团的激

旅游 & 信心·世界格局

励机制改革、南旅集团的城市风景等创新案例更是让我们看到旅游转型升级的无限可能。无论是今天演讲和对话的旅游集团领导人，还是昨天对话的青年企业家，都是思想者，也是行动者，更是旅游复苏向上的坚强支撑。大家注意到了本届论坛的演讲和对话嘉宾有不少新面孔和年轻人，比如中国旅游集团董事长陈寅、华侨城集团总经理刘凤喜、上海申迪集团董事长杨劲松、北京首旅集团总裁白凡、湖北旅控集团董事长吴静，还有南京旅游集团控股上市公司总经理沈颖、华住集团总裁刘欣欣、银基文旅集团董事长李东铭[①]、三悦科技总经理陈芝芳、四季文旅董事长金健等，有力展示了旅游集团领导集体的平稳过渡和新生力量的崛起。企业家是旅游经济体系最为稀缺的资源，人才特别是青年人才则是产业可持续发展的根本保障。他们为了人民的旅游权利所发出的精彩言论，将一直在共和国的大地上回响；他们为了旅游发展而负重前行的身影，将在历史的星空中闪耀。

在过去一年的产业观察和企业调研过程中，还有令人感动的场景和人物，将成为疫情期间旅游业的温暖记忆并昭示未来。10月31日，上海迪士尼为配合新冠肺炎疫情流行病学调查，决定对18时起离开乐园和小镇的游客进行核酸检测，而原定的万圣节巡游和烟花秀依然照常进行。当天晚上，数万名游客在美丽烟花下的核酸检测的视频和图片冲上了热搜。那一刻，我看见了旅游市场主体卓越的专业能力，一手抓疫情防控、一手抓服务品质，两手抓、两手都要硬。我们有信心，也有能力告诉世界：疫情要防控，日子也要正常过，没有什么力量能够阻止小康旅游的梦想照进现实。

---

① 在12月11日下午的青年企业家对话中，李东铭先生短短几分钟就圈粉无数，网友亲切称之为"胖熊"，银基因此而被更多人种草。

各位业界同仁!

展望即将到来的 2022 年,我们有理由对旅游市场发展保持比今年更为乐观的预期。在大众旅游的旗帜下,在智慧旅游的道路上,现代旅游业体系的建设进程将进一步加快,旅游集团的产业竞争力和社会影响力将进一步扩大。在统筹疫情防控、复工复业和高质量的发展进程中,我们需要以更大的战略定力,更强的商业能力,谋划新时代旅游集团的发展方向。

未来的旅游集团应当保持对社会主义基本经济制度的信心,对旅游经济繁荣发展的信心,不必瞻前顾后,更不能东张西望。党的十九届六中全会通过的《决议》明确提出,坚持和完善社会主义基本经济制度,毫不动摇地巩固和发展公有制经济,毫不动摇地鼓励、支持、引导非公有制经济。建立和完善中国特色现代企业制度,做强做优做大国有经济。弘扬企业家精神,构建亲清新型政商关系,促进非公有制经济健康发展和非公有制经济人士健康成长,推动各类所有制经济和市场主体公平竞争、相互促进、共同发展。我们也关注到中央及地方陆续公布的"十四五"规划和2035年中长期发展纲要,都在进一步提高旅游业的战略摆位,不断满足人民对文化休闲和旅游的新需要。全面建成小康社会以后,更多的可支配收入,更多的闲暇时间,让旅游发展同时具有规模增长、结构升级和市场下沉的多重机遇。当小康旅游市场遇见基本经济制度,各类市场主体都具有稳定发展的战略空间。当前及今后一个时期,中央和地方国有旅游集团要重点关注"促进充分竞争领域国有经济合理有序流动"的政策导向,进一步聚焦主责主业,有序剥离不适宜发展的非主营业务和资产。民营经济是推动社会主义市场经济发展的重要力量,更是推进旅游业高质量发展,建设现代旅游业体系不可或缺的市场主体。习近平总书记在民营企业座谈会上强调:"我国民营经济只能壮大、不能弱化，不仅不能'离场'，还要走向更加广阔的舞台。"无论是国有，还是民营，是专业，还是综合，各类旅游集团都要更好地服务重大国家战略、支持区域发展。当前和未来一个时期，请各位企业家重点关注世界级旅游城市、世界级旅游景区和度假区建设、国家级旅游城市和街区、京张体育文化和旅游带、黄河文化旅游带，以及长征、长城、大运河、黄河国家文化公园等纳入"十四五"规划的重大战略。其中孕育着基建投资等机会，也会衍生市场拓展、产品创新等机遇，要主动研判、提前谋划才好。

未来的旅游集团应当寻求竞争优势，而不是谋求垄断地位。反垄断法律是市场经济国家最重要的法律制度之一，对垄断协议、滥用市场支配地位和经营者集中等垄断行为都会做出明确的限制性规定。我国通过法律法规、国务院反垄断委员会指南、部门规章、规范性文件、办事指南和指导意见，基本形成了反垄断法律规则体系，并建立了常态化的反垄断国际合作机制。我们注意到今年已经发生了旅游集团和上市公司的重组计划被监管部门叫停，也有一些平台类旅行服务商被监管部门公开约谈和行政指导，还有一些主题公园提高门票价格、禁止外带饮品被司法机构和媒体关注。这么多的案例汇集在一起，就不能当作茶余饭后的谈资，而是企业家不可不察的趋势了。包括旅游集团在内的各类市场主体必须适应法治化的新要求，一个依靠资源独占、政策保护和技术壁垒，谋求垄断地位的时代已经结束；一个规则透明、动能迭代，寻求竞争优势的时代正在到来。

未来的旅游集团应当加速数字化转型的进程，而不能继续依赖传统资源和生产要素的投入。受入境旅游和大众旅游的团队观光作业方式的影响，直到今天还有很多人把旅游业等同于旅行社、旅游景区和星级酒店等传统业态，还在痴迷自然和文化资源的获取、景区和度假区挂牌，以及更多的资源依赖型项目的开发建设。殊不知,承载着民族复兴和人民幸福的中国梦、"一带一路"倡议传递的人类命运共同体、科学技术和文化创造所推动的文明演化已经成为旅游业发展的当代动能。存量资产的优化而不是增量资本的配给,已经成为旅游领域创业创新和集团化成长的全新路径。在这些新动能、新要素和新路径中,互联网和新基建推动的数字化转型无疑是旅游集团和各类市场主体必须回答,更要回答好的现实课题。在过去二十年大众旅游市场的高速发展过程中,互联网对在线旅行服务(OTA)、经济型酒店、平台经济、本地生活与旅行需求融合等新型业态发育,以及旅行社、星级酒店和旅游景区的数字化转型起到了积极的促进作用。今天,数字化已经不再是新经济的专属,而是包括旅游集团在内所有市场主体的任务。在小康旅游时代,数字化本身就是生活场景和消费内容,也是传统业态转型和创业创新的关键支撑。市场是充满魅力的,也是残酷的,如果不能把数字化基因融入旅游集团的血液和灵魂中,终有一天我们会成为史前的恐龙化石。

未来的旅游集团应当建构理性投资、专业经营、原始创新和产品迭代的现代商业能力。旅游业需要资本运作,但是资本运作决不能离开产业基本面,更离不开职业经理人和专业技术人员的专业化管理。旅游领域的中小微企业,特别是文化创意和科技创新企业要加强与金融资本、产业资本、社会资本和国际资本的合作,也要防止短期内非理性的资本集中和资本投机。要防止有的机构利用资本优势制造投资风口,利用话语权叠加媒体宣传,影响资本市场和地方政府的投资偏好,片面追逐所谓的热点项目和产业新赛道,最终导致投资驱动而消费不足的非理性繁荣。有一种倾向值得关注,地方政府和旅游集团对金融资本的关注大于对产业资本的关注,对资本所得的关注大于经营获利的关注,更不用说技术和服务支撑的品牌培育了。如果产业资本并不期待从公司盈利中分红,而是坐等二级市场套利，旅游创业创新很可能沦为"击鼓传花"的融资游戏。2015年前后，在线旅行领域的"资本＋互联网"模式曾经带来短期的繁荣，无论是公开的论坛还是不公开的聚会，都充斥着浮躁的言论和亢奋的气息，都梦想"风口上猪也能飞起来""羊毛出在猪身上"，哪有心思放在产品研发、服务品质和产业创新上？六神不定，输个干干净净啊，最后落下的只不过潮水退去的沙滩罢了。专业人做专业的事情，旅游人任何时候都不能忘记自己"游客至上、服务至诚"的初心，都不能忘记"服务产业、报效国家"的使命。

未来的旅游集团应当承担更多的社会责任，更加关注社区发展的权利和员工成长的需要，而不是单纯的所有者利益最大化。旅游集团20强为代表的一线市场主体不仅意味着影响力，更意味着责任。事实上，平台越高，规模越大，责任也就越大。10月29日，市场监管总局发布《互联网平台分类分级指南（征求意见稿）》《互联网平台落实主体责任指南（征求意见稿）》。这两份在经济领域被称为"分级指南"和"责任指南"的文件，对旅行服务平台和拥有数字资源的旅游集团必将产生清晰可见的监管效应。12月6日，中央政治局讨论了明年的经济形势，明确了稳中求进的主基调和创新发展的总要求。宏观经济政策和共同富裕的社会发展目标并不是离我们很远的文件，而是近在眼前的约束条件。履行社会责任并不是削弱旅游集团的发展能力，相反，那些承担社会责任的企业往往也有着更可持续的发展未来。希望旅游集团的领导者和企业家时刻都不要忘记：我国是社会主义市场经济国家，任何类型、任何规模、任何发展阶段的旅游企业，都不能谋求法律和政策之外的任何权力。

各位业界同仁！

世界级旅游企业是旅游集团化发展的高级形式，也是旅游业高质量发展和旅游强国建设的必然要求。我们要着眼当下的复苏，更要展望未来的繁荣，在全面开启社会主义现代化强国的进程中，旅游集团在服务国内市场的同时，也要向世界讲好中国的旅游故事[①]。

文化强国和旅游强国需要旅游集团成长为世界级企业。建设世界级旅游城市、旅游景区和度假区、国家旅游休闲城市和街区，培育主客共享的美好生活新空间，都离不开世界级旅游企业的支撑。以扩大内需为战略基点，畅通国内文化需求和旅游市场大循环，推动国内国际市场双循环高质量发展新格局，也需要建设一批世界级旅游企业。从本届旅游集团20强入围和提名名单的相关数据来看，与国际一流旅游企业和世界级的服务品牌相比，与游客满意度和获得感的期待相比，旅游集团大而不强、中小型企业品牌影响力较小、小微型企业专业化较低，都是业界亟待解决的现实课题。

旅游集团要努力成为国际视野、中国气派的世界级旅游企业。世界级旅游企业必须要有广泛认可的产业竞争力和国际影响力，能够推进全球旅游业的复苏与繁荣，促进所在国家和地区的经济社会发展。旅游集团的国际化成长过程，也是让更多各国游客更好地了解真实、立体、全面的中国，让中国人民更加深入地了解世界，推进人类命运共同体建设的过程。当前和今后一个时期，旅游集团应当着力提升营业收入、跨国业务比重、产品、服务和IP的国际影响力，以及资源整合创新能力，这将是一个全面、系统而长期的任务。其中，营业收入是判断世界级旅游集团的基础指标。Booking Holdings之所以被视为世界级旅游企业，世界主要旅游大国之所以给携程、美团、中旅旅行以礼遇，就在于其持续增

---

① 中国旅游研究院课题组，《中国旅游集团化发展报告（2021）》，未公开。感谢李吟博士对本节内容的学术贡献。

长的营收规模以及由此而来的产业竞争能力。世界级旅游集团所服务的游客应该是覆盖全球的，而不是局限于某一个国家或地区。对于全产业链发展的企业而言，可能无法做到所有的业务都能覆盖全球，但是也要处于全球领先地位。特别是对市场的理解以及资源整合创新能力都必须是世界级的。从数据来看，旅游集团20强的绝大多数收入还是由国内市场贡献的。准确地讲，我们还只是"国家性大型旅游企业"，而非"世界级旅游集团"。

世界级旅游集团还需要有世界级的知识产权（IP）。IP代表着用户认知和品牌影响力，也是主题公园、旅游购物、酒店和餐饮企业成长的内在驱动力。IP不只是取个名字，画个LOGO，策划个广告语那么简单，而是需要长期的文化积淀、工匠精神和口碑积累。旅游集团已经意识到IP的重要性，但是总体上还处于引进和模仿阶段，还没有产生为市场广泛所接受的原创性商业项目，更不用说对世界旅游的贡献度。坚持问题导向，坚持实践导向，在服务好国内市场的基础上，发挥文化创造和科技创新优势，务实创新，行稳致远，我们就会越来越接近世界级旅游集团的发展目标。在可以预见的未来，一定会有越来越多的中国旅游集团进入世界级企业的行列，为全球旅游业的发展贡献更多的中国力量，为人类文明的演化奉献更多的旅游智慧。

最后，我代表中国旅游研究院（文化和旅游部数据中心）循例发布2021年中国旅游集团20强入围及提名名单（按总部所在地区排序）：中国旅游集团、华侨城集团、首旅集团、中青旅控股、美团网、河北旅游投资集团、山西文化旅游投资集团、大连海昌旅游集团，锦江国际集团、携程集团、复星旅游文化集团、上海春秋国旅集团、华住集团、上海景域驴妈妈集团、南京旅游集团、同程网络科技、浙江旅游投资集团、杭州商贸旅游集团、开元旅业集团、祥源控股集团、安徽旅游集团、黄山旅游集团、福建旅游发展集团、山东国欣文旅集团、江西旅游集团、建业集团、湖北文化旅游投资集团、广州岭南商旅投资集团、融创文化旅游发展集团、四川旅游投资集团、陕西旅游集团。

致敬国家旅游业第一方阵！

致敬为美好生活而奋斗的旅游人！

2021 中国旅游集团化发展论坛

2021 年 12 月 12 日

等着我吧，非洲

女士们，先生们：

中国和非洲尽管远隔重洋，但是受益于双方的政治互信、经贸往来和文化交流，中国人民对非洲大陆一直都是心向往之。中小学的地理历史课让我们知道了非洲有五十多个国家，非洲大草原、东非大裂谷、撒哈拉大沙漠、尼罗河、刚果河、动物大迁徙等画面，坦赞铁路、蒙内铁路、马普托跨海大桥、麦洛维大坝等基础工程，让多少人发自内心地感叹，"非洲是此生一定要去的，那些陌生的远方，总有一种莫名的诱惑"。也有很多游客因为《狮子王》等影视作品而到访塞伦盖蒂和马赛马拉大草原。根据中国旅游研究院（文化和旅游部数据中心）的统计数据，中国首站到访非洲的游客在2016年一度超过100万人次。随着国人出境旅行经验不断丰富，自由行的游客开始增多，并对目的地基础设施、公共服务和商业环境提出了更高的要求，特别是更加适合中国人口味的餐饮、高品质的住宿、安全便捷的租车、中文导游和应急救援系统。

希望非洲旅游业界适应中国人出境旅游的新需求，建设与时俱进的目的地形象。很多上个世纪五十年代和六十年代出生的中国人是从官方宣传的政治家，以及来华交流的艺术家那里了解非洲，并建构对非洲目的地形象认知的。那些为争取民族独立和自由解放的人士，更容易引起中国人的情感共鸣。上个世纪末，Beyond乐队还专门写了一首广泛传唱的献歌《光辉岁月》，向南非总统曼德拉致敬。今天的年轻人依然对自然风光和历史遗迹有着深厚的兴趣，还是愿意去津巴布韦看维多利亚瀑布，去埃塞俄比亚看贡德尔遗址。他们也关注一个融合自然的人文非洲和传统之外的现代非洲，他们愿意深度体验非洲人民的当代生活，他们乐于到访约翰内斯堡、开普敦、开罗、拉各斯、内罗毕、卡萨布兰卡、达累斯萨拉姆、阿比让、阿布贾等现代化城市，在旅游休闲街区和当地人一起逛街、购物、喝咖啡。

女士们，先生们！

希望旅游推广部门采用与时俱进，更有创意的市场策略。充分发挥文化、艺术、科技、教育、体育等领域的名人效应，让他们成为推广非洲的旅游大使，也可以推荐非洲的青年音乐家、舞蹈家参加《中国好声音》等综艺节目，鼓励中国的艺术家去非洲交流采风，就像东方歌舞团早年所做的那样，或者像迈克尔·杰克逊的《四海一家》(*We are the world*)那样，将灵性而达观的非洲形象植入中国人的日常生活。要重视并发挥中国在非洲的外交官、新闻记者、经贸人员和专业人士的作用，请他们通过大众传播和社会交往渠道向国内传递安全、生态和现代化进程的非洲。非洲很大，各国经济社会发展水平也不一样，如何整合资源并组建南非、东非、北非等区域性的旅游推广联盟，也是值得考虑的组织创新。

我和中国旅游研究院的同事愿意尽最大的努力，与旅游业界同仁一起努力，务实推进中非旅游合作。我们愿意与各方签署战略合作协议，通过数据共享、专题报告和专业交流等途径帮助非洲从业者了解中国游客的需求。我们愿意向感兴趣的合作伙伴介绍"欢迎中国"（Welcome Chinese）认证项目，务实加强中非旅游交流合作。我们愿意通过考察、规划、培训等形式，以政府间合作的方式务实提升旅游行政部门和旅游企业的市场推广、游客接待和品质管控等商业能力。我们愿意在中国旅游集团发展论坛、中国旅游科学年会等最有影响力的会议上推广非洲，推动与中国旅游研究院紧密合作的旅行商、酒店、主题公园、免税零售商、旅游演艺和餐饮企业等进入非洲。当然，我们也希望获得更多权威的非洲经贸、投资和旅游方面的法律法规和政策信息，欢迎非洲各国人民来中国旅行，见证民族复兴和人民幸福的中国梦。

　　走遍了亚洲、欧洲、北美洲、拉丁美洲、大洋洲的我，心心念念这么久，就是还没有去过非洲呢。等中国之外的疫情稳定了，我想我就可以去非洲旅行了，去和你一起看看美丽的大草原，一起逛逛繁华的大都市，一起拥抱热情好客的非洲人民。

　　等着我吧，非洲！

中国和非洲英语国家旅游合作研讨会致辞

2021年8月25日于北京

责任担当

札记·责任担当

直面困难而不是被困难吓倒，看见未来却不会坐等未来，主动担当、积极作为，一直都是旅游人的样子，也是2021年旅游业的主旋律。

旅游系统持之以恒地培育大众旅游意识，保障人民的旅游权利，千方百计地助企纾困，注入信心和稳定预期。

致敬，中国旅游人！在大众旅游的旗帜下，在智慧旅游的道路上，奋勇前进。

在大众旅游的旗帜下,在智慧旅游的道路上

各位业界同仁、媒体朋友:

在过去的一年里,新冠肺炎疫情对旅游消费产生了前所未有的冲击,旅游需求侧出现了断崖式下降,旅游供给侧同时承受了生存、转型和创新的多重压力。从春节假期第一天开始,文化和旅游部贯彻"人民的生命安全和身体健康高于一切"的指示精神,及时将工作重心从"保障供给,繁荣市场"转向"停组团、关景区、防疫情"。旅游企业,特别是直接面向游客的旅行服务商率先承受了游客中途返程、行前退订和供应商押款的压力。尽管第二和第三季度有序放开了省内旅游和跨省旅游,但是从总体来看旅游经济还是呈现出低开高不走的格局。经过第一季度的极速下降、第二季度的底部盘整和第三季度的缓慢复苏,第四季度开始步入深度 U 型的右侧上升通道,恢复并巩固了环比增长的趋势。预计全年国内旅游人次和旅游收入同比下降五至六成,入出境旅游市场几乎全面停摆。回顾过去的一年,无论是旅游集团、上市公司、旅游景区、星级酒店、民宿,还是旅行社和小微企业,特别是广大导游和一线员工,每个季度、每个月、每一天都过得极其不容易。在实地调研、数据生产、政策研究和报告撰写的 365 天里,我每时每刻感同身受,万水千山之外都能看见大家努力前行的背影,都能感受到你们散发的奋发向上的气息。一次又一次的专题会议和公开演讲,一篇又一篇的理论文章和内部报告,只是想告诉同志们:这是旅游业前所未有的大考,也是新发展阶段各行

各业共同经历的考验，任何时候，我们都不是孤单的，国家和人民与我们同在。

在过去的一年中，国民消费为基础的大众旅游从未消失，数字化驱动的智慧旅游一直在创新。哪怕是有组织的旅游活动全面停止的第一季度，散客出游和休闲消费仍然以本地、近程、自驾、研学等形式顽强地存在着。出不了远门，人们就在近程休闲，欣赏身边的美丽风景，体验日常的美好生活。参加不了旅行团，城乡居民就选择和家人一起自驾出行。中国旅游研究院（文化和旅游部数据中心）的专项调查表明，受访者对"疫情过后计划和谁一起出游"的回答是：42%选择和家人一起出游，23%选择与好友结伴旅游，22%愿意和单位、班级、社团等集体出游，11%计划独自旅游或与驴友一起自助游。散客化和自由行有效扩张了移动通信、互联网、大数据和人工智能的消费场景，进一步凸显了高端制造、高速铁路、高速公路、航空港在旅游与旅行产业链条中的支撑作用。人们在出游前借助互联网收集目的地信息、预约体验空间、预订服务项目，在游程中扫码乘飞机、坐火车、进景区、接受无接触服务、完成支付和分享，在目的地体验无人机、现代光影技术、沉浸式演出所带来的视角冲击和生活享受。种种迹象表明，经过为期十年的概念导入和政府推动，加上这次疫情的倒逼和催化，一个终端消费驱动、现代产业导向的智慧旅游新时代已经走到了我们的面前。

在过去的一年中，旅游人主动担当，积极作为，在自救和互助中取得了可圈可点的成就，赢得了广泛的社会尊重。携程、飞猪、马蜂窝等线上旅行商推出了"无损退订"，凯撒、众信、春秋、广之旅等旅行社为保障游客的合法权益做了大量的工作。BOSS直播、微旅游、人生第一张机票、地球发现者、故宫以东·一见如故等新创意、新线路、新产品不断涌现。酒店、民宿等旅游住宿业，旅游景区、主题公园、旅游购物、交通和餐饮业，都在积极开展企业自救和行业互助工作。在文化和旅游系统、市场主体和社会各界的共同努力下，没有因为有组织的旅游活动而传播和扩散疫情，没有发生大面积的企业倒闭和员工失业，没有出现重大涉旅游安全事故和负面舆情。有了这些努力和成就，我有太多的理由为旅游人骄傲，你们无愧于这个波澜壮阔的时代。

在过去的一年里，党和国家一直倾听每个行业、每家企业、每名员工的声音，并采取务实有效的措施帮助企业纾困解难。本着普惠而非特殊、市场而非行政原则推出的财政和金融政策，对包括旅游业在内的"六保""六稳"工作发挥了基础支撑作用。文化和旅游部在春节假期结束后第一时间暂缓旅行社质量保证金，发出通知稳定导游等一线人员就业和生活保障。政策千万条，市场第一条。3月14日，各地相继恢复省内旅游业务；7月14日，恢复跨省旅游业务，并有序调高旅游景区接待容量。精准发力的政策和行之有效的工作措施，为旅游战线统筹疫情防控和复工复业提供了坚实的制度保障，有力鼓舞了行业发展的信心。历史已经并将继续证明，有党中央的坚强领导，有国家的政策支持和政府主管部门的主动作为，有人民不断增长的对美好生活的需要，旅游业就没有战胜不了的危机，也没有克服不了的困难。

各位业界同仁、媒体朋友！

在新的一年里，我们有理由对2021年旅游经济运行持相对乐观的预期，对推进旅游业高质量发展充满信心。随着决战决胜脱贫攻坚和全面小康社会、国民经济和社会发展第十四个五年规划的正式实施，中央经济工作会议确定的需求侧管理和供给侧改革效果的显现，旅游经济将从全面复工复业走向消费、投资全面复苏。在大众旅游新阶段、小康旅游新时代，智慧旅游将持续推进产业迭代和服务升级，为构建现代旅游业体系奠定稳定的发展基础。从宏观面来看，以下内容将构成全年旅游工作的新格局和主旋律：统筹发展与安全，抓好防疫抗疫工作依然是旅游战线重要而艰巨的任务；千方百计释放国内旅游需求，一手抓市场下沉、一手抓消费升级，加快形成以国内大循环为主体、国内国际双循环相互促进的旅游经济新发展格局；以科技创新全力推进产业升级，以智慧旅游为抓手，有效管理旅游需求，积极推进旅游供给侧改革，建设现代旅游业体系；推进文化和旅游融合发展，建设一批文化底蕴深厚的世界级旅游景区和度假区、文化特色鲜明的国家级旅游休闲城市和街区，发展红色旅游和乡村旅游，完善旅游发展环境，增加优质产品供给；加强"互联网+监管"治理体系和治理能力现代化建设，推进旅游业高质量发展；在前期规划和区域试点的基础上，推动长城、长征、大运河、黄河文化公园建设，多措并举，促进和提升社会文明工程。

在新的一年里，大众旅游新阶段和小康旅游新时代的特征将更加明显，国民旅游权利更加普及，旅游消费升级愈发明显。疫情期间，我多次说过"旅游业再也回不到过去了"，回不到"人山人海吃红利，圈山圈水收门票"的过去了，回不到"劳动密集、规模生产、经验依赖、传统作业"的老路去了。既然回不去，那就面向未来吧。未来是什么？是国民权利纵向延伸、横向扩张的大众旅游，是消费升级、个性张扬的小康旅游，是数字驱动、场景创造的智慧旅游，是科技创新支撑的现代旅游。进入全面小康社会后，人民对美好生活的新期待为旅游业拓展了新空间，也为旅游业高质量发展提出了新要求。今天，国民大众的旅游需求已经从"有没有"走向了"好不好"，从"缺不缺"走向"精不精"，从"美好风景"走向"美好生活"。从供给侧看，城市和乡村的旅游发展规划和项目建设，也从旅游景区、星级酒店、机场高铁的旅游目的地，走向从菜市场到戏剧场的主客共享美好生活新空间。这个判断不是从理论到理论的实验室推演，而是基于丰富而生动的产业实践所做出的战略性研判。相较于旅行社为中心的观光旅游时代,散客化和自由行主导的休闲旅游时代的市场基础更加雄厚,产业空间更加广阔,并要求旅游发展动能、产业组织方式和商业模式创新随之变革。

在新的一年里,科技创新将进一步带动智慧旅游升级,有效提升广大游客的满意度和获得感。互联网、大数据、人工智能为代表的科技创新让旅游目的地从线下走上云端,直播催生的"云旅游"极大丰富了居民日常旅游休闲活动,满足了广大游客对内容创造和场景营造的现实需求。互动性、沉浸式、立体化的数字科技与传统文化和当代艺术的融合,极大丰富了旅游产品体系。从文化和旅游融合看,高精度扫描和数据采集、厘米级的空间识别技术,会让文化和文化遗产真正"活起来"并为旅游所利用。手机强大的图像处理能力和高速率低时延的 5G 网络,能够让我们在浏览过程中实时无缝地叠加 AR 效果,带来虚实融合的交互体验。从旅游方式看,大数据加持的"预约、限量、错峰"不仅是疫情期间,也将是疫后旅游出行的常态。更为值得关注的是,新一轮的智慧旅游将会是金融资本、产业资本、技术公司和旅游集团联合主导的商业创造和产品创新过程,也是传统市场主体涅槃和产业格局重构的过程。每个人都将主动或被动地加入这个创造创新的伟大进程中。更令人期待的是,会有更多的市场主体跨界而来,会有更多的创业者涌现出来。你听啊,游客的掌声已经响起来了!你看啊,智慧旅游的大幕已经拉开了!上场吧,科幻感和艺术味十足的旅游现代化正剧即将开演!

在新的一年里,当代旅游发展理论将在实践中得到更加有力的验证,并为产业实践提供更加有效的指导。在疫情期间的几次公开演讲和理论文章中,我发表过"去旅行社化、去 A 级景区化、去星级酒店化,可能是值得业界思考的趋势"等观点,引起业界的关注、共鸣和讨论,当然也有一些不同意见。事实上,去旅行社化不是不要传统旅行社了,而是要导入线上旅行代理商、旅游定制师、本地生活向导、社群组织等旅行服务业;去旅游景区化不是不要A级旅游景区了,而是要导入主题公园、城市公园、郊野公园、国家公园、国家文化公园、公共文化场馆、历史文化街区、时尚商圈、戏剧场和电影院等更加多元的旅游休闲空间;去酒店化也不是不要星级旅游饭店了,而是要导入经济型酒店、城乡民宿、短租公寓、分时度假等广义旅游住宿谱系。这是一个新发展理念指导下的全新旅游思想,一个适应新发展阶段的全新旅游动能,一个融入新发展格局的全新旅游实践。它来源于旅游市场演化和旅游产业发展的实践,带给广大业者的是展翅高飞的辽阔天空,是尽显英雄本色的横流沧海,更是仰望追随的浩瀚星辰。

各位业界同仁、媒体朋友!

坚持大众旅游的价值取向和发展导向,旅游业就能战胜一次又一次的危机,走向高质量和可持续发展的未来。上个世纪八十年代开始,旅游业享受了二十年"开放红利""遗产红利"和"政策红利"。1999年国庆节假日第一次把"旅游黄金周"带入了国人的日常生活,从那时起,国民旅游权利和大众旅游消费成为我国旅游经济运行的市场基础。2016年,李克强总理在《政府工作报告》中明确提出"迎接正在兴起的大众旅游时代"。2019年,国内旅游市场已经达到60.0亿人次和5.7万亿元收入,而入境旅游市场只有1.45亿人次和1313亿美元的收入。这是我们做好推进文化和旅游融合发展、推进旅游业高质量发展和建设现代旅游业体系的现实基础。今年这么严重的疫情影响下,如果没有30.3亿人次和2.3万亿元消费的国内旅游市场做支撑,旅游经济很可能会陷入长达数年的全面萧条期,而不可能在第三季度就重启市场。根据保守预测,明年我国旅游业就能恢复到疫前的正常水平。到"十四五"末期,将会形成一个百亿人次、十万亿元消费的国内旅游大市场。到2035年,按照发达国家居民每人每月出游一次的频率,我国城乡居民现在每个季度才出游一次的频率,至少有三倍左右的成长空间。展望未来,全面小康时代的大众旅游始终是我们的信心源泉,也是我们战胜困难和奋力前行的勇气。

坚持智慧旅游的创新方向和战略导向,旅游业就能够稳步从传统走向现代,就能够让产业有活力、员工有尊严。进入新发展阶段,旅游业将会面临前所未有的发展机遇,也会面临没有路标的创新环境。2019年中国GDP占全球16.3%,研发投入已经接近经合组织(OECD)为代表的发达国家平均水平,在新型举国科研创新体系的推动下,市场主体的创新能力不断增强。无论是"旅游+",还是"+旅游",5G、物联网、北斗导航、高速铁路、高速公路、生物科技、清洁能源、先进制造、现代服务、登陆月球、火星探测等领域的国家重大科技工程及其衍生成果,都应当也可以在旅游市场找到应用场景。科技与旅游的融合,将带来全新的服务革命,有效提升全员劳动生产率,企业会更有生机和活力,员工将有更多的收入获得感和职业尊严。疫情稳定以后,入境旅游振兴有期,繁荣可待。承载民族复兴和人民幸福的中国梦,正在成为吸引"一带一路"沿线国家和其他各国各地区游客到访美丽中国的新型比较优势。受益于科技创新和智慧旅游的发展,一个以国内旅游市场为主体、国际国内旅游市场双循环相互促进,旅游需求和旅游供给双升级相互激励的新时代已经来临。这是一个想想都令人激动到不能自已的时代,这是一个值得全体旅游人,特别是青年企业家全力投入的时代。

在半个月前的2020年旅游集团年会上,我与旅游集团领导人和青年企业家进行了两场对话,并分别做了总结陈词,愿意作为新年献辞与大家分享:后浪总是要来的,只要没有放弃砥砺前行的决心和勇气,前浪就可以和他们一同前行。年轻意味着机遇,年轻意味着未来,但是年轻更意味着你们将肩负越来越现实的责任。2020 已是过去，2021 已经到来。全体旅游人团结起来，在大众旅游的旗帜下，在智慧旅游的道路上，奋发前行！

新年致辞

谁的旅游学术共同体？
如何建设、为谁服务？

时光荏苒，中国旅游研究院推动的学术共同体建设不知不觉走过11个年头了。除了日常沟通、联合研究和人员往来，我们每年都会在各地召开一次机构年会，交流过去一年的工作和未来一年的打算，为当地举办一次专业论坛、为研究生设立优奖计划。谢谢河南大学承办了本届年会。今天上午的座谈会，除了常规的交流和分享，请同志们重点谈谈"十四五"期间所在单位的学科建设，共同思考为什么要建设以及如何建设新发展阶段所需要的旅游学术共同体。分院和研究基地不是正式注册的法定机构，有的高校作为省部级智库或者研究基地，有的则没有明确其地位和属性。这样的学术共同体靠什么走下去？又怎么发展下去？是认真思考初心和使命，亮出旗帜，明确立场的时候了，不然走不下去。

一、学术共同体的初心和使命

最初建基地、分院，主要是为了弥补研究院本部力量的不足。建院之初只有35个中央级编制，也没有院聘人员，要承担国家旅游产业研究政府智库建设的重任，力量显然是不够的。依托高校，加强学术共同体的建设以引导研究力量的多元化投入，就成了可行的选择。各地高校也有这个积极性，就这么办起来了。第一批外设机构设立于2009年，只有旅游基础理论研究基地等5家,现在的分院和研究基地已经扩大到21家,也算是小有规模、大有影响。我谨代表研究院和学术委员会,对同志们的一路同行和共同成长表示感谢!

除了加强本部研究力量,建外设机构的初衷也是为了提升所依托院校的学科地位,以及院校所在地区的社会影响力。像中山、南开、浙大等一流高校,旅游管理的教学、科研和社会服务本来就做得很好了;但是还有不少高校的旅游学科都具备这样的条件和地位,通过分院和研究基地这样的平台可以让学校层面重视旅游学科建设。还有的高校和旅游行政主管部门与旅游业界联系不多,依托学术共同体每年办一些品牌活动,有助于所在学校、所在学科扩大其在全国和区域的影响力。研究基地不是按地域来命名的,除了武汉分院和昆明分院,各基地都是按学科领域来划分的。后来各个团队和平台慢慢成长起来了,成为推动各依托院校学科建设和人才培养的力量。学科建设要凝练学术方向,构建学术团队和梯队,建设标志性成果和提高社会服务能力,这四个方面一直也是旅游学术共同体建设的核心任务。从建院宗旨和文化涵养出发,我们也希望把分院和研究基地建设成为团结和带领全国旅游学术共同体服务产业、报效国家的一个标志性平台。

总体来看,大家对上述理念是认同的,通过会议、研讨、立项、评奖和人员往来,稳步向这个目标前进。在此,谢谢大家的认同、理解和配合。十年过去了,队伍扩大了不少,旅游产业发展形势、旅游环境、学术团队和学术梯队都发生了很大变化,每家机构的诉求也会有不完全一致的地方,靠什么凝聚人心,该怎么往下去走?这是一个必须回答的战略问题。国家在谋划未来五年的发展规划和未来十五年的远景目标,旅游业也在研究制定"十四五"发展规划,我们给别人做规划,自身是不是也要做一些规划?我看还是需要的,尤其需要系统梳理机构建设的初心和使命。

学术共同体，首先要有共同的理想、信念和价值观。今天会议的地点是李大钊同志在河南大学六号楼发表《大英帝国主义侵略中国史》演讲的地方。李大钊同志是中国共产党早期的创始人和卓越的领导人，也是知识分子的楷模和榜样，"铁肩担道义，妙手著文章"是其光辉一生的真实写照。中国旅游研究院成立后的第一次党建活动就是在河北乐亭李大钊故居举行的。就在那次会议上，研究院党支部提出了"服务产业，报效国家"的建院理念，后来演化成为"文化和旅游系统的理论禁卫军，数据特战队"。会议还提出"1+8+X"学科建设构想，一直坚持到今天也算是有了些模样。随着平台的发展和组织的成长，我们的队伍也会存在理念认同的风险，专业能力不足的风险，不敢于斗争的风险，还有顾小不顾大的风险。这些风险如何识别，又如何化解？我看还是得回到初心、使命、道义这些价值观的层面去思考。

新发展阶段旅游学术共同体的道义是什么？如果说五四运动时期、土地革命时期、抗日战争时期和解放战争时期知识分子的道义是反封建、反抗帝国主义的侵略，为民族的独立、国家的富强和人民的幸福而努力奋斗，甚至流血牺牲，我们今天的道义则是为了人民的旅游权利，为了万千业者的职业尊严，为了旅游产业的高质量发展，也是为了在国际上讲好新时代中国旅游故事。欲张旅游权利于国民大众，必强旅游产业于发展格局，必先旅游教育于社会体系。忠诚党的教育事业，当以校园为依托，却不必囿于校园；当以大下为课堂，广迎产业英才而共情之、服务之、引导之。这是不是学术共同体的初心和使命？或者还有什么更好的表述，大家可以集思广益，也可以展开更广泛而深入的讨论。我们做学术研究，除了统计承担了多少课题、发了多少文章、培养了多少人才、获得了多少荣誉以外，是不是也该想一想，为了初心和使命，做了些什么？做到了什么程度？如果答案不是那么肯定的话，队伍是不可能壮大的，事业是不可能持续发展的。新时代的旅游学者和研究机构应该把小我藏起来，把大我显出去，通过教学、研究、社会服务，为旅游产业发展贡献应有的力量。只有把为了人民的旅游权利而奋斗作为初心、使命和担当，旅游学术共同体才能再出发、才能有大发展。

无论是理论建设、组织建设还是个人成长，任何时候都要把马列主义、毛泽东思想、邓小平理论、"三个代表"重要思想、科学发展观、习近平新时代中国特色社会主义思想作为指导方针，武装我们的头脑。如果说中国旅游研究院外设研究机构推动发展的这个学术共同体有什么特色，有什么区别于别的机构和平台的话，那就是一批来自五湖四海的志同道合者为了人民的旅游权利的实现，为了推进旅游业高质量发展，为了建设旅游强国而贡献自己的才情和努力，并慎始慎终，一生无悔。这个理想和目标可以公开说出来，不要怕别人说是大道理。坚持党的领导、服务产业、报效国家这样的大道理，有什么不好的呢？关键是发自内心认同之，身体力行实践之，始终如一坚守之。共产党员有共产党员的自我修养，演员有演员的自我修养，青年旅游学者是不是也该有青年旅游学者的自我修养？这不是简单学几个文件的问题，它会成为个人成长和机构成长的内驱力，使年轻人在思想上不断提高认识。做学问不能做精致的利己主义者，有时候要有那么一股劲儿，得有那么一股不计功名的范儿和不计得失的劲儿。

二、标志性成果建设的目标与方法

学科建设当然需要标志性成果，文以载道，无文不远嘛。在不同的历史时期和发展阶段，不同的组织和平台对标志性成果，有不同的评价标准，总体而言无外乎学术共同体的内部评价和人民群众的历史评价两大类。我们关注前者，但是更重视后者。刚才武汉分院介绍了疫情期间组建了青年突击队，开展了一些智力抗疫、服务社区的工作，受到了地方领导的肯定和社会的好评，我看这也是标志性成果，而且是比学术论文和学术专著更重要，至少是同等重要的标志性成果。

　　标志性成果是学科建设体系极其重要的组成部分，它体现了学者的敬业精神，承载了对组织的忠诚与信仰。在现行的评价标准中，标志性成果主要是看发表在核心期刊上的学术论文和公开出版的学术专著，以及获得哪些奖励，获得什么级别课题以及相关的人才项目。我们这代学者基本上都是这么走过来的。现在看来，更多是一种形式上的东西，外在的表象，不得已而为之的评价方法。学者成长的早期可以做，也只能这样做。作为规则的接受者而不是创造者，在内驱力不足的情况下只能如此，不得已而为之的事情。但是随着经济社会的发展，旅游产业的进步，旅游学科的成熟和学术共同体的壮大，特别是一线学者的成长，对这些形式上的、外在的标签得有批判性的思考。我们现在发表的论文和论著、拿到的基金项目和人才项目已经不少了，也成就了包括自己在内的一批学者和学术机构，但是弊端也是很明显的。集体攻关的意识，团队协作的能力，板凳坐得十年冷的坚守，为国家、为人民、为产业长期发展的无私奉献，这些出大理论和大成就的学术要件，很多都消解了。精气神都没了，小圈子里评出来的成果又能好到哪里去？从现在起，旅游学术共同体要主动对标志性成果的内涵、特征和表现形式进行深入而系统的研究，并提出深思熟虑的思想、观点和主张，不能只是发发牢骚、吐吐槽、坐等环境的改变。很多学者还没有实现选择的自由，甚至还没有财务自由，也没有获得话语权，不得不接受现有的规则。无论如何，还是要有一批人坚守"为国为民，学之大者"的学术理想，引领新时代的旅游学术共同体砥砺前行。

　　新时代旅游学术研究和理论建设的标志性成果，得有思想引领性和领域开拓性。一篇文章、一次演讲，不论是在哪级期刊上发表的，在哪个平台、什么场合上发布的，首先要予人以总体感，要有知识的力度和情感的温度。人们读下来，听下来，有没有感受到大格局，有没有感受到万千气象，对行业和领域有没有共鸣、共情，甚至读的过程中能不能感受到讲者和写者的悲悯心，大体上可以判断这些文字能否为历史所记忆，能不能成为一个人、一个群体和一个时代的学术标志和理论标签。标志性成果多具有原创属性，而原创性一定来源于实践。坚持实践性，运用理论抽象力提出旅游领域的原创性的概念、本土性的理论，是这一代旅游学人的理想和目标。幸运的是，值此决战决胜脱贫攻坚全面实现小康社会的今天，值此全面开启建设社会主义现代化国家新征程的今天，从旅游到休闲到人民的美好生活，实践在一天天不断地拓展学科建设新空间，厚植重大理论突破的新土壤，其中蕴藏着标志性成果破土而出的生机。

标志性成果要有广泛的认可性和传播性。标志性成果当然要选择权威的平台去发表，比如核心期刊、权威出版社和官方渠道，但是不能把平台当作内容。如果以发表的平台和成果形式为标志性成果和经典理论的评价标准，那么《论语》《诗品》《过秦论》《进学解》是不是？《资本论》《矛盾论》《实践是检验真理的唯一标准》是不是？大型音乐舞蹈史诗《东方红》、油画《父亲》、诗歌《回答》是不是？常读读这些文字和作品，并不是要给别人或者自己"洗脑子"可能对标准性成果和经典有另一种理解。经典一直都是并将继续是实践理论知识结合的结果，是时代和人民选择的结果。标志性成果，是历经历史检验和时间积淀的标杆和榜样。作者得有自信和耐心，不忙于小圈子里的自我评价和短期内的荣誉获得，也不必在意有人不理解甚至不认可，要让更大范围的人民和历史去评价。一流的智库成果可能是递进去，批出来；更高级别的智库成果更可能是递进去，不批出来，而是化作共同的理念和发展的思想。在这个问题上，要学会放下成名成家的执念，让业者去传播，让游客去评价，这也是我们这么多年来倡导并坚持做面向业者的学术平台的根本原因。在传播和接受的过程中，有的观点被保留了下来，有的被放弃了，这是一个历史选择的过程，也是一个时代出题，我们答题，人民阅卷的过程。

标志性成果要有指导性，从实践中来到实践去，理论掌握群众，解决旅游实践提出的现实问题。不同的场所，不同的人物，在不同的发展阶段，标志性的成果可以是论文、专著，也可以是专利、著作权，甚至可以是一个旅游目的地品牌形象、一个论坛、一门课程、一篇演讲。只要是人民所需要的，实践所呼唤的，都有可能是标志性的学术成果。理论来源于实践，理论要掌握群众，更要接受生产实践、生活实践和科研实践的检验。当代旅游学者所做的研究一定是基于中国国情，为大众旅游实践所需要的。在成果表达形式和应用检验的过程中，不要怕别人说我们土，没有用外国学术权威的理论；不要怕别人说我们层次低，没有形成学术论文用英语、法语、德语、西班牙语发表在国际核心期刊上。忠诚党的教育事业，践行党的旅游政策，把论文写在祖国的大地上，把成果应用到旅游产业的实践中，把话语暖进广大业者的心坎里，是多么伟大而光荣的事情。为大众旅游鼓与呼，为智慧旅游献计献策，我们有自信心，也有自豪感。

标志性成果建设要有行之有效的工具和方法。新的工具和新的方法要有，传统的工具和传统的方法更要学会用，要把它们内化于心、外用于形。相对地理学、经济学、社会学，旅游还是一门年轻的学科，很多时候它更像是一个研究领域，要在科研实践和理论建设中逐步形成相对稳定的范式。经济学对需求的理解，地理学对空间的理解，历史学对时间的理解，都需要我们长期研究、反复揣摩和体会，而不是会画图、制表，做模型、摆数据，就能理解学科了。当然，成熟的学科需要数据，需要定量分析，高级一点的还会走向数字化。现在旅游学科建设强调定量研究有些过度，甚至失之于片面了。定量当然需要，但是过于强调定量可能会失去对真实的把握和本质的理解。有些时候对质性的把握和理论架构往往是以牺牺微观的、个体的、局部的真实性为代价的。地理学的大尺度空间感和历史学大跨度的时间感，对我们把握宏观至关重要。现在似乎有一种倾向，过于强调微观的局部和个体。研究中要重现宏观的权威数据，所有的数据都靠我们自己来生产，不太现实。文科实验室怎么建？是不是我们搞一个眼动仪，找些学生志愿者，盯着点做一些数据、写几篇论文，实验室就建成了？不可能这么简单。如何在纷繁复杂的数据中发现规律，形成原创性的概念和理论，非得有工具和方法不可，研究人员更要有驾驭这些工具和方法的能力。

三、智库要学会写内部报告和专题文稿

内部报告和代拟稿的写作，是智库建设过程经常面对的任务，也是要投入主要资源和精力耐心打磨的成果。研究团队和主创人员在写这类文字的时候，一定要放下自我，以我将无我、为了人民的心态投入此项工作中。不能因为这些文字是内部报告，不能对外发表，也不能让别人引用，更不能署上自己的名字，就当成一件不得不完成的差事来对待。党和国家给了渠道和平台让我们及时上报相关数据、信息和研究成果，提出工作建议，甚至直接参与文件起草和文稿写作，这是政治信任，是对旅游学术共同体的有力支持。认同是做好智库建设的关键，认同了就会用心，就会认真；用心了、认真了，就没有做不好的事情。现在很多同志这个问题没有解决好，没有做到真正的认同，还是想写一篇学术论文或者递个折子让领导批示，回去计个科研工作分，为自己博些功名。国士和名士是不同的，名士可以清高，可以做清流，以嬉笑怒骂的心态，甚至叛逆和解构的姿态遗世而独立；但是国士不行，国士是要看到生活的困境和现实的不如意，依然要以面向光明的姿态建构发展理论，并提出建设性意见的。真正的国士是一群拥有盖世才情的学者，不计得失、进退，甚至不计个人声誉，毕

其一生将研究成果奉献给国家的一群人。研制两弹一星的元勋,为了国家的强盛和民族的复兴,一辈子隐姓埋名。《我和我的祖国》第一场戏是那一代知识分子的真实写照,他们也是后人景仰学习的榜样。这些如鱼饮水的个人经历和甘苦自知的发展经验告诉我们,智库建设过程中最大的经验是认同,最大的风险是不认同。认同了,就没有过不去的坎,就没有战胜不了的困难;不认同,基础就动摇了,表面的繁荣掩盖不了内在的冷漠与虚无。

  解决了认同和信仰问题,能力培养和素质提升就是关键。要想成角儿,心里就得有座儿,你得始终要有读者和听众。我们不要老想教育领导、培训业者,而是要在服务中与他们同行,要用服务对象听得懂的语言,讲他们感兴趣的话题。智库建设没有任何的捷径可走,也没有什么小聪明可耍,就是要一切献给党,献给国家,献给产业,不能老想自己有什么存在感,不然做不好事的。曾多次和研究院的同事说过,除了持之以恒地苦自己、累自己,在苦和累中提升水平,我们没有任何优势可言。很多时候,我不愿意说"牺牲"这两个字,不能让青年学者认为这条路太悲壮。终会看到这一天,认同了、认可了,就会有越来越多的人很快乐地做这件事。共产党人所有的立场观点都可以公开说出来,为党和国家旅游工作服务的智库也是一样,站在人民的立场,坚持实践性,为广大游客和旅游业者说话,在国际上讲中国的旅游故事,这就是我们的立场、观点和方法。说出来,做到没有,接受各方面的评价,接受历史的评价。

  优秀的智库研究还要有角色代入感。写代拟稿和内部报告,写作者要在前期研究的基础上,站在同等的位置甚至更高的位置上去思考。以我的经验看,趴着是写不出大稿子的,更不用说跪着了。要拿出文献综述的功夫,把服务对象的语言风格、文化背景、从政经历调查清楚。有人喜欢诗词,有人喜欢引经据典,有人喜欢口语化,各人风格不一样,得事先了解清楚才好动笔。写科技论文常用的被动语态，尽量少用或者不用于内部报告和文稿中，中国人在日常生活和工作中不这么说话。内部报告的读者不是我们的研究生，这点一定要清楚。我们写学术论文和写专题报告，口语、书面语如何切换要反复研究并经常练习。写文章一定要有耐心。文章是改出来的，没有谁一出来就自带光环。从主题的确立，到谋篇布局，到框架模块，到材料的收集和文字的书写，有一个日常累积和反复斟酌的过程。

文章写完后要读出来，读给同事听，或者读给自己听。有时候读出来自己都脸红，没有关系，红两次就不红了。改完稿子可以一页纸一页纸这样平摊开来看，有的段落长，有的段落短，不摆开就看不清楚。要保存花脸稿，从开篇布局到每次修改的过程稿要保存下来，等完成任务后，带着团队复盘，看一下每次修改有哪些进步，有哪些失误。经验要保留，失误要吸取教训，这样才能进步。这世界上没有什么天才，都是汗水泡出来的。

四、社会服务的对象、方法与路径

谁是我们的服务对象？这是社会服务的首要问题，必须要搞得清清楚楚，弄得明明白白。学术机构和专业智库的服务对象是多元的，也是多层次的。我们既需要为各级党委和政府服务，更多的时候还需要面向行业，面向基层，面向一线。对于广大的青年学者群体而言，不要总想着给强者喝彩，更要关注普罗大众的所思所想，关注那些没有话语权，甚至没有存在感的人群的喜怒哀乐。搞学术的，不能见到官大的就腿软，见到财多的就气短。你有你的权力和财富，我有我的才情和努力，相互尊重，相互促进，共同推动产业进步和社会发展才好。电影《梅兰芳》有一句台词："婉华，等你成角儿了，得给唱戏的争口气啊！"那是对打破职业鄙视链、争取社会平等的呐喊。希望新发展阶段的旅游学者要眼睛向下,面向基层,面向一线,面向行业,永远和创业者在一起,共同成长,彼此成就。青年学者多去关注一些旅行社的夫妻店,关注一些景区卖茶叶蛋的老大娘,他们有什么困难,对未来的期望有哪些。他们更需要关注,哪怕把本科生带过去做访谈都会予人以生活的温暖和前行的勇气。

服务的边界在哪里?我们不可能包揽天下,可以有"忍不住的关怀",但是在推动产业进步和社会发展进程中只能做自己力所能及的事情。在疫情最严重的时候,也许帮不了业者什么,但可以有同情心、悲悯心,跟他们一起经历所有的日日夜夜和喜怒哀乐。在最艰难的时候,要给他们以前行的力量。很高兴看到饭店产业研究基地的年度标志性成果叫《给中国加油》。在最困难的时候,坚持与业者在一起,这是很了不起的事情!当然,仅仅和业者在一起是不够的,也不能总是顺着说话,一直陪着他们叹息和抱怨。人不可能守着悲伤过一辈子,吐槽解决不了问题。越是困难的时候,越是要给人以光明,一起想办法。先救急再救穷,活下来是第一位的。无论是生活还是生产,总要以学术理性帮助业界看见未来。这个未来可能是线性的,可能是非线性的,甚至是需要凤凰涅槃的。要看清楚并大声说出来,做吹哨人,做守护灯塔的人,帮助寻找意义和方向,这是我们的职责,也是使命。

社会服务的工具、方法和路径是什么?讲课可以给予知识和理性,培训可以赋能,技术可以转移,还可以通过宣传推广进行市场导流。社会服务的方式方法多样,可以择其善而从之,也可以打包形成一个工具箱,可以授人以鱼,也可以授人以渔。不管哪种方法和工具,能为产业发展和社会进步提供有效的支撑,就是最好的。工具和方法的选择要因时、因地、因人而异。无论是专业研究还是公益性服务,都要让服务的对象有感,让人家可操作、可改进。需要关注两个问题:一是对于特殊人群,包括贫困人口、残障人士等群体的服务，得有必要的学术伦理审视，确保社会服务在合意的轨道上运行，要经得起各方面的审视和历史的凝视。二是服务的过程中，年轻人要谨防急躁心理，不能把服务的过程变成秀场，更不能变成个人名利场。

谁是我们的同行者？旅游是经济属性很强的文化现象。《中华人民共和国国民经济和社会发展第十四个五年规划和2035年远景目标纲要》多处提到旅游，要建设包括旅游在内的现代服务业，建设一批富有文化底蕴的世界级旅游景区和度假区，打造一批文化特色鲜明的国家级旅游休闲城市和街区，还有红色旅游和乡村旅游，要讲好中国故事等。现在，从中央到地方都在制定文化和旅游发展规划，还有很多专项课题。学术共同体有很多的作为空间，可以为政府服务，做好专题研究和专项规划；也可以为市场主体服务，做好企业中长期发展战略和专题策划。在社会服务过程中，要学会相互助力，相互支撑，形成协同创新的大格局。现在企业和社会机构也有很多研究力量，还有国际教育和研究机构，它们是我们做好社会服务的同行者，也是同盟军。无论是服务过程，还是研究成果的传播，我们要善于利用媒体和舆论，以及学术界的软实力来影响政府的硬权力。需要指出的是，在服务的过程中，服务者与服务对象既不能相互隔离，自说自话，也不能因为别人是甲方让干什么就干什么。如何把握市场化与独立性之间的度，是个大文章，需要理性设计，更需要执行过程相机抉择。

2021中国旅游研究院机构年会总结发言
2020年12月4日于河南大学

旅游是平等，是自由，更是无限的可能

你好，米奇 & 米妮！

你好，薛逸骏（Joe Schott）总裁，以及所有为我们带来梦想和快乐的迪士尼艺术家、工程师和管理团队！

5月19日是旅游者的节日，也是旅游人的节日。过去几年，我先后在宁海、成都等地以《何以徐霞客》《无障碍旅游》为名发表纪念演讲，努力推进国民旅游权利的普及和服务品质的提升。今天，我和中国旅游研究院的数据分析团队来到这里，发布快乐旅游趋势报告，分享疫情防控常态化的"绿色发展　美好生活"，以及当代旅游的平等、自由和无限可能的未来。

过去五年，是上海迪士尼落地生根，与中国旅游业共同成长的五年。还记得开业前夕我和中国旅游研究院的团队来到这里，与上海迪士尼管理团队进行了广泛而深入的交流。我们共同认识到：饱经沧桑而自强不息的人民需要传承历史，也需要分享全世界的美好；山河壮丽又风雅多姿的中国能够为本土企业，也能够为国际品牌提供创新发展的舞台。犹忆开业当天，有蒙蒙细雨，正在宣读习近平主席贺信的汪洋副总理说，雨是财气的象征，为我们送上了最美好的祝福。如今，在中美两国政府支持下，在上海申迪和迪士尼总部的共同努力下，美好的祝愿、理念和共识已经成为眼前的真实场景。梦幻城堡、米奇米妮、迪士尼公主、花车巡游，那么多童话里才有的美好，如此真实地呈现在孩子们纯净的眼睛里，七大园区的落成和不断创新的文化、休闲和度假项目，极大丰富了区域和国家的旅游内涵，并吸引了千千万万包含中国在内的世界各国各地区的游客到访。作为文化新地标和休闲度假好去处，上海迪士尼为旅游业的创新展现了山山水水和历史遗存之外的更多可能。

就在昨天晚上，数万名观众园内欣赏了15分钟的梦幻光影秀。我注意到现场没有高低远近的座位区，更没有VIP通道和包厢，每个人的目光都被高耸的城堡、射灯和绽放的烟火引向高远的夜空。我注意到闭幕BGM响起时，少男少女在眩光的引领下跟唱，"I won't leave/I try everything/I wanna try even though I could fail（哪怕甘苦尽尝，我也不愿放弃／就算失败，我也要拼尽全力）"。那一刻，我知道迪士尼长大了，不再只是做着公主梦的小女孩，还是了解生活的艰辛之后依然勇敢前行的年轻人。你们心里有火，眼里有光，在这块梦想的土地上，共创美好生活，共享快乐旅程。没有，也不应该有权威告诉你们必须这样做，或者不能那样做；不听，也不应该听前浪们名为成熟实则乡愿的教导而违心去做什么，或者不做什么。美女可以和野兽执手前行，狐狸可以和兔子联手破案，冰雪可以有奇缘……任何人沿着任何可能的方向自由地探索，都受到鼓励而不会被禁止。现实中的游客、演职员和管理者，不分国家和地区、不分种族和肤色、不分健全和残障，每个人都受到平等的对待，包括快乐的传递，也包括工作的权利。平等、自由和无限的可能，才是迪士尼成长的动力，也是游客和行业愿意分享的价值。

今天，决战决胜脱贫攻坚、全面建成小康社会的中国，开启全面建设社会主义现代化国家新征程的中国，民族复兴、人民幸福的梦想已经照进现实。在新发展阶段，得益于经济社会发展取得的巨大成就，特别是航空、高铁、高速公路、城市轨道交通等基础设施的完善，以及公共服务和治理体系的现代化，我们将迎来大众旅游的新阶段，小康旅游的新时代。

在这样的新时代，旅游、休闲、度假、创意、娱乐、体育，越来越多的精神享受和文化消费进入城乡居民的日常生活选项，成为美好生活的重要组成部分。越来越多的游客进入城乡居民的休闲场景和商业空间。你们理性消费，你们文明出行，你们欣赏美丽的风景，你们分享美好的生活。你们在旅程中领悟中华文化之美，增进了文化自信；你们开始平视这个世界，在对话中理解文化的多样性和文明的多元化。人民对美好生活的向往是我们的奋斗目标，也是旅游业创新发展的市场基础和信心之所在。就在刚刚过去的劳动节假期，国内旅游市场已经迎来复苏的转折点，加上未来可期的入出境市场，将为迪士尼度假区，为中国和世界的旅游休闲产业带来持续创新发展的机遇。

人民，只有人民，才是推动历史发展的真正动力。大众旅游的人民性要求我们保障国民的旅游权利，扩大旅游消费，提升服务品质。人生而平等，快乐属于每个人。让更多的老百姓游得起，玩得开心，是中国也是世界旅游人的共同目标。人生而自由，自助游、自驾游、自由行是我们共同的向往。民族复兴和人民幸福的中国梦已经成为旅游发展的新动能，经济建设、政治建设、文化建设、社会建设和生态文明建设成就，为广大游客提供了更多的休闲场景。文化、科技和资本等新发展全面提升了旅游产业现代化，更大力度的改革和更大范围的开放则提升了旅游业治理水平。基于5G、互联网、大数据技术的智慧旅游让游客得自由的同时，也让旅游领域的创业创新有了更多的可能。

未来五年，是旅游业走向绿色发展、融合发展和高质量发展的五年。作为一种生活方式、学习方式和成长方式的大众旅游，将迎来主客共享美好生活的新时代。在建设世界级旅游景区和度假区、国家级旅游休闲城市和街区的进程中，文化引领、科技赋能、融合发展，将成为智慧旅游现代化的全新动能。为了一个更加平等、更加自由和无限可能性的旅游业的未来，我们需要凝聚共识，推广旅游业的共同价值，也需要学习和借鉴包括迪士尼在内的一切先进经验。

值此报告发布之际，衷心祝福伟大的祖国繁荣昌盛，奋斗的人民幸福安康！真诚祝愿上海迪士尼为游客创造快乐的进程中，成长更快，发展更好！

上海迪士尼快乐旅游趋势发布会致辞

2021 年 5 月 19 日于上海

旅游业正在疫情影响下韧性复苏
——将愿景转化为行动

在中国，将未来旅游业竞争力与可持续性和适应力联系起来所做的努力与科技密切相关。以数字化为代表的现代科技正在深刻地改变中国游客的消费行为、决策机制和满意度评价。为适应全面建成小康社会后，国民对美丽风景和美好生活的新期待，中国政府和旅游业界一直致力于智慧旅游建设。

目的地开发部门将更多的潜在资源转化为项目、产品和服务。此外，这些部门有效提升了服务质量和产业竞争力。更多互联网、移动通信、人工智能和数字化企业的参与，进一步增强了旅游业的活力和动能。

从"同一个地球愿景"中提到的行动方针来看，公共卫生举足轻重，相关行动需要立即实施。旅游不仅是对异地美丽风景和文化遗产的向往，其发展更加需要当地社会环境、商业环境和生活方式的支撑。如果公共卫生做不好，游客就不愿意到访，到了目的地也不能放心消费，最终影响旅游业的可持续发展。"同一个地球"呼吁旅游业与公共卫生建设协同发展。一个"绿色、文明、有序、包容"的社会环境是我们共同的目标。

疫情期间，中国政府推行"预约、错峰、限流、有序"的旅行方式。此外，还发布了涵盖旅游和旅行每一个环节、细节的疫情防控指南和公共卫生标准。这些文件不仅针对游客，也要求旅游景区、酒店、旅行社、博物馆、电影院等文化和旅游机构遵守，并根据形势的发展不断予以更新。

结合"同一个地球愿景"中以循环经济为重点的行动路线，在餐饮方面，中国政府倡导"小份制"和"光盘行动"，并提醒大众不浪费任何食物和食材。

最后，联系"同一个地球愿景"中以气候行动为核心的行动路线，快速发展、日趋完善的高铁网络正在深刻地改变着中国旅游业发展的格局。那些很遥远的目的地城市、自然和文化遗产地，过去需要花很长时间才能到达，而如今只要很短时间便可抵达。加上通信技术和支付体系的现代化，"说走就走的旅行"已经成为更多年轻人的出行方式。当前，高铁还在建设中，为了让更多国民坐得起高铁，有关部门也在计划下调票价。高铁将会成为中国旅游业高质量发展的重要推进力量，也是国民旅游权利的重要保障，在当前国内旅游对旅游业复苏起着至关重要作用的背景下更是如此。

以上这些要素在未来必将扮演越来越重要的角色。

世界旅游组织（UNWTO）专访
2020 年 12 月 16 日

旅游研究和数据中心合作网络建设大纲

同志们：

2008年建院伊始，我们就定下了不同于任何一家旅游高校和科研院所的智库理想：在党组的领导下，成为一支推动旅游业发展的有生力量。原国家旅游局的直属单位少，研究机构就此一家，没有可能也没有必要照搬任何一家既有机构的经验，只能在探索中前行，逐渐形成自己的发展模式。为此，党支部和院班子每年都会结合旅游业形势、自身条件和发展目标，提出一个主题进行研讨、规划和部署。从学科建设到社会服务，从国际合作到数据中心，逐渐走出了研究院（数据中心）的成长之路，有力践行了团队认同的"服务产业、报效国家"的初心，有效履行了向党组承诺的"理论近卫军、数据特战队"的使命，也稳步积淀了"一群人、一件事、一辈子"的组织要素和文化底蕴。主题是年度的，建设是长期的。没有持之以恒的理想信念，没有阶段性的发展规划和年度性的工作主题，人心就不容易凝聚，发展方向就可能因为内外部的压力和诱惑而产生偏差并最终失去应有的航向。趁着创建团队的这批人还在，而且是年富力强的时候，我看这个指导思想有必要向同志们讲清楚，这件事也务必要坚持做下去。

一、为什么建设旅游研究合作网络？

研究院（数据中心）中长期发展战略的需要。根据部领导批复的《中国旅游研究院（文化和旅游部数据中心）"十四五"发展规划》，围绕建设国家高端智库、世界级旅游研究机构和数据中心的战略目标,我们要在平台搭建、学科建设、成果推广、国际交流等领域做很多开拓性和开创性的工作。干事创业需要人啊,事业越大,需要的人越多,特别是那些有共同理想和行动能力的人。与资金雄厚、人才汇聚的高校和历史悠久的科研院所相比,我们没有体制化的知识生产和传授体系,也没有那么多的博士生、硕士生和本科生去传播新思想和新理论,怎么办?只靠院本部的这支队伍是远远不够的,必须广泛动员分院、研究基地、数据分中心、联合实验室等合作机构,团结一切志同道合者,携手前行。从建院之初,我们就注重合作网络和学术共同体的建设,现在已经有了数十家紧密联系的机制化合作机构。如何团结和带领这支高级知识分子队伍听党的话,跟党走,为国家的文化事业、文化产业和旅游业尽忠竭智,已经成为极为现实的战略课题。在这方面,我们虽然取得了一些成就,也面临着"50后"和"60后"的学科带头人开始淡出、"70后"的学术带头人还没有定型、"80后"和"90后"的青年学者成长空间有限,以及旅游教育、理论研究、产业实践和政府旅游行政主管部门交流渠道不通畅,进而内卷化和功利化并存等诸多挑战。为促进旅游学术研究和理论建设沿着正确的方向健康可持续发展,作为国家队的研究院(数据中心)理应积极担当、主动作为。当前和今后一个时期,旅游发展理论和数据中心建设首先要解决的关键问题是思想和价值观的问题,而不是狭义的学术规范、成果发表和学科升级——那是结果,不应当也不可能是目标,而是水到渠成的事情。

旅游学术共同体思想建设、理论建设、组织建设和青年人才培养的需要。思想的产生或者理论的深化,需要知识网络的合作,而高级知识分子之间的合作并不是件容易的事情。工科特别是计算机背景的学者很熟悉这样一句话,"低耦合、高内聚",即俗话所说"宁愿一人多事,不愿一事多人"。构造多人协同的复杂工作机制,意味着沟通和协调成本,以及系统出错的概率是极高的,且不容易纠错。因此,很多学术机构特别是传统高校容易形成门派,围绕院士、院长、博士生导师等知名教授周围的学生、学生和学生,通过留校和互聘而形成容易识别的小圈子。这样的好处很明显:研究方向、学术范式和人际关系相似,比较容易沟通;对于讲究师承的学界而言,也容易登堂入室和快速成长。当然,弊端也很明显,就是很容易内卷成利益共同体而不是学术共同体,不利于大块文章和原始创新。对于那些自诩为出身名门的博士而言,也不容易融入正式就职的工作单位,用老百姓的话就是"只认娘家,不认婆家"。回顾建院十几年以来走过的路,这方面也算是有些经验可以总结的。刚建院时,我们定了个规矩:院领导不招聘自己的博士,同一院所导师推荐的博士不超过两人。研究院初创时,学术界的影响力还没有建立起来,也没有稳定的风格和广泛的声誉,当时来应聘的博士还没有投放的指标多。2008、2009、2010那几年,只要是博士毕业,想来院里工作的都可以来。同志们也很努力,很快就成长为副研究员、研究员和研究部门的负责人,有的还获得了国家级和省部级的人才项目。"种桑长江边,三年望当采",本是中坚力量和责任担当的时节,部分同志却由于种种原因去了高校、企业和海外。好在研究院(数据中心)的平台和模块已经成型,声誉和风格也建立起来了,学术团队和梯队开始变得越来越成熟。如果没有共同认可并为之奋斗的理想信念,再多的博士和研究员也构不成有战斗力的团队,也形成不了对学术共同体的向心力和凝聚力。

促进地方旅游发展、产业创新和国际合作的需要。智库是公共政策的生产者和推广者,当然要资政建言,也要促进发展。近年来,很多高校和科研院所开始注重旅游政策与法规的研究,也写出一些有分量的资政报告,有的机构还明确规定得到省部级领导和国家领导人指示的可以得多少奖励。与之前唯C刊论文相比,确是有改革的新气象。与此同时,也需要关注另一种倾向，就是研究主题越来越宏观，并希望报告呈交的层级越高越好。这还是唯论文时代的核心期刊思维，把个人成长和机构建设寄希望于权威平台的认可。在实际工作中，凡是可以计工分、填表格、撑台面的事情就多做，凡是需要长期投入、有失败风险、机构特别是个人短期内没有明显收益的项目就不做或者应付着做。长此以往，可怎么行！随着大众旅游的全面发展和现代旅游业体系建设进程的加快，基层旅游行政主管部门和一线市场主体更需要当代旅游发展理论的指导和数据支撑，更需要有针对性的专项研究和专业人才培养。新时代的旅游宣传推广、双边和多边国际合作、港澳台旅游交流进程，也需要更多文化和旅游系统内外的学术力量的有效介入。全国上千所旅游院校、上万名教育和研究人员，数十万博士生、硕士生和本科生，是地方旅游发展和产业创新最应该依靠，也可以依靠的队伍。我们还要清醒地认识到，要求这支队伍对接实践和服务基层，还存在着若干与现行的高校和科研院所评价体系不兼容的地方。那么多的旅游管理专业的本科毕业生，甚至高职高专的学生不愿意在酒店、旅行社、景区和主题乐园、餐饮和零售企业就业，都归因于社会和行业吗？我看教育和研究自身也存在很大的问题。在更高层面和更大范围的制度变革之前，学术共同体能够做些什么、可以做些什么？总不能坐等吧。虽然研究院（数据中心）没有国民教育和行业培训的任务，但不意味着我们可以对此袖手旁观，更不能视而不见。只有以共同的学术理想和价值观去凝聚人心，以共同的目标、任务去建设队伍，以共同认可的研究范式去生产知识，以普遍接受的话语体系去传播知识，旅游学术共同体和数据中心合作网络才能真正建立起来、发展下去。

二、我们需要什么样的旅游研究合作网络？

要有共同的理想和价值观。2002年，时任福建省长的习近平同志到南平调研,在《求是》杂志刊发《努力创新农村工作机制——福建省南平市向农村选派干部的调查与思考》,文中指出这一做法是"市场经济条件下创新农村工作机制的有益探索"。农业科技人员不去田间地头,旅游理论工作者不与旅行社、酒店、景区和主题公园,不与第一线的导游和服务员打交道,就是待在实验室和图书馆,不可能写出时代所需要的大块文章!习近平总书记近期在广西考察时嘱咐农业技术人员,就是要下沉到农村基层,就是去干具体的出实际成果的事情。研究院(数据中心)的每个同志都要持之以恒地践行"把论文写在祖国的大地上"。与短期利益相比,理想才是长期的力量。回顾建院以来的学术共同体和市场共同体的创建发展历程,初创期能够走到一起来的,有理想的召唤,有使命的担当,也有利益的考量。在国家旅游局、文化和旅游部的支持下,这支队伍成长壮大起来了。现在的外部环境和内部条件都发生了很大的变化,绝大多数的成员是为理想而来,希望与研究院(数据中心)同心同德干一番功在当代旅游、利在民族复兴和人民幸福的千秋事业,也有的合作机构和成员开始若即若离,甚至可能会渐行渐远。对此,我们一定要有清醒的认识并保持战略定力,天下大势,分分合合,都是再正常不过的事情。要允许合作者在不同的时期有不同的想法,要来的自然会来,要走的也留不住。关键是我们能不能坚持"服务产业、报效国家"的理想信念,能不能围绕中心、服务大局,做出高质量的资政建言成果,能不能按照规划好的路线把每一步都走踏实了,把每一件事情都做到极致。我们自身强大了,又有包容天下的胸怀,自然会有越来越多的朋友,桃李不言,下自成蹊嘛!否则搭建再多的台子,跟谁再好也没有用。建院十三年来,从事旅游研究三十年来,有过高光时刻,也有过风吹雨打,更看过万千众生相。"眼看他宴宾客,眼看他楼塌了"者有之,"不管风吹浪打,胜似闲庭胜步"者有之,攀龙附凤者有之,坚守前行者亦有之。最后怎么样?还是行稳者致远,人间正道是沧桑啊!

要对建院理念和机构文化高度认同。研究院(数据中心)是二类事业单位,固然有机构生存和个人成长的压力,但是我们始终把家国情怀和共同发展置于最优先的地位。这是对全球旅游学术研究历程的深刻反思,是对人民为中心的旅游发展理论的真诚关切,也是对"书生报国无他物,唯有手中笔如刀"的自我期许,对"我将无我,不负人民"的不懈追求。没有这些精神追求和价值认同,就无法把我们与其他研究机构和规划公司区别开来。当然,对建院理念和机构文化认同的强调,按制度和章程管理机构,并不意味着我们要以自己的方式改造合作网络的其他机构和学者,甚至搞"百分之百的布尔什维克"。那样既不必要,也不现实。学术研究需要竞争,也应倡导合理有序的竞争,还是百花齐放、百家争鸣的好。无论是分院、研究基地、数据分中心、观测站,还是战略合作伙伴单位,我们愿意以任何方式毫无保留地分享发展经验,并应要求提供力所能及的帮助,但是绝不会搞什么模式输出,更不会强加于人。需要指出的是,与国家旅游局时代不同,文化和旅游部有关司局也会组建重点实验室、研究基地、智库平台和各类专家委员会,更好地为党组决策服务。无论是机构,还是专家学者,都有可能与研究院(数据中心)的合作网络相重叠,有的机构和同行可能更愿意与机关打交道,甚至让人产生"迈过锅台上炕"的感觉。这都是很正常的事情,一定要以平常心待之。作为部直属的理论研究机构和数据中心,我们不会谋求,也不可能获得任何意义、任何事项、任何时候的垄断地位。但是我们会寻求长期的平台优势、产业影响力和可持续发展的能力,这来自建院以来对理想信念和价值观的坚守,来自忠诚、专业和高效的干部人才队伍,来自十多年如一日的工匠精神和成果积淀。对此,我们要有高度的组织自信、平台自信和理论自信。

要有共商、共建、共享的意愿和能力。国家旅游局委托的省部级科研立项和优秀成果评奖两个项目，是研究院（数据中心）建设旅游学术共同体和拓展合作网络的重要推动力量。很多一流院校和一线学者对此高度认可，认为新组建的研究院办了学界呼吁多年而没有办成的事情。我一直和同志们讲，这是国家旅游局出于对研究院的信任和支持而委托的项目，是借来的事权，必须以战战兢兢、如履薄冰和极端负责的态度做好这项工作，决不能有任何闪失，同时也要有哪一天借来的事权还回去以后怎么办的打算。为此，我们从选题指南、立项评审、结项审查和成果应用，都努力做到公平、公正和可溯源，并坚持与学术共同体和数据合作网络共商、共建、共享。转隶文化和旅游部以后，这两个项目得以保留下来，更名为文化和旅游宏观课题和优秀研究成果评选，转为中国旅游研究院（文化和旅游部数据中心）负责执行，应当说这并不是件容易的事情。要坚持做下去并发挥其应有的作用和影响力，还需要学术共同体和数据中心合作网络的理解、支持和同行。很多高校、科研机构和科技型企业很关注国家自然科学基金、国家社会科学基金、国家科技重大专项基金的申报工作，只要提出要求，我们都要在合规合理的范围内给予力所能及的帮助。无论是科学研究、理论建设，还是商业研发，都对数据提出了越来越高的要求，并希望能够在合作的过程中得到必要的帮助。我们要努力做到法定的统计数据及时受权公开，非保密的自采数据内部分享，应使用者需要定向支持数据采集和加工生产。作为旅游经济文化和旅游部重点实验室的依托单位，研究课题的开放性和统计数据的共享性本就是题中之义。今年又增加了一批重点实验室，无论是现在的还是将来的合作单位，也应按此思路建设。为此，要在旅游研究和数据中心合作网络中推动建立有效沟通的话语体系。在学术成果推广的过程中，要倡导说"白话"，让广大机关公务员和市场主体听得懂，不要说故作高深的"黑话"，受众压根儿就不买账，自己还整天自命不凡，可怎么行哟！

三、如何建设旅游研究和数据中心合作网络？

要以价值观凝聚共识。关于理想、信念和价值观，前面已经讲了很多，过去的十几年也一直在讲。现在是旗帜鲜明地亮出观点的时候了：生在这个伟大的时代，我们付出所有的才情，一往无前的奋斗和无怨无悔的坚守，从来都不是为哪个特定群体的利益，更不是为了个人的成名成家，而是为了建设和完善以人民为中心的旅游发展理论体系，并以这个理论体系为基础去资政建言，去帮助地方政府和企业发展，最终实现"更多的国民参与、更高的品质分享"的理想。不要怕别人说我们总是劲儿劲儿的，也不要在意有人一时半会儿的不理解。作为旅游理论研究和数据中心的国家队，就得有与此相匹配的价值取向和精神追求，就是要身体力行地践行之。值此纪念建党百年，我们更要从党史汲取精神的力量，传承弘扬中华民族的优秀传统文化，做文化和融合发展的理论建构者和实践先行者。

要做好数十年如一日的坚守准备。习近平总书记指出，"以人民为中心的发展理念和思想，这一理念不是抽象难懂的，也不是多么高深的，需要从思想和行为上落实，不要将其停留在表面形式上，要将其真正落实到经济发展和社会发展的过程中"。靡不有初，鲜克有终。古今中外，志存高远者多，为了理想和信念而脚踏实地者不多，为此而长期坚守，甚至是承受不为人知的委屈和煎熬者则更少。从上个月开始，行政部（人事处）要求院领导和各部所负责人把自己的工作日程每个月向全院公布一次，不完全是为了强调考勤纪律和接受群众监督，也是为了提醒同志们明了水滴石穿、聚沙成塔、积跬步而至千里的道理。从日复一日、年复一年的日程来看，哪里有那么多高光时刻，绝大多数的日子还不是开会、学习、批阅文件、研讨、采访、查资料、算数字，一个字一个字地写报告。至于每年一次的旅游科学年会和旅游集团年会，更是由写请示、定会场、嘉宾邀请、迎来送往、排座位、摆桌签等琐碎到不能再琐碎的小事串联而成啊。

每月两期内参、不定期的特别报告、每个节假日的旅游统计值班和数据分析报告、每个季度的旅游经济运行分析与预测，还有"1+8+X"的标志性成果，哪个不是熬出来的啊！要利用每年一度的机构年会和各种正式非正式的交流机会，把这些道理和事例向合作者讲清楚。彼此之间有了解之同情，才会有坚定之同行。

要团结一切志同道合者，稳步拓展合作网络。1939年10月，毛泽东同志为《共产党人》撰写发刊词，论述新民主主义理论时指出，"统一战线，武装斗争，党的建设，是中国共产党在中国革命中战胜敌人的三个法宝"。中国这么大的国土面积，如此众多的人口，为什么可以在思想上、组织上实现一统，化解空间、民族、地区、文化、生活方式、发展诉求等方面的差异，根本原因在于"有容乃大"，通过广泛的协商而形成共识、凝聚人心。建设和完善以人民为中心的旅游发展理论，是习近平新时代中国特色社会主义思想指导下的哲学社会科学领域的开创性工作，不是哪一家机构、哪几个学者的事情，而是需要高校、企业、科研院所、政府和公共机构的共同努力。要相信在这块广袤的国土上，在这颗蓝色的星球上，到处都有我们的同行者。同志们要去寻找他们，发现他们，告诉他们这项事业需要每个人的共同努力。在这个群体中，任何人有了哪怕微小的进步，都要给予肯定和鼓励，为之鼓掌，就像我们在旅游科学年会的"人物志""思想者""博士后文库"，旅游集团年会的"文化和旅游融合案例""旅游集团二十强""对话青年企业家"所做的那样。

要不求回报地付出，要坚持毫无保留地长期付出。什么都自己得了，人心就失去了，队伍就涣散了。个人和团队真心诚意地付出了，天下人都会以不同方式看见，也能感受到的。研究院（数据中心）及其合作机构主要由博士、研究员、工程师等高学历、高学衔人员组成，个人有成名成家的想法，机构有发展壮大的要求，都是正常的，也是合理的。需要时时警醒的是：我们的工作是党的事业的组成部分，党和国家建了这个平台，并给予了方方面面的条件和待遇，为的是更好地服务旅游业的高质量发展。我们要围绕中心，服务大局，也要团结和带领旅游学术共同体和数据合作网络，为旅游发展提供更好的理论引领和数据支撑。每年的机构年会，我们都会拿出3万元支持承办单位的研究生和本科生的科研立项，加上前年开始实施的博士后优秀成果出版项目的资助经费，累积下来也有一定数量的投入和产出了。星星之火，可以燎原。在年轻人心中撒下的种子，总有一天会开花结果的。

要允许合理的人员流动和必要的机构进出。随着事业的发展，有的人会离开、有的院校和企业会退出，也会有新人进来、有新的院校和企业加入进来，成为合作网络新的成员，都是很正常的事情。对离开的同志和退出的机构，不必勉强，更不能搞文人相轻的那一套。只要认同并坚守研究院的学术理想和价值观，为旅游发展做贡献，去到哪里还是可以以同志相称。见面问候，有事相助，也是该有的气象。当然，如果背离了共同的理想、信念和价值观，甚至做出了伤害研究院和共同体的事情，也要给予应有的回应，否则就是对留下来的同志和机构不负责任。对于新进入的同志和新加入的机构，每个人都负有传递共同价值观和守望相助的责任。有了为人民的旅游权利而奋斗的共同理想，有了建设以人民为中心的旅游发展理论的共同目标，有了知识和数据共享机制，旅游研究和数据中心合作网络一定会一天天壮大起来。

纪念建党100周年暨"合作网络建设年"动员讲话

2021年6月28日

媒体传播

札记·媒体传播

　　新时代的旅游科研和理论工作者，要把论文写在祖国的大地上，把成果应用到旅游产业实践中。为此，我们需要通过报纸、杂志、广播、电视，以及互联网新媒体，与一线业者对话，与基层管理者对话，与游客、与社区、与社会各界进行广泛对话和深入交流。在传播思想的同时，让理论成果及时接受市场的检验和社会的评价。

　　时代是出卷人，我们是答题者，请媒体记录时代的声音，让人民检阅，让历史审视。

以新发展理念凝聚高质量发展共识

在新冠肺炎疫情防控常态化和全面推进旅游业复工复业,谋划"十四五"旅游业高质量发展的关键节点,2021年全国文化和旅游厅局长会议的召开,对于凝聚大众旅游新发展阶段理念共识、培育智慧旅游新发展动能、建设新发展格局中的现代旅游业体系,具有十分重要的意义。

会议高度肯定了2020年和"十三五"时期旅游工作所取得的成就。在党中央的坚强领导下,文化和旅游系统慎终如始同疫情作斗争,用实际行动守护人民平安,促进行业发展,有效防止了疫情经由旅游活动传播扩散,在疫情防控、助企纾困、复工复业和融合发展各项工作中交出了令人满意的答卷。在此过程中,各级各类旅游市场主体和数千万旅游从业人员经受了巨大考验,承受了巨大压力,也获得了党和国家的肯定,赢得了人民的认可。2020年是"十三五"规划收官之年,文化和旅游系统聚焦改革发展稳定任务,实施了一系列利当前、惠长远的重大工程、重大政策、重大举措,全面完成了规划确定的目标,旅游发展取得了突破性进展。人民的旅游权利得到了更好保障,2019年,国民年出游率达4.3次。疫情防控期间,游客获得感仍然保持稳中有进的态势,2020年游客综合满意度评价指数高达80.95,同比增长0.77%。旅游业对国民经济和社会发展的贡献更加突出,2019年国内旅游收入5.72万亿元、国际旅游收入1313亿元,全国旅游及相关产业增加值44 989亿元,占国内生产总值比重为4.56%。

会议科学研判了2021年和"十四五"时期旅游发展所面临的形势和

任务。2021年是"十四五"开局之年，今后五年是我国全面建成小康社会、实现第一个百年奋斗目标后，开启全面建设社会主义现代化国家新征程，向第二个百年奋斗目标进军的第一个五年。我国进入新发展阶段，要以新发展理念凝聚共识，以新动能开创新发展格局。旅游是文化现象和文化活动，也有十分显著的经济属性和市场特征。按照党的十九届五中全会精神，对标文化强国建设目标，"十四五"时期文化和旅游发展的战略任务是构建、完善社会文明促进和提升工程以及现代旅游业等七大体系。这是新时期旅游发展和具体工作的指导方针。工程是纲、体系是目，纲举目张，共同构成了从理论到实践、从目标到任务的统一体。

全系统、全行业要深入学习贯彻习近平总书记关于文化和旅游工作重要论述精神，增强工作责任感、使命感，深刻把握旅游业高质量发展的本质内涵，深刻把握文化和旅游融合发展的战略部署。发展旅游必须坚定文化自信，推进文化铸魂、发挥文化赋能作用，始终以文化强国为战略目标、以社会主义核心价值观引领旅游业创新发展，要坚持高质量发展，推进旅游为民，发挥旅游带动作用。随着全面建成小康社会，人民的旅游需求从"有没有"向"好不好"转变，这对旅游产品多样化、特色化和品质化提出了新的更高要求。旅游业努力做好更大范围、更多层次的国民旅游消费促进，更强力度、更高水平的优质旅游供给提升，既要高质量发展国内旅游、有序发展出境旅游，更要下决心抓好入境旅游，吸引更多外国人、华人华侨和港澳台同胞来访。为此，要深入实施创新驱动战略，适应信息化发展趋势，以科技创新和数字化变革催生新的发展动能，把智慧旅游推向新的高度。

推进文化和旅游融合发展、创新发展是中央对文化和旅游工作提出的战略要求，是旅游市场主体和相关机构必须认真落实的工作任务，只能进一步深化创新，决不能止步不前。"十四五"时期，要集中文化和旅游资源，建设一批富有文化底蕴的世界级旅游景区和度假区，打造一批文化特色鲜明的国家级旅游休闲城市和街区。要调动文化和旅游市场主体的积极性，扩大文化和旅游融合的参与度，切实增强人民获得感，稳步提升游客满意度。

根据会议精神，立足新发展阶段，坚持新发展理念，坚持扩大内需这个战略基点，以推进高质量发展为主题，以改革创新为动力，以社会主义核心价值观为引领，提供优质旅游产品，努力构建以国内大循环为主体、国内国际双循环相互促进的新发展格局是今年旅游业发展的总要求。围绕总体要求，会议部署了十项具体任务，如着力推进旅游资源开发和宣传推广，着力加强对外和对港澳台旅游交流合作，着力加大文化和旅游市场培育监管力度等。

新发展阶段旅游业的发展蓝图已经绘就，路线图、时间表和任务书已经下达，全体旅游人团结起来，坚持以人民为中心的发展理念，在推进旅游业高质量发展的道路上奋勇前进！

《中国旅游报》

2021年1月11日

重庆旅游爆红背后的秘密

中国旅游研究院的调查数据显示,后疫情时代,中国人最想去的城市旅游目的地前五名,分别是重庆、成都、上海、杭州和广州,其中,重庆位居第一。关注2021·中国武陵文旅峰会,《重庆专访》对话中国旅游研究院院长戴斌,为您解析重庆旅游爆红背后的秘密。

重庆电视台记者连新民: 从大数据的角度来讲,什么样的人愿意到重庆来?

中国旅游研究院院长戴斌: 不管男女老少,不管是大城市的还是小城市的,都愿意来重庆。重庆是一个多元和包容性很强的城市,这是我想说的第一点。从数据上来看,还是年轻人对重庆的评价更高一点,这也得益于抖音等一些视频网络平台的传播。但我想说,如果你的内在基础不具备,我再传播,你也没有用。我认为,年轻人愿意来,就说明重庆能够代表未来的生活。因为一个好的城市旅游目的地,一定是见人见物见未来。

根据专业网站发布的旅游大数据,2021年五一假期,在十大热门城市当中,重庆游客接待量达到1019.8万人次,实现旅游总收入124.7亿元,位居全国第三。但从人均消费层面来看,重庆仅有2181元,吸金能力却不及北京、上海、成都和广州等地。

差距恰恰就在于,重庆是个正在走向现代化的世界级城市,但是她还没有完全成为一个世界级城市。对重庆来说,现在这些网红打卡地只是第一步，必须要让消费升级。消费升级，就必须要有项目的升级，有城市总体形象的升级。重庆必须围绕现代化和世界性来做文章。

对于重庆来说，我有两个期许。第一，我希望重庆能够有些文化艺术和现代的生活方式，能够展现引领世界潮流的东西。我不需要跟谁对标，我用重庆的探索方式，来预示着文明演化的可能性的东西。到那个时候，重庆才真正的是世界级的城市。第二，要解决平衡发展的问题。不管是旅游发展，还是经济社会发展，均衡发展都是重要的任务。而只有当一个地方，多数人生活都很幸福的时候，它才会迸发出生生不息的生命力，外来游客才乐意到访，才愿意留下来。

记者：张嘉、吴春春、陈善培、连新民、刘川莹

提升横琴资源价值，与澳门形成互补

日前，"休闲旅游时代主题大会"在横琴新区星乐度·露营小镇举行。本次大会聚焦粤澳文旅交流合作、新时代休闲旅游行业发展。中国旅游研究院（文化和旅游部数据中心）院长戴斌应邀出席，并做了主题分享。

在加快推进粤港澳大湾区建设，以及粤澳深度合作的背景下，两地的文旅产业如何抓住机遇、谋求发展？文旅产业受疫情影响严重，在接下来的发展中，从业人士该如何应对？南都记者对戴斌进行了采访，就相关问题进行了探讨。

提问：《粤港澳大湾区发展规划纲要》中提到，支持澳门建设世界旅游休闲中心。珠海在这一过程中可以发挥哪些作用？

戴斌：2010年开始，我们就研究世界旅游休闲中心建设的规划方案、政策支撑。我们当时有两个顾虑，或者两个要重点解决的问题。

第一个问题：什么样的休闲中心才是世界级的？来的客人是海外的多还是内地的多？如果把前者作为一个主要目标，显然是不现实的，因为澳门绝大部分的客源还是来自内地，通过口岸过去的。所以这不是客源的国际化，是品质的国际化，这实际上也是一个建设思路的问题。

第二个问题：如何让它的产业结构，或者产业的动力从博彩转向旅游休闲？一个地方经济的发展，有外力的驱动，也有它内在的逻辑。如果拿过去的思路去发展澳门的旅游休闲中心，势必要大量的土地去建主题公园、酒店、度假村等场所。所以我们在2010年写相关的报告时，就提到要做好珠海的工作。珠海应当成为澳门世界旅游休闲中心建设的空间腹地。

澳门、香港之间的不同点是什么？两地的体量、经济结构、互相的辐射能力是完全不同的。这时候珠海，特别是横琴，一方面要做好澳门的腹地，另一方面要错位发展。如果横琴也想变成一个特殊的监管区域，做一些澳门能做的事情，对澳门是不利的。我们只能是错位去发展，借用澳门的管理方式来提升横琴的资源价值，但又能够在项目的布局上跟澳门本身的经济结构形成互补。

提问："粤澳深度合作区总体方案"即将公布，针对横琴在粤澳合作中的战略地位，在发展旅游休闲方面有哪些地方需要特别留意？

戴斌：对于横琴新区的发展，现在出现了很多政策和规划，但有三个联系必须得做好：和澳门世界旅游休闲中心的联系，和粤港澳大湾区城市群协调发展的联系，城乡共同富裕、共同发展的联系。

第一，横琴要和澳门"一平台、一中心"建设的国家战略结合起来。国家对澳门的定位是建设世界旅游休闲中心、中国与葡语国家商贸合作服务平台，两者的建设都需要土地。澳门是一个微型经济体，如果要承载世界级的中心功能，没有空间是不可以的。所以横琴的建设不能脱离这个战略单独发展，而是要和它进行有机互动。

第二，要和粤港澳大湾区城市群的发展紧密地结合起来。城市群的发展不能只是看经济、科技，还需要美好的生活环境、有品质的生活方式。它可以是自发形成、演化的，但也需要我们有意识地进行规划和推动。

在横琴新区，我们看到像星乐度、长隆这样的项目进来以后，对于整个区域生活品质的提升起到了极大的促进作用。但一个城市的发展不能只靠单纯的商业项目支撑，还需要公共服务的完善，让它们能够渗透到城市的每一个角落。

例如，澳门的休闲发展，它的绿地、街道都是以人可以在里面行走、生活可触可感为建设尺度的，不是说建设得越大越好。另外，如果一个城市想要满足广大居民阅读、看演出的需要，让他们均等化地享受这些服务，是非常不容易的。所以说横琴的发展要和大湾区城市群的建设结合起来，成为一个样板，从空间上、项目上、内容上和治理体系上都要进行有序地推进。

第三，一定要从空间上走城乡一体化的发展。如果只有少数人的生活很有品质，周边人的生活都没有品质，会带来两个问题。第一个就是投资者怎么投资，只为少数人服务，和为一万个人服务，投资成本完全不一样。农村、经济欠发达地区的城镇也有休闲的权利，也要培育市场。第二个就是要从政治的高度来认识。新时代人民群众对美好生活的新期待是什么？两不愁三保障，那不愁吃穿了是不是得有更高的精神文化需求？所以要满足人民对美好生活新期待，就是要满足在物质生活基础之上的文化生活、健身消费这方面的休闲需求。

提问：从宏观层面来看，"粤澳深度合作区总体方案"的出台，有着怎样的战略意义和作用？

戴斌：第一，总体方案的出台，对于珠澳合作有极大的促进作用，它把两个重要的城市放在同一个平台上发展；第二，它对于粤港澳大湾区的建设，特别是城市群的均等化发展是有极大的促进作用的。我们现在的治理水平，光靠一个深圳做先行示范区还不够。我们如何借鉴国际上先进的公共服务和治理水平？这些东西对我们都非常有启示意义。一方面我们要形成对澳门的支撑、对大湾区的支撑，另一方面也要去学习一些可以利用的、可以借鉴的先进经验。

提问：对文旅产业来说，疫情对行业生存及发展的影响很大，从您的角度来看，行业的整体信心应当如何重塑？

戴斌：现在国内旅游复苏向上、稳中向好的进程已经形成，这是我们一个基本的判断，但在这个过程中间会有一些坎坷，如最近南京、张家界、厦门、郑州、武汉等地又出现了多点散发的疫情。疫情对旅游业的打击是巨大的，我们是在一个疫情防控常态化的形势下来发展旅游的。所以我们要坚持，要相信我们的政府，相信我们的国家没有忘记旅游业，一直在做这方面的努力。

同时，广大的旅游企业一定要把握新的机遇。在疫情期间，人们开始重新去发现日常生活的美好，重新欣赏身边的美丽风景。所以我注意到广之旅组织了很多的城市周边游，上海春秋组建的微旅游，组织上海市民去看衡山路。另外，研学旅游、自驾旅游等都会起来。我们要看到消费升级的一面，也要看到人民群众对美好旅游生活的向往。对未来信心的最大支撑是市场的需求，是老百姓的需求。我经常说一句话："政策千万条，市场第一条。"只要把市场做出来了，企业自己会去做的。

我们也要看到，各地对防控疫情的屏障在稳步建立，应对疫情的经验更加丰富，更重要的是心态，没有人可以守着悲伤过一辈子，也没有人可以守着恐惧过一辈子。我们要相信，市场将会一步步好起来，人民群众对旅游的向往、对休闲的需求一天都不会停止，这是我最大的信心。当然，没有人会躺赢，这也不现实。地方政府和旅游业界还是要从身边的高频需求做起，先让自己和企业活下来。经此一疫，旅游回不到过去了，无论消费习惯还是商业模式，都回不到过去了。我们要在变局中开新局，让旅游回归生活本质，让休闲回到日常场景。全体旅游人要凝聚共识，坚定信心，在大众旅游的旗帜下，在智慧旅游的道路上，为建设现代旅游业体系而持续创新！

来源：南都珠澳双创课题工作室

少一些指责，多一些相互理解，旅游出行只是暂时受阻

央广记者： 戴院长，您好！

戴斌院长： 你好！

央广记者： 广西涠洲岛最近在网络上发出一组数据，8月份以来，他们的客房退订损失达到1548万，网友针对这组数字展开了讨论。您看到这组数字，您觉得在全国有没有代表性，是比较惨，还是旅游业目前面临的一般水平？

戴斌院长： 应该说新一轮疫情影响是明显的，特别是中远程旅游市场的消费意愿有下降趋势。特别是在暑期旺季的避暑旅游、研学旅游、会展旅游等市场，有着大幅的收缩。不仅是民宿等市场、行业，包括旅行社、OTA都面临着影响，旅游业复苏进程的不确定性增加。同时，我们也意识到，经过一年半的统筹疫情防控和旅游业复工复产，应该说我们有信心战胜困难，目前旅游业的情况我们也感同身受。从民宿的情况看，特别是远离大都市圈，依托景区发展起来的民宿，受影响比较大。对这个问题，可以从两个方面来看。第一，我们要认识到在当前情况下，如果没有疫情防控，没有安全生产，就没有旅游业的未来。换句话说，旅游业的疫情防控是旅游业复工复产、复苏和振兴的前提。对此，希望广大业者要有清晰的

认识和把握。第二，当前的整个远程市场在收缩，但是近程旅游市场、本地休闲市场在扩张。比如，北京周边的一些民宿，事实上还有比较好的发展。好一点的民宿，在周末一房难求。既要看到新一轮疫情给旅游复苏带来不确定性影响，也要看到这一轮疫情防控与一年半以前相比，我们的信心和复苏的进程，是不会受到影响的。我们也有信心在中央统一领导下，我们会很快战胜这一轮疫情对旅游业的影响，希望在"十一"之前旅游业复苏，有更好的发展。

央广记者：您讲的是看问题的不同角度，旅游市场从暑期来看，在不同地区、不同市场、不同形态呈现出的特点不一样。您刚才讲到，一年半以前，我挺好奇。确实，一年半以前旅游业遭遇了寒冬，大家感到遭遇了重创。现在疫情防控常态化，您觉得现在旅游业和旅游业从业者，跟一年半前比起来调整或者说做的准备有什么不同吗？

戴斌院长：去年，2020年1月24日，文化和旅游部下发通知，关景区停组团，特别是跨省旅游甚至是跨市旅游都全面停滞；3月14日放开省内旅游；7月14日，放开跨省旅游。从那以后，我们的旅游市场复苏进程不断加快。这一轮疫情影响，尽管波及15个省市自治区和一些城市，但是总体上是可控的，影响是局部的。与一年半之前相比，业界信心仍然是存在的。广大人民群众对美好旅游休闲生活的向往是存在的。特别是，与一年半之前相比，恐慌的情绪没有蔓延，大家遇到问题说问题。比如，遇到退订，我们该怎么去退订，回到正常经营状态中出现了问题应该怎么去对待。比如说，该不该退订，损失怎么分担，都有相应的合同法也有相应的民事相关法律规定，回到法律的框架下来解决问题。对广大游客而言，在当前的情况下，很多旅游客源地明确要求，非必要不出行。还有地方明确要求，疫情中高风险地区来的游客不接待。大环境我们要充分理解，没有疫情防控的常态化,就没有旅游复苏和发展的未来。这一点必须清楚明白。对广大业者而言,既要看到旅游市场好的时候,如何通过提高服务质量,如何提供适销对路的产品留住游客,促进企业的发展。也要认识到,在旅游业发展的进程中,会遇到各种各样市场的风险、公共卫生事件的风险、自然灾害的风险,这都是经营过程中可能遇到的、必须面对的风险。天底下没有一帆风顺,只赚不赔的生意。我们在这个过程中,首先要稳住信心,不能让恐慌的情绪蔓延,有问题解决问题。这次文化和旅游部发布通知,中高风险地区,暂停跨省旅游;如果中高风险地区,降为低风险地区,就可以恢复跨省旅游。我们要时刻关注疫情防控的情况、数据、信息,特别是政府管理的措施,我相信市场会恢复的。在安全的情况下,我们除了要关注远程市场,更要关注近程市场、本地市场;除了关注团队游客,和通过OTA来的游客,也要关注广大散客市场和自己的营销渠道来的客人。一些大城市,如京津冀、长三角、大湾区,我们看到客源在区域的流动,仍然是存在的,这是基础市场。如果我们把市场集中在中远程市场上,势必会放大风险。

央广记者: 像您刚才讲到的,给我的感觉是,经过一年多疫情的考验和洗礼,包括民宿业在内的旅游从业者,积累了经验和思路上的转变,我们整个行业抗风险的能力,能不能说提升了一些呢?

戴斌院长: 应该说通过一年半的疫情防控、复工复产,我们抗击风险的能力特别是心理预期和各种各样经营要素的累积,总之我们的能力和经验不断提升,这点是行业发展可喜的变化。去年第一季度时,整个行业恐慌的情绪无法遏制地蔓延,大家一片悲观,看不到未来;但现在我们能够看到疫情带给我们的影响,我们也在积极开展自救,政府也在进行一系列纾困举措,包括投资、财政、金融和行业的措施来推动企业复工复产,为企业纾困提供相应的支持。也就是说，支持企业发展的宏观环境越来越好。随着"十四五"规划的落实与推进，特别是宏观政策调控到位，如建设世界级旅游景区和度假区、打造国家级旅游城市和街区、发展红色旅游和乡村旅游，这些政策的落地，我们相信企业创新发展的动能在逐步积聚，我们也相信企业有信心也有能力度过这段时期的风险点。我们既要关注疫情防控的信息变化，关注市场发展的变化，关注政策对企业的帮助，也要积极开展自救互救相关工作。

央广记者：我们很多旅游业从业者如果听到您讲的话，心里应该是更踏实一些了。另外，戴院长，有个小问题跟您聊聊，您看北海民宿业在抱怨、在诉苦遭遇退单，很多网友并不是很同情，而是抱怨，认为之前去北海旅游被坑太多了，民宿赚钱赚得太不合理了。在这个问题上，旅游业的从业者和游客的角度肯定是不一样的，作为旅游从业者，您觉得从这样的讨论中，能看到一些什么呢？

戴斌院长：这是一个很正常的现象。买家和卖家的视角不同，对行业的感受不同。我们要充分理解广大业者在疫情期间遭受的重大损失。要给予相应的理解和同情，这是客观存在的事实。我们不能因为在非疫情期间，他们赚了很多钱，就幸灾乐祸，况且赚了多少钱这个是靠数据来说话，市场繁荣时候赚钱，企业也有很多投入，这个很正常。在市场经济条件下，任何一个高品质产品或者服务的获得都应该以货币支付为代价，这个很正常。同时我们也要关注到广大消费者，心情也不是很舒服。因为疫情出不去了，退订办得不顺畅。谁都想，既然没住房间就要全额退款。但是旅游产品和其他物质产品相比较不一样，在前期准备阶段就需要投入。从国际来看，除非不可抗力，往往在退订过程中需要双方分担损失的。这些需要相应的法律法规进行指导。总之，在疫情面前，我们面对的是共同的困难，面临的是共同的损失。企业损失的是收入，游客损失的是美好的旅行没有完成。大家都会心里不舒服，偶尔吐吐槽也是很正常的。不是片面地说别人没有同情心，而是应该通过互相的沟通，加强理解。我刚才说，哪怕是在疫情期间，我们看张家界武陵源的《魅力湘西》疫情的暴风眼，比涠洲岛承受的压力大得多。为什么2000多人观演，有55万游客从张家界流出？背后是广大人民群众在疫情常态化情况下依然向往旅游休闲的美好生活，这是我们旅游行业战胜疫情和复苏振兴的信心基础。对于广大业者而言，一定要清楚，没有游客的到访，就没有旅游业的未来。游客是市场振兴和发展的基础，广大游客的理性消费是市场复苏和繁荣的前提，这点要给予充分的理解。对于广大游客，也希望包括央广在内的权威媒体、中央媒体，要有正确的引导。企业要获得利润是天经地义的，游客付出一定成本、一定预算也是很正常。不能说企业在市场好的时候挣钱就不应该，疫情期间遇到问题，抱怨一下难就不该，都是应该的。广大企业希望通过自己正常经营活动，获得应得利润，解决当地就业。广大游客在企业的帮助下完成旅游活动，让自己的生活更加开心，增进家庭和谐、社会友谊，这是我们共同的目标。在这个时候，我希望少一些互相指责，多一些相互理解，共同迎接美好复苏的未来！

（上述文字根据采访录音整理，未经采访者及受访者审阅。）

来源：央广中国之声

从传统到活力创新
北京气质因环球影城更多元

9月20日,北京环球度假区正式开园。在飞猪、携程、同程、去哪儿等多家平台,开园当日门票在9月14日门票开售后1分钟内就售罄了。北京成为今秋搜索和咨询热度最高的目的地。

以往大家来北京是为了看故宫、长城,或是观枫叶赏秋景,如今又添了一个充足的理由——去环球度假区穿梭感受电影世界。北京因为环球影城,也有了新的着色。

"像环球影城这样的产业发展,它可以改变一个城市的气质。"9月17日,中国旅游研究院院长戴斌提前接受21世纪经济报道专访,提供了他对北京环球度假区的观察视角。

在戴斌看来,北京环球度假区的建设运营,除了能给北京带来一系列社会经济效益,也将改变北京的气质,于传统和古老的格调中,新添了活力又富科技感的新印象。戴斌还认为,从长远来看,更多元的文旅业态进场,可以让广大人民群众的生活更加丰富多彩,生活更有奔头。

500亿可拉动1500亿投资

21世纪:北京环球度假区即将开园,市场关注度很高,您怎么看待它的开园意义?

戴斌:环球影城的开业,已经形成当前的一个热点了。我也很关注它,因为在我国复工复产、疫情常态化情况下,它的开园对旅游业的复苏和产业振兴起到了非常重要的促进作用。

以环球影城为例,它们现在有 21 家合作伙伴,有 OTA 和旅行社的分销商,还有 30 家旅游院校的合作伙伴,可以拉动相关工作和消费。可以看到 9 月 14 日正式开售门票后,这个市场就活跃起来了。从大家初步的反应、压力内测和试运行的情况来看,我们也感觉大家比较乐意接受。

因为疫情期间,人们出不了远门,特别是出不了国,但是广大的人民群众追求美好生活,包括休闲生活、旅游消费的意愿从来就没有消失过,因此近程旅游往往成为一个重要的选项。这也是环球影城的开业,无论是新闻媒体、自媒体还是社交平台,大家都高度关注的原因。

21 世纪:那您认为北京环球度假区的开园将会给北京带来什么礼物?

戴斌:目前价格已经公布,环球影城 7 个主题园区同时开,从价格上讲比迪士尼稍微低了一些,它目前的主力价格是 528 元和 638 元,还有最低的 418 元,应该说从价格上看,充分考虑到了北京市民、京津冀地区市场的接受能力,我们感觉比较合适,给广大的城乡居民提供了更多的消费选择。

从长期和更大范围来看,它对北京市的经济社会发展、京津冀一体化都可以起到有力的促进作用。

比如说前期的建设 10 万大军撤完后,现在初期运营直接就拉动了就业人数 1 万余名。按照就业 4 倍的带动作用来看,会带动 5 万人左右的间接就业,再加上其他的辐射,我觉得对北京市的社会就业有非常积极的影响。

从公开数据来看,环球度假区仅配套投资就有 530 亿元,按照 3 倍投资乘数计算,直接间接共拉动投资近 2000 亿元,加上园区投资,年均拉动北京市地区生产总值(GDP)1.02 个百分点。正式开园以后,根据同类型的度假区的历史数据,门票和二次消费比通常在 1:0.6 左右,按园区年均营业额 100 亿元，相当于 2020 年北京 GDP 的 0.28%，每年将对北京旅游收入产生 4.8% 的带动作用。在当前形势下，这是非常了不起的经济贡献。在园区建设过程当中，有超过 2 万名建设者。正式营业后用工人员在 1.2 万~1.5 万之间，预计将间接提供包括道路、交通、物流、保洁、送餐等行业的就业岗位 9 万个，就业带动作用也是非常了不起的。

北京气质增加新元素

21 世纪：除了社会经济效益，环球影城这个项目给北京文旅产业会带来怎样的影响？

戴斌：我觉得像环球影城这样的产业发展，它可以改变一个城市的气质。

过去我们谈北京的文化，或文化旅游城市的形象，可能看的都是古老的文化城市这一面，代表它的是紫禁城、长城、颐和园这些文化符号，很悠久很传统。

全面建成小康社会后，广大人民群众对美好休闲生活的新期待，需要新的业态、新的项目、新的产品来支撑。

环球影城里一些项目，我们看上去是个文化项目，但其背后有很多科技支撑，是高科技和文化的融合，这是我们非常值得关注和学习的——如何用高科技文化融合带动我们的先进文化。

还有功夫熊猫园区，也是充分吸纳借鉴了中国传统文化符号。我觉得文化在融合过程中才能够创新。

从这个意义上讲，我觉得环球影城可以把一个城市的气质改变。过去在北京旅游，我们可能是到主城区看一些传统的历史文化遗迹，现在多了一种选择。创意性文化、娱乐文化等都是过去北京比较缺的，如今可以补上了。

从更长的眼光、更大的范围来看，环球影城这个项目可以让广大人民群众的生活更加丰富多彩，生活更有奔头了。

人民对美好生活的向往是我们的奋斗目标。我们固然需要音乐、舞蹈、美术、戏剧等传统的舞台艺术，和电影、电视这些新的艺术。但是科技的、文创的、娱乐的、活动的、沉浸式的，也是一个文化现象，所以环球影城给了我们更多的选择空间。

21世纪：目前市场很担心越来越多洋品牌进驻，会对国产主题公园是个巨大的挑战和冲击，您怎么看？

戴斌：我认为环球影城进来，对于我国整个主题公园产业来说也是一个促进。这些年除了环球影城，迪士尼、六旗也进来了，还有乐高、默林等也要进来。它们让我国主题公园变得更加丰富多彩。我们国内的有华侨城、长隆、华强方特、常州恐龙园等。

我不认为环球影城来了就会侵占国有主题公园的生存空间，而是会形成一个更完善的主题公园体系、种类更加丰富的生态。它们可以通过价格策略，通过园区项目的设置，进行错位竞争。文化是不能够完全标准化的，你可以演《水世界》，它可以演《金面王朝》。彼此互相促进互相竞争，也让消费者获得更好的体验。

更重要的是，在竞争作用下，会培养出一批科技人才、工程技术人才、经营管理人才、市场营销人才，因为最终这种项目的发展是靠人才来支撑的。当然，为了适应中国市场的需要，它也会更加充分地挖掘中国的传统文化和当代文化。所以从这个意义上讲，我觉得对我们是个好事情，要采取一种欢迎、鼓励的态度。

当然，在这过程中，我们也希望它能够出更高品质的、更加能够融合中国文化元素的体验项目，而非纯炫耀技术。把中国传统文化的故事线、价值观能够融进去，这是我们所期待的东西。

来源：21世纪经济报道（记者高江虹、实习生肖遥）

回归日常生活场景　以民生视角思考旅游

"读万卷书，行万里路"是中华民族的优良传统，也是中国人民向往诗意生活的真实写照。五千年文明史留下了徐霞客等大旅行家的名字，留下了浙东唐诗之路，留下了三山五岳和四大名楼，但是对于绝大多数老百姓而言，可能终其一生都在方圆百里的土地上讨生活，既没有诗也没有远方。

得益于改革开放特别是党的十八大以来经济社会发展和人民生活水平的提高，旅游开始从少数人的消费变成多数人实现的权利，作为生活方式的旅游，开始照进全面小康社会的现实。来自市场观察的结果和统计数据持续丰富和完善当代旅游发展的理论内涵：旅游成为国民大众日常生活的组成部分，游客开始广泛进入目的地城乡居民的日常生活空间。

从戏剧场到菜市场，游客自由自在地融入当地生活场景，重新定义并发现旅行的美好，城市和乡村开始成为主客共享的美好生活新空间。在此背景下，我们提出并倡导旅游是一种生活方式，无疑具有十分明显的现实意义和理论价值。回归日常生活场景，以民生视角思考旅游，将成为理论研究者、产业实践者和政策制定者必须坚持的立场、观点和方法。

生活方式是大众旅游人民性的理论视角。随着国内旅游的兴起和带动作用的显现，旅游开始作为"国民经济新的增长点""国民经济的战略性支柱产业和人民群众更加满意的现代服务业"加以培育。2016年政府工作报告明确提出"迎接大众旅游时代"。自那时起，理论研究和政策设计开始从国家层面的宏观叙事,转向人民生活的微观视角。随着决战脱贫攻坚和决胜全面小康,大众旅游进入新发展阶段。不同于欧美学术语境中的大规模、低品质、环境侵扰,中国当代语境下的大众旅游更多指向每个人都能实现的旅游权利、每位游客都能享受的服务品质。从这个意义上来理解旅游是一种生活方式,或者作为生活方式的旅游,自然会指向大众旅游的人民性,两者在理论上是相通的,在实践中是相连的。有利于传播的表述是:当旅游像柴米油盐酱醋茶一样融入国民大众的日常生活选项,当游客像当地居民一样广泛融入目的地城市和乡村的公共空间和休闲场所,一个更多的国民参与、更高的品质分享的主客共享全面小康生活的时代开始了!

生活方式是智慧旅游现代化的现实路径。旅游是国民的权利,是人类长存的生活方式,也是在经济社会发展进程中扮演更加重要角色的现代服务业。当前,源于"互联网+旅游"的智慧旅游已经完成了概念导入和市场培育,正在走向政策推动与产业创新的发展阶段,并成为建设现代旅游业体系的重点任务和关键支撑。经过40多年的发展,景观之上是生活、目的地是生活环境总和、主客共享美好生活新空间、商业环境和生活方式是日渐重要的旅游吸引物、文化引领和科技支撑是旅游业现代化转型的关键要素等观点,已经成为旅游业界的广泛共识,也是全面小康社会旅游业的发展方向。智慧旅游推进的供给侧改革和现代化转型,必须着眼于人民群众对美好旅游生活的向往。基于信息传递与旅游决策、旅游攻略与行程预订、场景创造与消费感知、支付与分享等生活细节,不断提升游客的安全感、获得感和满意度。基于生活方式的消费场景为"旅游+""+旅游"提供了强有力的现实支撑,也为各类投资机构和市场主体的创业创新提供了现实可能。

生活方式是旅游发展新格局的内容支撑。从全球范围看,国际游客喜欢到访的旅游目的地城市有哪些？是时尚的巴黎、典雅的伦敦、繁华的纽约和东京，是文化底蕴深厚的北京和万象之都的香港，是非常新加坡，它们有高品质的都市生活。在国际旅游目的地特别是都市旅游目的地竞争格局中，本地工商业的繁华和市民生活的温暖，远比自然风光和历史积淀更为重要。当我们把目光放到国内，再看游客满意度最高的城市是哪些？是重庆、成都、上海、苏州、南京、广州、厦门等枢纽和一线城市，而不是那些拥有举世闻名的自然和文化遗产的城市。前者拥有现代化基础设施、公共服务、商业环境和国际化生活品质，发展的是城市旅游；后者依托传统的自然资源和历史文化资源，发展的是旅游城市。旅游发展案例和宏观数据表明：无论是规模和速度，还是结构和效益，城市旅游的发展模式都要优于旅游城市的发展模式。我们注意到更多的旅游城市如西安、桂林、黄山、张家界，试图通过互联网传播来打造网红打卡地，并取得了一定的效果。需要指出的是，旅游需要网红，但网红不是旅游的全部，没有生活内容支撑的网红是不可持续的。全面小康时代的城市旅游，要注重生活方式的现代化提升。

随着疫情防控形势持续向好和国际旅游合作深化，中国还需要对外宣传推广新时代旅游形象，推进更加广泛的旅游交流和要素流动。应当用高品质的生活方式赋予国家旅游形象全新的内涵，用现代化、中国风、国际范吸引更多海外游客到访。当然，也会有越来越多的国民走出国门，去世界各地体验当地的品质生活，展示中国的形象。

作为生活方式的旅游，不仅指向主客共享繁华的当下，还应指向协同创新的未来。年轻人引领未来的生活方式，也创造未来的旅游方式。生活不仅是衣食住行的物质生活，还包括文学、音乐、戏剧、舞蹈、电影、科技、教育等精神追求和文化生活。在文化和旅游融合发展进程中，如何让人们在行程中领略文化之美、增强文化自信？如何使中华优秀传统文化、革命文化和社会主义先进文化赋能旅游业，不断满足人民美好生活新期待？理论研究者、政策制定者和市场实践者要回到生活场景，深入研究国民大众的旅游消费需求，充分发挥市场机制和商业力量的主体作用，以怡然自得的生活场景吸引海内外游客的到访。

《中国旅游报》
2021年3月31日

结语

文化提升城市品质　科技形塑旅游未来

各位市长，

女士们、先生们，

上午好！

在人类文明演化的历史进程中，城市一直都是所在区域的政治、经济、文化和国际交往中心，也是近悦远来的美好生活空间。在世界旅游发展体系中，在广大游客的心目中，城市已经超然于传统的行政层级而成为独立的旅游目的地。那些以城市为名字的大学如博洛尼亚大学、洪堡大学、北京大学、郑州大学，有城市名称的影视文学音乐作品如《罗马假日》《巴黎圣母院》《东京爱情故事》《冬季到台北来看雨》《我要去延安》《我的名字叫郑州》，无不孕育、聚合和散发着无远弗届的影响力。在很多人的心目中，旅游生来不是城市，但城市生来就是旅游。从北京到纽约，从巴黎到迪拜，从孟买到里约热内卢，从新加坡到圣彼得堡，每年都有数十亿的全球旅游者反复到访。这些异国他乡的旅游者不只是匆匆的过客，而是从踏上这片土地的那一刻起，就与万千市民共享这里的美好生活。他们用脚步丈量每一座城市的地理文脉，用目光打量每一座城市的寻常街巷和市井风情，并欣喜于它生生不息的历史传承和面向未来的无限可能。

城市以其完善的基础设施、高效的公共服务、优质的人文环境，构筑了一个主客共享的美好生活新空间。随着游客旅行经验的丰富和城市便利化水平的提升，城市旅游者不再满足于游览地标性建筑和文化遗产地，而是广泛进入城市的公共空间，像本地人一样体验日常生活。公交、地铁、出租汽车、网约车、共享单车取代了旅游巴士，成为散客出行的首选；博物馆、科技馆、图书馆、文化馆等公共文化空间，城市公园、主题乐园、游乐园等市民休闲空间，以及戏剧场、电影院、歌舞厅、电子游戏厅、沉浸式剧本演出等文化娱乐场所取代了旅游景区，成为休闲游客的好去处；商业综合体、百货商店、精品店、私人定制店、美容美发美甲店、超市、米其林和黑珍珠餐厅、传统小吃、夜市所构成的商业环境，取代了定点购物和餐饮场所，成为旅游消费的聚集地。从戏剧场到菜市场，人们重新发现城市旅行的美丽新世界。城市居民常用的打车、订餐、支付APP，开始为越来越多的外来游客所使用，加上公寓式酒店、短租公寓和城市民宿等不同于星级酒店的旅游住宿选择，游客在目的地的生活场景和消费行为越来越具有城市主人的特征。

城市是最重要的旅游客源地，也是不可替代的旅游目的地和旅行中转地。在世界旅游经济体系中，城市一直都是旅游流量的基础变量，也是旅游流向的支配力量，还是服务质量的关键要素。城市以其高度集聚的人口和消费能力，成为主要的旅游客源地，也是旅游消费的风向标和旅游市场的定义者。城市以完善的陆海空交通网络、国际化的移民、口岸、边检、保税管理，以及高水平的消费服务吸引着全球旅游者的到访、中转和集散。无论我们如何强调本地自然资源和历史文化资源多么丰富，没有现代化的航空港、邮轮码头、火车站、高速公路等基础设施，中远程的国际国内旅游将是不可想象的。

各位市长，女士们、先生们！

在河南省文化和旅游厅、郑州市人民政府的支持下，中国旅游研究院基于十余年的科学研究和数据积累，联合世界旅游城市市长论坛秘书处等相关机构，对全球范围内的城市旅游竞争力进行了专题研究。研究成果包括定期发布的《世界旅游城市发展报告》，以及世界旅游城市竞争力和文化丰度、商业环境和科技创新"1+3"指数体系。通过这些研究报告和发展指标，我们将逐步发现城市旅游演化的客观规律和创新动能，帮助城市管理者、建设者和旅游目的地营销机构把握未来趋势，并制订相机抉择的逆周期调节机制。

根据评价模型和多元数据，我代表研究团队发布竞争力位于全球前二十位的旅游城市，它们是：伦敦、东京、纽约、巴黎、洛杉矶、北京、莫斯科、首尔、马德里、新加坡、都柏林、上海、罗马、阿姆斯特丹、柏林、香港、悉尼、大阪、多伦多和慕尼黑。我们注意到了上榜城市的若干共性特征，包括但不限于全球辐射力的航空枢纽、国际贸易中心、商业消费中心、文化中心、科技创新中心、现代化的治理能力，政府对旅游、休闲、会展领域的重视和投入，以及专业化的全球旅游推广机构。

文化品质丰富了旅游城市的新内涵。在城市旅游目的地建设和旅游城市竞争中，文化、艺术和时尚如此重要，以至于得文化者得旅游，失文化者失旅游。在资源禀赋、交通位势、经济社会发展条件既定的前提下，只有那些兼具文化地标的城市，才会在游客数量和旅游收入增长的同时伴随着游客满意度的提升，才能获得可持续的创新发展。城市和旅游双重视角的文化，既包括承载地区、国家和人类共同价值观的传统文化，也包括表现城市进步、民族复兴和人民幸福的当代文化；既包括歌剧、芭蕾舞、交响乐、油画、文学等主流艺术形式，也包括电影、电视、流行音乐、广场舞等大众文化，还包括青少年群体喜闻乐见的街舞、动漫、电子竞技、脱口秀等新兴文化。从文化类型的多样性、艺术表达的多元化和世界游客的感知体验等指标，我们确定了世界旅游城市文化竞争力二十强，公布如下：伦敦、巴黎、纽约、莫斯科、东京、罗马、北京、马德里、柏林、拉斯维加斯、里斯本、圣彼得堡、香港、洛杉矶、首尔、新加坡、布拉格、里约热内卢、布宜诺斯艾利斯和上海。

商业环境拓展了旅游城市的新边界。旅游是异地的生活方式，人们之所以到访一座城市，固然会为自然资源和历史文化遗产所吸引，而最终的旅游决策和消费行为则取决于到达的便利性，以及居停生活所依赖的商业环境。城市旅游发展实践、旅游统计数据和游客满意度评价表明：由酒店、民宿、短租公寓、特色餐馆、咖啡馆、快餐店、精品店、免税店、休闲街区、主题乐园、交通出行、金融支付等要素构成的现代化商业环境和国际化服务水平，而不是自然环境和历史遗存所构成的旅游景区，才是城市旅游竞争力的关键。为此，我们特别公布世界旅游城市商业环境竞争力二十强：东京、伦敦、巴黎、纽约、莫斯科、罗马、大阪、首尔、上海、圣彼得堡、马德里、曼谷、新加坡、阿姆斯特丹、北京、布拉格、洛杉矶、柏林、里斯本和香港。

科技创新形塑了旅游城市的新方向。在过去的一年中，新冠肺炎疫情对全球旅游业产生了空前的影响。从数据来看，中国的旅游市场正在从有序复苏走向全面繁荣。今年第一季度旅游经济景气指数（TEP-CTA）已经重回荣枯线以上，预计五一节假日国内出游人数将恢复或者超过2019年同期水平。疫情终将过去，生活也会恢复常态，但是旅游回不到过去了。5G通信、北斗导航、互联网、大数据、边缘计算、人工智能、脑机接口、自动驾驶等科技进步正在从根本上变革人类的生产和生活方式。"科技+旅游"已经完成了概念导入和市场培育，正在从旅游目的地信息收集、预订和结算的平台创新走向内容创造和场景化建设,为城市旅游带来全新的体验感。因为科技,城市给予我们的不只是逝去繁华的追忆,还有科技进步的体验,以及对遥远星空的仰望。世界旅游城市科技创新二十强,公布如下:纽约、东京、洛杉矶、伦敦、都柏林、巴黎、首尔、悉尼、慕尼黑、新加坡、北京、阿姆斯特丹、上海、多伦多、斯德哥尔摩、维也纳、香港、深圳、马德里和哥本哈根,它们是能够带给我们未来感的样本。

各位市长,女士们、先生们!

读万卷书、行万里路,自古以来就是中华民族的优良传统,出国(境)旅游尤为人们所向往。过去二十年,是中国出境旅游高速增长的二十年。随着全面小康社会的建成,未来五到十年,这一市场仍然会保持两位数左右的增长。在为目的地城市带去客源和消费的同时,中国游客将和全球旅游者一样全方位地体验到访城市的基础设施、公共服务和商业环境,也会对便利化和友好度提出更加细致的要求。今天下午,我的同事何琼峰博士将会发布游客满意度调查报告,中国游客愿意到访的世界旅游城市包括但不限于:纽约、香港、巴黎、洛杉矶、东京、澳门、伦敦、拉斯维加斯、台北和罗马。

自上个世纪八十年代开始,中国开始发展入境旅游,在接待到访人次和旅游外汇收入等指标上取得了举世瞩目的成就,并在市场推广、资源开发、品牌培育、人才培养等方面积累了丰富的经验。尽管经历了世界金融危机、"非典"等多次危机,中国政府发展入境旅游的决心从未动摇,信心从未消逝。今天,中国梦正在成为入境旅游的新动能,国家正在研究制订新一轮的入境旅游振兴计划。为帮助中国内地的市长更好地理解国际旅游市场和消费需求,中国旅游研究院与谷歌公司联合开展了《国际游客心中的中国城市》专题调查,现将全球旅游者最愿意到访的前十位中国内地城市公布如下:北京、上海、广州、深圳、成都、西安、杭州、南京、天津和哈尔滨。

一座世界级城市，应当是本地市民生活幸福的城市，也应当是包容共享的城市，在共享的场景中让人的连接成为最好的旅行。一座世界级的旅游城市，应当也必须以游客满意为导向，以文化提升品质，以科技形塑未来的城市。这样的城市是所在地区和所在国家的，也是属于全人类的。当我们的视野从吸引游客到访的旅游城市，转向主客共享美好生活的城市旅游，旅游就不仅是扩大消费、增加就业的产业，也是能够引领人类文明未来发展的文化。透过纷繁复杂的资源、市场和产业表象，我们发现：承载人类共同价值的世界文化地标、商业环境及其高维的生活品质，才是城市旅游目的地竞争的关键要素。

2021世界旅游城市发展报告
2021年4月21日于郑州

图书在版编目（CIP）数据

旅游&信心 / 戴斌著. -- 北京：旅游教育出版社，2022.4

　ISBN 978-7-5637-4396-4

　Ⅰ．①旅… Ⅱ．①戴… Ⅲ．①旅游业－文集 Ⅳ．①F59-53

中国版本图书馆CIP数据核字(2022)第052858号

旅游&信心
戴斌　著

责任编辑	巨瑛梅
出版单位	旅游教育出版社
地　　址	北京市朝阳区定福庄南里1号
邮　　编	100024
发行电话	（010）65778403　65728372　65767462（传真）
本社网址	www.tepcb.com
E‐mail	tepfx@163.com
排版单位	北京旅教文化传播有限公司
印刷单位	唐山玺诚印务有限公司
经销单位	新华书店
开　　本	710毫米 × 1000毫米　1/16
印　　张	19.5
字　　数	205千字
版　　次	2022年4月第1版
印　　次	2022年4月第1次印刷
定　　价	49.80元

（图书如有装订差错请与发行部联系）